Johanna Borek/Birge Krondorfer/Julius Mende (Hg.)

Kulturen des Widerstands

*Für Jane,
auf daß die Guten
gewinnen,
Bussi von
Rina
Dez. 2007*

Beiträge zu Kulturwissenschaft und Kulturpolitik
Band 3

Kulturen des Widerstands
Texte zu Antonio Gramsci

Johanna Borek
Birge Krondorfer
Julius Mende
(Hg.)

Verlag für Gesellschaftskritik

Druck gefördert durch das Bundesministerium für Wissenschaft und Forschung.
Das Symposium „Gramsci Oggi etc." wurde gefördert durch das Bundesministerium für Unterricht und Kunst, die Kulturabteilung der Stadt Wien, das Werkstätten- und Kulturhaus sowie die Kommunistische Partei Österreichs.

Die Deutsche Bibliothek – CIP-Einheitsaufnahme

Kulturen des Widerstands : Texte zu Antonio Gramsci / Johanna Borek ... (Hg.). –
Wien : Verl. für Gesellschaftskritik, 1993
  (Beiträge zu Kulturwissenschaft und Kulturpolitik ; Bd. 3)
  ISBN 3-85115-172-0
NE: Borek, Johanna; GT

Umschlagentwurf: Katharina Uschan
ISBN 3-85115-172-0
© 1993. Verlag für Gesellschaftskritik Ges.m.b.H. & Co.KG
A-1070 Wien, Kaiserstraße 91
Alle Rechte vorbehalten
Druck: *rema print*, Wien
Gedruckt auf chlorfrei gebleichtem Papier

Inhalt

Vorwort 7

Kaspar Maase
„Antiamerikanismus ist lächerlich, vor allem aber dumm" 9
Über Gramsci, Amerikanisierung von unten und
kulturelle Hegemonie

Rolf Schwendter
Subkulturen und „breiter organisierte Gegenmacht" 28
Notizen zur zeitgenössischen Hegemoniekritik

Thomas Metscher
Zivilgesellschaft und Kultur 39

Verena Krieger
Gramscis „Zivilgesellschaft" – ein affirmativer oder
ein kritischer Begriff? 63

Hans Heinz Fabris
Intellektuelle als Zugvögel? 72
Zur Aktualität von Gramscis Intellektuellen-Konzept am
Beispiel der EG-Diskussion in Österreich

Sabine Kebir
Gramsci und die zivilgesellschaftlichen Potentiale im Maghreb 83

Julius Mende
Traditionelle Bildung – Radikale Organisationsreform 101
Schulpolitische und pädagogische Vorstellungen bei Gramsci

Peter Jirak
Food-Power und Entmündigung 112

Birge Krondorfer
Antonio Gramsci: Ein Mangel in der feministischen Diskussion?
Antiquarisches – Akquiriertes – Aktuelles 129

Alice Pechriggl
Politische Eintracht, zivile Vielfalt, privater Zwiespalt:
die Sphären der Gesellschaft und ihre Geschlechtlichkeit 142

Gerda Ambros
Gerüst und Bau   154
Zu Heterogenität und Homogenität in der Schreibweise
Antonio Gramscis

Johanna Borek
Der Verstand und die Gefühle   167
Eine Träumerei

Birgit Wagner
Die Methode ist ein Politikum   173
Thesen zu Gramscis „lebendiger Philologie"

Joseph A. Buttigieg
Philologie und Politik   181
Zurück zum Text der „Gefängnishefte" von Antonio Gramsci

AutorInnen   222

Vorwort

Widerstand – wogegen? Daß die Geschichte zu Ende sei, diese Proklamation Intellektueller, die mit der Geschichte zusammen auch sich selbst zwischen Dämmerung und Gruft ansiedelten, wurde von der Geschichte mittlerweile erfolgreich widerlegt. Erfolgreich, freilich, ist damit auch eine Dialektik aufgehoben, die der reale Sozialismus immerhin noch denkbar machte. Nicht, daß die Positionen nicht mehr mit rechts und links ihre sicheren Orte haben, ist dabei das Ärgernis, sondern daß dem linken Denken ein Gegner mehr in Gestalt des „realen Sozialismus" abhanden gekommen ist, und das macht auch die alten Gegner erst recht im Einheitsbrei ungreifbar. Widerstand wogegen? Widerstand von wem?

Keine Fragen, sollte man meinen, für Gramsci, Theoretiker und Praktiker der Kommunistischen Partei Italiens, der, vom sich etablierenden faschistischen Regime der Wirklichkeit entzogen, seine Möglichkeiten, unmittelbar auf diese Einfluß zu nehmen, verloren sieht. Gescheitert ist nicht nur Gramsci, gescheitert ist die italienische Arbeiterbewegung, und das wagt Gramsci zu denken. „Ich habe eingesehen", schreibt er aus dem Gefängnis an seinen Bruder Carlo, „daß man sich auch dann, wenn alles verloren ist oder scheint, ruhig wieder an die Arbeit machen und von vorne anfangen muß". Die Arbeit kann nur darin bestehen, geduldig den höchst komplexen Gründen des Scheiterns nachzugehen, sie aufzuspüren in der Geschichte – der Geschichte etwa des Risorgimento, der Entstehung des Nationalstaats, die gleichzeitig die Geschichte der Kolonialisierung des italienischen Südens durch den italienischen Norden ist; die Gründe für das Scheitern aufzuspüren aber auch in den Denkformen – dem, was Gramsci *senso comune* nennt, vom System des Großintellektuellen Croce, dem nicht minder verheerend abstrakten und dogmatischen Vulgärmarxismus Bucharins bis zum populären Fortsetzungsroman. In seiner Analyse der Denkformen, des *senso comune*, stößt nun Gramsci, den Gründen des Scheiterns nachspürend, immer wieder auch auf Spuren von Möglichkeiten des Widerstands. Denn der Begriff des *senso comune* deckt sich nicht mit dem der Ideologie, ist nicht nur „notwendig falsches Bewußtsein"; er erlaubt es, auch Widerstandspotentiale zu identifizieren und zu benennen, das Widerständische auch in seinen ideologischen Verkleidungen zu erkennen.

Von *senso comune*, von möglichen und von unmöglichen Kulturen des Widerstands handelt dieses Buch. Es ist ein Buch nicht nur über Gramsci, sondern vor allem eines, das von Gramsci seinen Ausgang nimmt. Es versammelt Beiträge, die in vielfältiger – auch rivalisierender – Weise zu Gramsci sich verhalten: Texte, die Themenstellungen aufgreifen, zu denen sich Gramsci in den „Gefängnisheften" äußert, wie Fragen einer populären Kultur, den „Amerikanismus", Fragen der Schulbildung, die Funktion von

Intellektuellen; Texte, die Konzeptionen, die mit seinem Namen sich verbinden, in neuen historischen, geographischen und politischen Kontexten erproben wie die der Hegemonie, wie die der Zivilgesellschaft; Texte, die blinde Flecken ausleuchten wie die nicht thematisierte Geschlechterdifferenz. Problematisches, das bei diesen Versuchen bisweilen zu Tage gebracht wird, ergibt sich nicht nur aus der Verschiedenheit der Kontexte, sondern weist auch darauf hin, daß manche Gramsci-Konzeption – am auffälligsten wohl die der Zivilgesellschaft – mittlerweile ihre eigene begriffsgeschichtliche (und damit rezeptionsgeschichtliche) Dimension hat, die neue Anforderungen an die Theoriebildung stellt.

Seinen Ausgangspunkt von Gramsci zu nehmen, kann also weit führen, es kann auch weit von ihm wegführen. Statt von ihm auszugehen, kehren andere Beiträge zu ihm zurück, um den unabgeschlossenen, wuchernden, immer neu einsetzenden Text der „Gefängnishefte" auf seine verborgenen Zentren hin zu lesen und zu entdecken, da sein fragmentarischer, nicht-teleologischer Charakter nicht nur ein ihm von außen Aufgezwungenes, sondern Ausdruck einer methodologischen Entscheidung zum Vorläufigen und Revidierbaren gegen das ein für allemal Abgeschlossene und Feststehende, zum Einzelnen und Besonderen gegen das alle Unterschiede (und alles Widerständische) kappende Allgemeine ist – eine Entscheidung, die, als methodologische, zugleich eine politische Entscheidung ist.

So arbeitet dieses Buch mit Gramsci, ohne ausschließlich ein Buch über Gramsci zu sein, und begibt sich auf die Spurensuche nach dem Widerständischen aus großem Widerwillen vor dem Einheitsbrei, aus Widerwillen auch vor der prophezeiten Intellektuellendämmerung und der Gruft, in der manche Intellektuelle die Intellektuellen beigesetzt sehen möchten.

Wien, im Mai 1993   Johanna Borek

Kaspar Maase

„Antiamerikanismus ist lächerlich, vor allem aber dumm"
Über Gramsci, Amerikanisierung von unten und kulturelle Hegemonie

> „Ein gewisses Maß von Zivilisation ist, ist, ist Kultur."
> Alfred Kerr
> „Wie angenehm ist es, sich als patentierte Repräsentanten der (...) Schönheit, des Denkens etc. zu fühlen."
> Antonio Gramsci

Wieso ist Antiamerikanismus dumm, und weswegen habe ich Gramscis Urteil über die westeuropäischen Intellektuellen der Zwischenkriegszeit (die sind nämlich gemeint) noch verschärft?[1] Vorwegzuschicken ist: Im folgenden geht es nicht um die gesellschaftlichen Verhältnisse der USA und nicht um ihre Rolle in der Weltpolitik; ich will mich mit den Dummheiten des *kulturellen* Antiamerikanismus auseinandersetzen.

Aus Anlaß der Eröffnung von Euro-Disney bei Paris standen dem Dünkel der Kulturhüter der Alten Welt wieder einmal alle Medien offen. Von einer Invasion der amerikanischen Subkultur war die Rede, von der Kolonialisierung unseres Seins durch den Schein der Simulation, gar von einem kulturellen Tschernobyl, das die Träume der Kinder dollargrün einfärben werde. Den Tiefpunkt intellektueller Amoralität bildete das Wortspiel von „Mouseschwitz".

Die bundesdeutschen Feuilletons verfehlten nicht, ihren Leserinnen und Lesern die hysterischen Stimmen aus der französischen Debatte vorzusetzen – hatten sie doch so die Möglichkeit, die Saiten des kulturellen Antiamerikanismus in der deutschen Seele in Schwingung zu versetzen und sich zugleich mit der Geste weltoffener Gelassenheit über die erregte Reaktion im Nachbarland zu erheben.[2] Auch Kommentare aus der Linken, die auf die gelungene ökonomische Erpressung des französischen Staats und auf die autoritären Praktiken des US-Managements in Marne-la-Vallée hinwiesen, versäumten nicht, ihren Abscheu vor der Talmi-Welt des Vergnügungsparks auszudrücken.

Aber irrte denn Max Gallo mit seiner These, daß es der Walt Disney Corporation nicht um Kultur, sondern um Kommerz gehe, und daß wir die Phantasie und den Gedächtnisschatz unserer Kinder verkauften? Wiederholt sich nicht gegenwärtig in Osteuropa, was nach 1945 Westeuropa passierte: Die Wohlstands-Köder des American way of life verführen die Arbeiterklasse, auf den Kapitalismus nach US-amerikanischem Muster zu setzen? Spricht es nicht für sich, daß im polnischen Erfolgsmusical „Metro"

die Ballettruppe mit Cola-Büchsen an den Füßen und Dollarbündeln an den Gelenken über die Bühne steppt – zur Begeisterung des in Jeans und T-Shirts gekleideten Publikums?
Nein, es spricht nicht für sich! Ich habe wachsende Probleme mit einem Diskurs, der die einfachen Leute nur als Marionetten an den Strippen des kulturellen Imperialismus wahrnehmen kann. Gramscis Denken über Hegemonie enthält auch die Frage, wie die Beherrschten an der Herstellung von Konsens und Folgebereitschaft mitwirken. Damit meine ich nicht die aktive Beteiligung an der eigenen Unterdrückung – die es auch gibt. Hegemonie ist ein umkämpftes Feld, auf dem die kulturellen und symbolischen Kräfteverhältnisse ständig neu und in wechselnder Balance hergestellt werden. Der Alltagsverstand, auch das kann man bei Gramsci lernen, ist Produkt derartiger Auseinandersetzungen. Die einfachen Leute kämpfen ständig um bessere, angenehmere Bedingungen, unter denen sie bereit sind, sich zeitweilig mit den Herrschenden zu arrangieren. Die Maßstäbe, nach denen sie konkrete Alltagsverhältnisse ablehnen oder akzeptieren, verdienen sehr viel mehr Aufmerksamkeit, als ihnen eine aufklärerische Linke, die sich selbstgerecht im Besitz der gesellschaftlichen Vernunft fühlte, bisher gewidmet hat.

Was die Umwälzung der Lebensweise in der Nachkriegszeit betrifft, so sind die eigentlichen Entdeckungen – gleichermaßen irritierend und spannend – noch zu machen. Ich will Ergebnisse einer mentalitätshistorischen Studie zur Amerikanisierung Jugendlicher in der Bundesrepublik der 50er Jahre vorstellen[3] und einige allgemeinere Überlegungen anschließen. Was damals geschah, ist nicht angemessen in einem Überwältigungsdiskurs zu behandeln – auch nicht in einem antiimperialistischen. Gegen die gebildeten Eliten und gegen die Bannerträger eines technokratischen Amerikanismus setzten die einfachen Leute eine „Amerikanisierung von unten" durch, die die kulturelle Machtbalance zu ihren Gunsten verschob.[4]

Angst vor dem Trojanischen Pferd

Worum ging es im ersten, formativen Jahrzehnt der neugeschaffenen Bundesrepublik? Adenauers Linie der kompromißlosen Westbindung im Politischen, Wirtschaftlichen und Militärischen wurde weltanschaulich überwölbt vom Abendland-Konzept. Alltagsmoral und Lebensweise sollten bruchlos anknüpfen an den Verhältnissen der Weimarer Republik. Genauer: Maßstab waren die Normen, für deren hegemoniale Anerkennung Besitz- und Bildungsbürger schon vor 1933 gekämpft hatten; dazu gehörte nicht zuletzt ein tiefsitzender Affekt gegen kulturelle Einflüsse aus den USA, die als vulgär und gleichmacherisch galten. Nach 1945 lieferten die bürgerlichen Vordenker eine Lesart der, wie es so fein hieß, „deutschen Katastrophe", die dem Sendungsbewußtsein der alten Eliten als Kulturträger Nahrung gab und sie zum verzweifelten Verteidigungskampf gegen den „Aufstand der Massen" (Ortega y Gasset) motivierte. Beim Nationalsozialismus habe es sich um das „Regime des halbgebildeten Massenmenschen"[5] gehandelt, logische Folge einer „Entwicklung, die von der Kultur der Wenigen zur Unkultur der Massen führte".[6] Konsequenterweise wurden die Menetekel, die den Untergang des Abendlands ankündigten, in Massenkultur und Materialismus gesehen. Eines der vordringlichen Projekte des ersten westdeutschen Bundestages war 1950 das Gesetz über die Verbreitung jugendgefährdender Schriften, das die Heranwachsenden vor dem Gift von Cowboyheftchen und Gangstergeschichten, vor aufreizenden Pin-up-Fotos und verrohenden Comics bewahren sollte.

Reinhold Wagnleitner hat am österreichischen Beispiel dargestellt, wie systematisch (wenn auch nicht ohne interne Widersprüche) US-Institutionen nach 1945 Medien vom Radio bis zur Coca-Cola einsetzten, um die Bevölkerung auf ihre Seite zu ziehen. Wohlstandsversprechen, Glamour und heiße Musik warben erfolgreich dafür, sich im Kalten Krieg auf die Seite der USA und des Kapitalismus zu schlagen.[7] So dankbar die einheimische Bourgeoisie und die alten Machteliten für diese Schützenhilfe sein mußten – die positive Aufnahme des American way of life and entertainment beunruhigte sie tief. Auf einer Tagung von Jugendverbandsfunktionären im Herbst 1954 sprach Dr. Manfred Müller von der Evangelischen Jugend aus, was vor allem in den Bildungsschichten viele empfanden:

„Meiner Ansicht nach ist die Gefahr aus dem Westen größer, als die aus dem Osten. Das heißt nicht, daß vom Osten keine Gefahr kommt. Aber die Tatsache, daß die Gefahr von Osten von jedem erkannt wird, aber die westliche Gefahr (des hochkapitalistischen Materialismus) schwer zu erkennen und deshalb gefährlicher ist, das ist das Wesentliche."[8]

Hendrik de Man erschien es in seiner einflußreichen Schrift über „Vermassung und Kulturverfall" völlig selbstverständlich, „daß der Widerstand gegen den kulturellen Niedergang, von Europa aus gesehen, in der Praxis vor allem als Widerstand gegen die Amerikanisierung" auftreten mußte.[9]

„Amerika" verkörperte in dieser Sicht den „Materialismus" gleich doppelt. US-amerikanische Wohlstandspropaganda und deutsche Befürchtungen trafen sich im Bild einer auf Konsum, Komfort und Vergnügung gestimmten Lebensweise der einfachen Leute. Damit nicht genug, handelte es sich um einen Kapitalismus, der das Geschäft auch mit Kunst und Unterhaltung besten Gewissens als Geschäft deklarierte und dem der individuelle „pursuit of happiness" als Legitimation genügte. Was für ein Gegensatz zu jener Weltanschauung, nach der die Deutschen eine kulturelle Sendung hatten und der „schmutzige Kommerz" allenfalls in dienender Rolle erlaubt war!

Soviel zu den Ängsten der alten neuen Eliten vor einer Amerikanisierung, die sich als trojanisches Pferd erweisen und der „hemmungslosen Genußsucht" die Tore öffnen würde. Aber wie bestimmten die einfachen Leute, die lohnabhängigen Volksschichten, in der neuen Situation ihre Interessen und ihre Taktiken? Um diese Frage auch nur fruchtbar zu stellen, scheinen mir Diskurse über „Massenkultur" und „Manipulation" denkbar ungeeignet; sie sind gleichermaßen um die Lebens- und Reflexionsformen der „Gebildeten" herum organisiert und verhindern ernsthafte Untersuchung, indem sie die anderen, die „Unwissenden", als a priori defizitär definieren.

Es gibt mittlerweile jedoch eine ganze Reihe von Versuchen (teilweise im direkten Anschluß an ein gramscianisches Konzept der Hegemonie-Kämpfe), die moderne Arbeiter- und Volkskultur als kreative Praxis, als System eigensinniger Tätigkeiten mit eigener Logik und eigener Würde zu erfassen. Forscher in der Tradition des Birmingham Centre for Contemporary Cultural Studies (CCCS) wie Paul Willis,[10] der französische Kulturwissenschaftler Michel de Certeau[11] und, in Fortführung seiner Gedanken, John Fiske[12] betrachten die einfachen Leute als schöpferische Subjekte ihrer Kultur – allerdings „nicht aus freien Stücken, nicht unter selbstgewählten, sondern unter unmittelbar vorgefundenen, gegebenen und überlieferten Umständen"[13] – unter Bedingungen des Ausschlusses und der Unterdrückung. Innerhalb eines kulturellen Feldes, das von den Strategien der Herrschenden bestimmt ist, „basteln" sie aus kommerziellen Angeboten Subkulturen und Stile mit eigener, auch subversiver Bedeutung; sie schaffen als „semiotische Guerilla" (Eco) befreite Gebiete und arbeiten am Netz einer Popularkultur. Deren Charakter ist nicht an den in ihr genutzten Gütern und Werken abzulesen; er erschließt sich erst, wenn man die materiellen und symbolischen Praktiken verfolgt, mit denen die einfachen Leute die vorgefundenen Angebote aus ihrem Herrschafts-Kontext herauszunehmen, umzudeuten und eigensinnig zu benutzen suchen. Aus den Glanzbildern des American way of life, mit denen sie von den Vorteilen der „freien Welt" überzeugt werden sollten, machten vor allem die Halbstarken eine Amerikanisierung von unten. Die Alpträume vom trojanischen Pferd schienen Realität geworden.

Die einfachen Leute folgten dabei dem bewährten Rezept der Volkskultur, nach dem es günstige Konstellationen schnell und „listig" zu nutzen gilt. Den Herrschenden waren die Hände, vor allem aber die Medien gebunden; aus Gründen der Staatsräson konnten sie nicht mit der gleichen Offenheit gegen kulturelle Amerikanisierung zu Felde ziehen wie in der Weimarer Republik, als sie Demokratismus und Vulgarität des American way of life noch frontal attackierten. Die Besitz- und Bildungsschichten waren nach dem Zusammenbruch des „Dritten Reichs" tief verunsichert. Ihr Engagement für das verbrecherische Regime war in jeder Hinsicht weitaus größer gewesen als das der Arbeiterklasse. Als Flüchtlinge und Vertriebene hatten sie die größten Einbußen an Eigentum und Sozialstatus erlitten. Vor allem sie waren von den alliierten Entnazifizierungsbemühungen geschockt worden. Auch als viele Mitte der 50er Jahre wieder Anschluß an die alten Positionen fanden, blieb die Ungewißheit, ob sie Macht und Privilegien schon wieder auf Dauer erlangt hatten.

In dieser Situation entbrannte um „Materialismus" und „Vulgarität" von Lebensformen und Massenkünsten aus den USA ein kultureller Klassenkampf, dessen Ausgang die symbolische Kräftebalance in der neu sich formierenden Gesellschaft wesentlich beeinflußte. Sinnlicher Genuß und zivilisatorische Lebenserleichterungen mußten als legitime Werte der Alltagskultur anerkannt werden; in den Massenkünsten erwies sich der populare Geschmack als kulturelle Macht mit eigener Legitimität. Derartige Erfahrungen schwächten die Diskriminierung der Lebensweise der einfachen Leute als unterwertig ab und schränkten die Geltung von „Bildung" und „Hochkultur" als Ressourcen für gesellschaftliche Führungsansprüche ein.

Modernisierung von Arbeiteralltagskultur

Bis zur Mitte der 50er Jahre war von Amerikanisierung im Alltag der einfachen Leute nicht viel zu sehen. Zwar verbreiteten sich Coca-Cola und Wrigleys Kaugummi unter Jugendlichen; aber schon an wilden Tänzen wie Jitterbug und Boogie-Woogie nahmen nur ziemlich ausgeflippte Typen teil. Wer durch Beziehungen eine Jeans ergatterte, war im Arbeitermilieu ein absoluter Außenseiter – *blue denim* wurde von Filmstars getragen und wies sie als privilegiert, weil Besucher der Neuen Welt, aus. Die Jugend aus Mittel- und Oberschicht, die sich zu Jazz-Gemeinden zusammenschloß, hatte kaum etwas Wichtigeres zu tun, als sich von Vulgaritäten wie Schlagern, Rowdies und Boogie-Gehopse zu distanzieren. Kühlschrank, Fernseher und Auto waren in Filmen und Illustrierten als Errungenschaften des American way of life zu bewundern – aber nur für wenige und entsprechend beneidete Arbeiterhaushalte erreichbar.

Der eigentliche Amerikanisierungsschub begann erst 1956 und ist nicht zu trennen von den Versuchen der Halbstarken, die öffentlichen Räume der Innenstädte zu „besetzen" und die bürgerliche Ordnung herauszufordern. Wer waren diese – zumeist männlichen – Jugendlichen, die idealtypisch in Jeans und Lederjacke, mit Moped oder Motorrad, mit pomadisierter Elvis-Tolle und Kofferradio auftraten, an Musikboxen und auf der Kirmes zu finden waren, wo Rock'n'Roll gespielt wurde, die nach Bill-Haley-Filmen oder auch ohne besonderen Anlaß durch die Straßen zogen, „Rock'n'Roll" skandierten, Bürger anrempelten, Polizisten provozierten und auch schon mal Autos aufs Dach legten, für Schlägereien, Randale und kleinere Ordnungs- und Eigentumsdelikte zu haben waren und von den Zeitgenossen sofort als amerikanisiert etikettiert wurden? Dank der Polizei- und Justizakten wissen wir es genau: Es waren Arbeiterjugendliche nach Herkunft und/oder sozialer Stellung; ihre Auftritte zogen allerdings auch Jugendliche anderer Schichten an.

Als junge Proletarier und Angehörige der ersten bundesdeutschen Generation, die nicht mehr im Nationalsozialismus erzogen worden war, konnten sich die Halbstarken mehrfach frustriert fühlen. Eltern, Lehrer, Chefs, Pfarrer und Jugendleiter verlangten von ihnen Askese sowie Gehorsam gegenüber Autoritäten, die durch ihr Verhalten im und nach dem „Dritten Reich" jegliche Glaubwürdigkeit verloren hatten. Angesichts sich verbessernder Lebensverhältnisse und größerer Liberalität in Medien und Freizeit wurden Kontrollen und Unterwerfungsdruck als doppelt schikanös erfahren. Die jungen Arbeiterinnen und Arbeiter empfanden, daß wieder einmal andere von „Wiederaufstieg" und „Wirtschaftswunder" profitierten, während sie um ihren gerechten Anteil betrogen wurden.

Zur Artikulation des Protests bot es sich aus vielerlei Gründen an, eine Subkultur im amerikanischen Stil zu basteln.[14] Material wurde zuhauf und in den verlockendsten Farben angeboten – schließlich sollten die Westdeutschen ja von der Überlegenheit der Marktwirtschaft überzeugt werden. Dieses Material war technisch modern und von deutscher Geschichte auf beneidenswerte Art unbelastet. Dessenungeachtet (oder sollte man sagen: auch deswegen?) galt den deutschen Bildungsschichten das „Amerikanische" in Lebensweise und Massenkünsten weiterhin als materialistisch und vulgär, als – ein damals häufig verwendeter Begriff – plebejisch. Amerikanisches fiel also unter dieselben Verdikte, die auch Geschmack und Lebensführung der Arbeiter und Arbeiterinnen hierzulande trafen.

Die Vermutung, hier könne etwas für den Selbstausdruck moderner Arbeiterjugendlicher zu finden sein, bestätigte sich. Insbesondere die „vulgäre" Linie amerikanischer Massenkünste, die stark von der schwarzen und weißen Popularkultur geprägt war, bot sich zur anverwandelnden Übernahme an. In Tänzen wie Jitterbug und Boogie-Woogie konnte unter Verachtung aller Tanzschulregeln Körperlichkeit ausgetobt werden. Ab 1956 ermöglichte dann der Rock'n'Roll als Inbegriff des Sinnlichen, „Geschmacklosen" und Kommerziellen, die Hochkultur und ihre kleinbürgerlich-süßlichen Imitate zu provozieren. Lässigkeit und Informalität des Umgangs, die an Westernhelden, Showstars und in Deutschland lebenden Amerikanern gleichermaßen ins Auge stachen, taugten als Gegenpol zur überkommenen Hochachtung vor zackiger Haltung und hierarchisierten Umgangsformen. Die Protagonisten der Hollywood-Filme über rebellische Jugendliche führten Requisiten moderner Arbeiterkultur vor: Marlon Brando, Tony Curtis, James Dean.

Der Ethnologe Clifford Geertz hat darauf hingewiesen, daß alle Alltagspraktiken ein Moment der Selbstdarstellung von Grundprinzipien der Kultur der Handelnden haben; das gilt insbesondere für stärker stilisierte und ritualisierte Abläufe.[15] Dieser Hinweis erschließt, so scheint mir, den Kern der amerikanisierten Subkultur der Halbstarken: Sie war demonstrative, in die Hegemonialkämpfe zwischen „Oben" und „Unten" eingreifende Praxis moderner Arbeiterjugendkultur, Moment einer Distinktionsauseinandersetzung (Bourdieu) um die soziale Geltung popularen Geschmacks.

Schließlich stand die Subkultur der Halbstarken in einer Traditionslinie, die noch kaum erforscht ist.[16] Schon vorher hatten männliche Arbeiterjugendliche Stile entwickelt, die sich aus dem Fundus der massenkulturellen Botschaften vom American way bedienten. Dank einer schönen Studie von Gerbel, Mejstrik und Sieder wissen wir inzwischen etwas über die Wiener „Schlurfs" der späten 30er Jahre. Begeisterung für Swing, ausgeprägt modische Oberbekleidung nach dem Vorbild amerikanischer Filme und lange, pomadisierte Haare kennzeichneten den Schlurf äußerlich. Zur Schau getragene Lässigkeit verkörperte den Gegensatz zur HJ; die NS-Machthaber verfolgten die Schlurfs denn auch mit aller Härte. Einer von ihnen erinnert sich:

„Der wos si irgendwie zu de Schluafs zählt hot, muaß i schon sogn, des is amerikanisches Denken gwesen. Oiso jetzt net politisch, sondern Musik, Mode, und die Richtung woar rein amerikanisch."[17]

Die österreichischen Historiker sehen im modisch-amerikanischen Stil der Schlurfs den Versuch, in Auseinandersetzung mit der proletarischen Stammkultur wie mit den Unterdrückungsmechanismen des NS-Systems die Idee eines guten Lebens zu realisieren. Die Arbeiterjugendlichen leisteten damit einen ‚unzeitgemäßen' Beitrag zur Neudefinition der Lebensmöglichkeiten der gesellschaftlich Beherrschten".[18]

Verschiebung symbolischer Kräfteverhältnisse

Ich sehe geistig schon die Schubladen vor mir, in die rational und gesellschaftskritisch denkende Menschen derartige Überlegungen einordnen müssen: gefährlicher Populismus, unpolitische Arbeitertümelei, Beschränkung auf den subjektiven Blick von unten statt Einordnung in die Totalität des Kapitalverhältnisses, opportunistischer Verzicht auf die Maßstäbe des Klasseninteresses und der gesellschaftlichen Vernunft. Bevor die Schubladen zuknallen, will ich versuchen, wenigstens einen Strohhalm dazwischenzuschieben, und knapp die These von der Verschiebung der symbolischen Kräfteverhältnisse zu skizzieren. Als Entlastungszeugen werde ich dabei einen Autor aufrufen, von dem seit dem klassischen Kapitel über Kulturindustrie als Massenbetrug[19] feststeht, daß sein Urteil nicht populistisch zu korrumpieren war: Theodor Adorno.

Ich will die Frage holzschnittartig an vier Auseinandersetzungen abhandeln, in denen sich die lohnabhängigen Volksschichten jeweils faktisch gegen den Widerstand der herrschenden Kulturträger durchsetzten. Die Orientierungen popularer Kultur wurden von oben nicht anerkannt, aber beide Seiten erfuhren die Kraft der „Einfachen" (Gramsci), eine Lebensführung nach ihren Prinzipien ein Stück weit durchzusetzen – unter geschickter Ausnutzung des amerikanischen Einflusses.

Erste Kontroverse: „Materialismus" gegen „Idealismus". Der American way of life schien in den 50er Jahren jahrhundertealte Träume der einfachen Leute vom guten Leben zu erfüllen: materieller Überfluß, Maschinen, die dem Alltag die Beschwernisse nehmen, Raum für Sinnlichkeit, Vergnügen und Genuß. In der Sicht derer, die Privilegien und Führungsansprüche aus der Fähigkeit ableiteten, sich von den Wonnen der Gewöhnlichkeit zu distanzieren und ihr Leben und die Welt nach „Idealen" einzurichten, disqualifizierte eine derartige Lebensführung den Anspruch auf gesellschaftliche Mitsprache. Die als weltanschauliche Scheidemünze kursierende Materialismus-Verachtung reduzierte soziale Werte auf Geistiges. Ich vermute, es waren der elitäre Charakter und (vor dem Hintergrund des deutschen Sonderbewußtseins) die politische Verführbarkeit dieses „Idealismus", die Adorno mit einer Verteidigung amerikanischer „culture" gegen deutsche „Kultur" auf den Plan riefen.

„... diese Gütermenge, der man in Amerika begegnet, hat einen Zug, den man (...) nur schwer beschreiben kann, den man aber auch nicht verleugnen, den man vor allem nicht gering anschlagen soll. Es steckt darin etwas vom Schlaraffenland. Sie müssen nur einmal durch einen sogenannten amerikanischen Super-Market (...) gehen, (...) und Sie werden irgendwie – das Gefühl mag noch so trügerisch und oberflächlich sein –, Sie werden das Gefühl haben: es gibt keinen Mangel mehr, es ist die schrankenlose, die vollkommene Erfüllung der materiellen Bedürfnisse überhaupt. (...) die Art, in der jedes amerikanische Kind eigentlich ununterbrochen einen sogenannten ice-cone, einen Kegel mit Eiskrem essen, in jedem Augenblick eine Art Erfüllung des Kinderglücks finden kann, nach dem unsere Kinder einst vergebens sich die Hälse ausrenkten – das ist wirklich ein Stück der erfüllten Utopie. Es hat etwas von der Friedlichkeit, dem Mangel an Angst und Bedrohung, wie man es sich in einem chiliastischen Reich vorstellt."[20]

Diese Erfüllung könne sehr wohl dafür entschädigen, daß jemand mit Bach und Beethoven nicht ganz so vertraut sei, wie es das deutsche Verständnis von Bildung verlange. Soweit Adorno zur Rezeption der amerikanischen Lebensweise.

Die Chiffre „Materialismus" ist für unser Thema besonders aufschlußreich; sie verband den zeitgenössischen Antikommunismus, der darin nur ein Synonym für Bolschewismus sah, mit jener unseligen Denktradition, nach der die Deutschen als Verteidiger eines kulturbezogenen, werthaltigen Idealismus der kommerziellen westlichen Zivilisation die Stirn boten. In einer Notiz der Gefängnishefte hat Gramsci schon 1930 darauf hingewiesen, daß der Materialismusvorwurf die Sorge vor einem Autoritätsverlust der herrschenden Klasse angesichts schwindenden Einflusses ihrer traditionellen Ideologien artikuliert. Gramsci nimmt hier einen Hegemoniewandel vorweg, der in der postfaschistischen Bundesrepublik von Schelsky auf den Nenner der „skeptischen Generation" gebracht wurde.

„Der Tod der alten Ideologien zeigt sich als Skeptizismus gegenüber allen allgemeinen Theorien und Formeln und Hinwendung auf die rein ökonomische Tatsache (Verdienst usw.) und auf die Politik, nicht nur die tatsächlich realistische (wie es immer ist), sondern die in ihrer unmittelbaren Manifestation zynische (...). Aber diese Reduktion auf die Ökonomie und auf die Politik bedeutet gerade Reduktion der höheren Überbauten auf diejenigen, die mehr zur Basis gehören, das heißt Möglichkeit [und Notwendigkeit] der Bildung einer neuen Kultur."[21]

In diesen Wandel einzugreifen, hätte allerdings auch von den Sozialistinnen und Sozialisten der Nachkriegszeit verlangt, ihr eigenes Verhältnis zu den proletarischen Sehnsüchten nach Wohlstand, Lebenserleichterung und zeitgemäßen Vergnügungen zu überprüfen.[22]

Zweite Kontroverse: „Vulgarität" gegen „Kultur". Ein ganzer Strang der aus den USA importierten Massenkünste, allen voran der Rock'n'Roll, wurde zum Inbegriff selbstbewußter Vulgarität, des unverhüllten und provokativen Bekenntnisses zum popularen Geschmack, zu körperlich-sinnlichen, entspannenden und aufregenden Vergnügungen, zum Lauten, Direkten und Ungekünstelten. Die Fans derartiger Populärkultur vertraten das „Recht auf Gewöhnlichkeit" (Ortega y Gasset). Sie forderten jene Einstellung ästhetischer Interesselosigkeit und der Distanzierung von sinnlich-materieller Praxis heraus, die den bürgerlichen Schichten seit Kant als einzig legitime Kultur gilt.[23] Während in Deutschland die „leichte Muse" noch in ihren Imitationsversuchen die Norm der abendländischen Hochkultur anerkannte, traten die US-Importe als Genre eigenen Rechts auf. Elvis Presley war keine Volksausgabe eines Gesangs-Künstlers wie seine Kollegen Gerhard Wendland oder Rudi Schuricke, sondern ein Rock'n'Roller. Sein Bühnenauftritt orientierte sich nicht am Ideal jener Vergeistigung, die alle Spuren von Mühe verwischt im Ausdruck vollendeter Natürlichkeit und Leichtigkeit – er arbeitete hart für sein Publikum und war stolz auf seinen Schweiß. Eines der meistverbreiteten Fotos aus dieser Szene zeigt den Bassisten von Bill Haleys „Comets" auf seinem Instrument reitend – ein Schlag ins Gesicht derer, für die Furtwängler und Elly Ney die Musikkultur der Bundesrepublik verkörperten.

Rock'n'Roll und populärer Jazz verzichteten auf Respektabilität und Aura von „Kunst". Adorno sprach in diesem Zusammenhang von einer

„Musik, die sich nichts Besseres dünkt".[24] Das war zwar kritisch gemeint, kennzeichnet aber doch präzise die zeitgenössische Wahrnehmung des popular-demokratischen Habitus, der sich dem Einsatz von Kunst als Distinktionsmittel verweigerte. Wenn die Massenkünste und ihr Publikum nicht mehr nach oben schielten, gerieten kulturelle Hierarchien ins Wanken.

Drittes Kampffeld: „Lässigkeit" statt „Haltung". Lockerheit und Informalität des Umgangs, die an Westernhelden, Showstars und in Deutschland lebenden Amerikanern gleichermaßen auffielen, taugten als Gegenpol zur deutschen Hochschätzung von zackiger Körpersprache, hierarchisierten Umgangsformen und Bedeutungsschwere. Lässigkeit signalisierte Renitenz gegen Autoritäten, gegen Erzieher und Vorgesetzte, aber auch gegen eine „Kultur", in der sich angeblich die Persönlichkeit durch „Haltung" und Selbstzucht aus der Masse heraushob.

Zivilisationshistoriker sprechen hier von einem Informalisierungsschub, von der in Auseinandersetzungen durchgesetzten Pluralisierung gesellschaftlich erlaubter Verhaltensstandards.[25] Informalisierung zeigte sich beispielsweise in der Lockerung der Kleiderordnung für Künstlerinnen und Künstler – weg von Frack, Smoking, Abendanzug oder Galakleid hin zu alltagsnäherer Garderobe. Zum Spektrum der Bewegungsformen eines Rock-Sängers gehörten sexuelle Offenheiten und Assoziationen ebenso wie eine Motorik, die Rhythmus sichtbar machte und eindeutig den Charakter körperlicher Arbeit annahm. Der Schweißausbruch sowie die aufgelöste Kleidung und Frisur symbolisierten auch eine neue Beziehung zwischen dem nicht mehr unnahbaren, sondern für seine Verehrer hart arbeitenden Star und dem Publikum.

Die informalisierten Praktiken jugendlicher Fans wurden als direkte Angriffe auf jene „Kultur" wahrgenommen, deren Anerkennung durch das Volk die Überlegenheit der Herrschenden bestätigt. Ein Muster des symbolischen Machtkampfes wird am sogenannten Krawall beim Hamburger Bill Haley-Konzert im Oktober 1958 sichtbar. Die Auseinandersetzung entzündete sich daran, daß Besucher die gültigen Normen für die Teilnahme an einem Kulturereignis verletzten. Statt die Empfindungen des Genusses zu beherrschen, bis sie im Schlußapplaus dezent ausagiert werden, begannen junge Männer und junge Mädchen zur Musik zu tanzen. Die Studenten, die als Ordner eingesetzt waren, versuchten die Fans in die Schranken zu weisen, drängten sie auf die Plätze zurück – und lösten so die Schlägerei aus. Die Berichterstattung machte aus diesem Ablauf keinen Hehl und stilisierte zugleich die Studenten zu Opfern einer Barbarenhorde, der nur mit Wasserwerfern und Prügel Einhalt zu gebieten sei.[26]

Harmlose Regelverletzungen solcher Art lagen der Halbstarken- und Amerikanisierungs-Hysterie weithin zugrunde. Die Gewalt der Reaktionen verweist auf die Bedeutung der in Frage gestellten Kulturmuster wie auf die sozialen Ängste, die sie zu Symbolen des Status quo werden ließen. Sie verweist ebenso darauf, wie empfindlich die Körperlichkeit des Rock'n'Roll als Ausdruck popularer Kultur wahrgenommen wurde. Wie Bachtin gezeigt hat, ist der „groteske Körper", der sich nicht sauber, eindeutig, vernünftig und mit individuellem Ausdruck von der Umwelt abhebt, ein zentrales Motiv der Volkskultur an der Schwelle zur Moderne.[27] Die Polarität der körpersprachlichen Diskurse, die sich damals herausbildete, organisiert auch noch die Kultur der Gegenwart und bildet einen vorrangigen Maßstab für die Ausgrenzung des Illegitimen.

Die Hegemonialkämpfe um Amerikanisierung bündelten sich viertens an einem Punkt, der seit zweihundert Jahren positives und negatives Amerikabild scheidet. Mir scheint, daß im Umgang mit diesem Thema Verweigerung oder Akzeptanz der kulturellen Moderne überhaupt abzulesen sind: Die Rede ist von der sogenannten Kommerzialisierung der Kultur, die ja aus der Gebrauchswertperspektive marktvermittelte Demokratisierung des kulturellen Feldes bedeutet. Daß wahre, geistig-innerliche Kultur und schmutziger Kommerz sich ausschließen, daß letzterer erstere erdrosselt, ist in alle Banner des deutschen Sonderweges eingestickt, von den aufgeklärten Kämpfern gegen die Leseseuche bis zu den abscheulichen Ergüssen der Vertreter deutschen Geistes im Ersten Weltkrieg. Die Gleichsetzung von Kulturindustrie und Kulturzerstörung ist das Apriori von hundert Jahren Schmutz- und Schundkampf in Deutschland; daß sie nichts als Ware seien, gilt bis heute als legitimes Verdammungsurteil über die Massenkünste.

Das amerikanische Showbusiness und seine männlichen wie weiblichen Vertreter standen zu ihrem Charakter als Geschäft, und für die halbstarken Fans lag darin gleich mehrfach Befreiendes. Im März 1957, als die Wogen der Empörung über die Vulgarität des Elvis Presley noch hoch schlugen, meldete die Jugendzeitschrift BRAVO lapidar: „*Zahlen sprechen für Elvis.* Elvis Presley übertrifft weiterhin die kühnsten Erwartungen der Verkaufsexperten seiner Platten-Firma." Nach der Parade der Millionenzahlen hieß es: „Das ist wohl die überzeugendste Abstimmung für Presley, die man sich vorstellen kann. Schließlich wurden diese Millionen Platten Stück für Stück mit sauer verdienten Dollars bezahlt!"[28]

Die Stichworte „Abstimmung" und „sauer verdiente Dollars" riefen einen Diskurs auf, der den popularen Geschmack gegen pädagogische und bildungselitäre Vormundschaftsansprüche verteidigte. Die Polarität von Kultur und Kommerz lag diesem Diskurs ebenso zugrunde wie dem herrschenden; die Elemente waren jedoch so angeordnet, daß sich die Wertung umkehrte. Die Grundstruktur läßt sich etwa so skizzieren. Auf dem Unterhaltungsmarkt ging es ehrlich und demokratisch zu; was dort Erfolg hatte, war legitimiert, weil es vielen zusagte. Massenkultur war ein Geschäft; gerade das garantierte, daß keine moralische Empörung den Rock'n'Roll – und mit ihm die symbolische Rebellion der Arbeiterjugendlichen – aufzuhalten vermochte. Sollten die „Kulturträger" ruhig Halbstarke und „Proleten" als banausisch verachten – letztlich würden die einfachen Leute die

Musik bekommen, die ihnen gefiel: Der Anziehungskraft ihres Geldes konnte das Showbusiness auf Dauer nicht widerstehen. Zusätzlich hatten die kulturell Ausgegrenzten auch noch die Moral auf ihrer Seite, wenn sie nun wirklich einmal als Kunden Könige sein wollten: Sie durften für ihr schwer verdientes Geld einen ehrlichen Gegenwert in Form guter Unterhaltung verlangen.

In dieser Sicht waren die Kaufkraft der Mehrheit und die Abstimmung auf dem Markt weitaus demokratischer als jene Schutz- und Erziehungsmaßnahmen zum angeblichen Besten des Volkes, die das Urteil bürgerlicher Experten für Kultur und Unkultur in Praktiken der Kontrolle und Entmündigung umsetzten. Wie laut die Herrschenden auch ihr Recht und ihre Kompetenz reklamieren mochten, das Legitime vom Illegitimen zu scheiden – letzten Endes setzten sich die einfachen Leute mit ihrer Kaufkraft durch, vorneweg die junge Generation.

Das ist die Lehre, die die Arbeiterjugendlichen der 50er Jahre zogen; sie zogen sie in erster Linie aus dem Erfolg der amerikanischen Massenkünste, die sie als Speerspitze ihrer symbolischen Offensive gewählt hatten. Im Ergebnis entstand eine neue kulturelle Balance, in der der Geschmack und die Lebensauffassung der subalternen Klassen ein Stück eigener Legitimität erobert hatten. Sie wurden weiterhin als vulgär und kulturlos verachtet; aber sie selber hatten sich teilweise von diesem Urteil befreit und im Maß der Selbstanerkennung das symbolische Kräfteverhältnis zu ihren Gunsten verschoben.

Eine Episode aus Jürgen Theobaldys Roman „Sonntags Kino", der Anfang der 60er Jahre im Milieu Jugendlicher aus einfachen Elternhäusern spielt, fängt den Mentalitätswandel ein. Lehrling Riko ist auf dem Weg ins Büro:

„... die Jeans klebten am Arsch, rutschten in die Spalte, er zog, er sollte sie gar nicht anhaben. Im Büro sollte er eine Hose mit Bügelfalten tragen, die Farbe gedeckt, Gabardin oder sowas, und beim Hinsetzen wie die anderen Angestellten den Stoff nach der Seite zerren, damit die Falten länger hielten und die Hosen nicht ausgebeult wurden.
Aber Riko hatte die Jeans anbehalten, stand trotzig vor dem polierten Schreibtisch des Abteilungsleiters und ließ nicht nach mit den Entgegnungen, nein, diese Hosen waren nicht schmutziger als andere, im Gegenteil, man konnte sie öfter waschen lassen, sie waren strapazierfähiger, nein, sie sahen auch nicht schlechter aus, sie waren längst nicht so unansehnlich wie die grauen Bürokittel (...) Na gut, sagte er, er überlegte es sich noch einmal, nahm die Mappe mit den Briefen, die der Chef inzwischen unterschrieben hatte (...)
Schau mir nur nach, laß deinen Blick doch streng auf mir ruhen, wie du meinst, denke, was du willst, Arschloch, ich habe gewonnen, ich komme weiter in Jeans, Idiot, ich habe mich verteidigt!"[29]

In der Falle des bürgerlichen kulturellen Antiamerikanismus

Soweit zur Ambivalenz der kulturellen Amerikanisierung der 50er Jahre. Unterordnung unter die imperialistische Vormacht, Bruch mit den antiwestlichen Ressentiments des deutschen Sonderbewußtseins und Schwächung kultureller Hegemonie des herrschenden Machtblocks waren darin untrennbar verwoben. Die Frage drängt sich auf: Was hinderte die Linke damals, die Hegemonialverschiebung wahrzunehmen und zu nutzen? Sicher: Die historische Eingriffsmöglichkeit erschien in völlig unerwarteter Form (was allerdings in der neueren Geschichte den Normalfall bildet!): in Jeans und Lederjacken, mit Elvistolle und Petticoat, Kaugummi und Cola, Rock'n'Roll und Straßenkreuzer-Imitation.

Im sozialistisch-kommunistischen Spektrum wurde die kulturelle Amerikanisierung als ein *politisches* Phänomen wahrgenommen, und auf dieser Ebene schienen die Fronten klar. Die Träume von Kühlschrank und Auto gingen der Propaganda für die Überlegenheit der westlichen Welt auf den Leim; Begeisterung für Coca-Cola und Boogie-Woogie verharmloste die amerikanische Politik, die in Westdeutschland dem Kapitalismus und seinen NS-belasteten Vertretern zu überleben half; Ringelsöckchen und US-Schlager symbolisierten Komplicenschaft mit der Korea-Aggression und Atomkriegsdrohungen. Adenauer und die USA hatten Deutschland gespalten, nun galt es, die nationale Kultur gegen die amerikanische Überflutung zu verteidigen. Insbesondere für die Kommunistinnen und Kommunisten war ein Verständnis von Volkstümlichkeit der Kultur bindend, das die Loreley zum Symbol der „Ami go home"-Kampagne erkor und Volkstanz und Volkslied als jugendgemäß verstand.

Es wäre ungeschichtlich gedacht, in dieser heißesten Phase des Kalten Krieges differenziertes Verständnis für die Mechanismen spezifisch kultureller Hegemonie zu verlangen; sie verlaufen fast zwangsläufig quer zu den System- und Klassenkonfrontationen. Aber es ist doch – keineswegs nur aus historischem Interesse – zu fragen, wieso bestimmte Wahrnehmungen auf derart bemerkenswerte Weise verdrängt oder uminterpretiert werden konnten und wieso trotz der kräftigen Tradition populärer Amerikahoffnungen die Linke in der Falle des bürgerlichen kulturellen Antiamerikanismus landete. Immerhin war damals nicht zu übersehen, daß Einstellungen, Güter und Genüsse aus dem US-amerikanischen Alltag in der Arbeiterklasse reüssierten, während die herrschenden Kulturapparate – Schulen, Kirchen, Jugendpflege, Feuilletons – „Materialismus" und Massenkultur aus den USA bekämpften.

Gleichermaßen offenbar ist dem heutigen Betrachter, daß die spezifisch kulturellen Argumente gegen die populären Importe aus den Vereinigten Staaten sich links und rechts kaum unterschieden. Ob von Verwahrlosung der Jugend und Zersetzung der nationalen Kultur durch Gangster- und

Kitschfilme aus Hollywood die Rede war,[30] ob Kriminal- und Wildwestromane verdächtigt wurden, Jugendliche zu Straftaten zu verleiten,[31] ob die Verseuchung der deutschen Jugend durch Striptease als Mittel amerikanischer Propaganda angeprangert[32] oder halbentkleidete Pin-ups als raffinierteste Form sexueller Aufreizung indiziert wurden,[33] ob die gesamte Gattung der Comics unter der Anklage „prinzipieller sittlicher Gefährdung" vor dem Bundesgerichtshof stand – die Maßstäbe und Argumente waren die gleichen. Allerdings attackierten Kommunistinnen und Kommunisten direkt die amerikanische Herkunft, während offizielle bürgerliche Äußerungen dies aus Bündnisgründen unterließen und sich die Arbeit mit dem mündlichen Amerikanisierungsdiskurs teilten, der die nationalistischen und rassistischen Ressentiments zugab.

Kultureller Antiamerikanismus ist in Deutschland älter als die Kritik der Linken aller Couleur am US-Imperialismus. Aber das ist keine Erklärung für Vermischung, Verwischung und Verwechslung. Was für ein attraktiver Köder lockte nach 1945 in die bürgerliche Falle? Der antiimperialistische Diskurs enthielt eine Menge nationalistischer und fremdenfeindlicher Beimengungen; man hielt das für gerechtfertigt nicht zuletzt wegen der Notwendigkeit nationalen Zusammengehens mit konservativen Kreisen. Da lag der Zugriff auf Stereotype aus dem reaktionären Fundus nahe. Er fiel um so leichter, als auf der Rechten schon lange eine prononciert antikapitalistische Sprache gepflegt wurde, wenn es um die moderne Massenkultur ging. Anklagen gegen die Profitgier der Schundproduzenten und das Verdammungsurteil, daß es sich hier nicht um Kultur, sondern um kapitalistische Ware handle, die um den Massengeschmack buhle und ihn noch tiefer herabziehe, ging den bürgerlichen Kämpfern gegen geistig-sittlichen Niedergang bereits zur Wilhelminischen Zeit glatt von den Lippen. Seit den 20er Jahren wurden am Modell „Amerika" die zerstörerischen Folgen der kulturellen Moderne vorgeführt.

Daß bildungselitärer Antimodernismus und Antidemokratismus in der Linken als kulturell motivierte Kapitalismuskritik mißverstanden wurden,[34] verweist auf einen tieferliegenden Konsens in den Auffassungen von Kultur; er stellte den eigentlichen Rezeptor dar, an dem die Botenstoffe des reaktionären kulturellen Antiamerikanismus andockten und eine quasi automatische Reaktion hervorriefen. Gemeinsam war, daß auch der sozialistische Diskurs über Kultur sich in der Polarität von Erziehern und zu Erziehenden bewegte. Kulturelle Verhältnisse waren überhaupt nur vorstellbar in Form von Lernprozessen – wobei jene, die die Kultur denken, selbstverständlich die Rolle der Wissenden und Lehrenden einnehmen. Wo dieser Platz nicht vorgesehen ist, kann es sich per definitionem nicht um Kultur handeln.

In diesem Diskurs ist es dann zweitrangig, warum die zu Belehrenden vor aller näheren Betrachtung als verbesserungsbedürftig gedacht werden –

wegen charakterlicher Mängel, wegen fehlender Bildung oder wegen der Lebensverhältnisse, die das Kapital dem Proletariat aufzwingt. Entscheidend ist, daß es nur *einen* legitimen Typ von Kultur gibt (der ist auch bei Gramsci bestimmt durch Eigenschaften wie kritisch, rational, kohärent, einheitlich, organisiert und zentralistisch).[35] In der Theorie finden sich Abstufungen des Edukationismus, und Gramsci gehörte seinerzeit zweifellos zu den Denkern mit dem größten Respekt vor dem popularen Alltagsverstand. Faktisch ist jedoch die Selbstermächtigung der Gebildeten schon längst derart habitualisiert, daß es anderer Mittel als sanfter Mahnungen zur Zurückhaltung bedürfte, um eine Praxis aufzubrechen, die ständig das Verhältnis von Wissenden und Unwissenden reproduziert. Alle Lippenbekenntnisse zur Dialektik der Aufklärung finden bislang ihre Grenze am tradierten Habitus der Gebildeten mit seinen der Reflexion nicht unterworfenen Ausgrenzungs-, Abwertungs- und Distinktionspraktiken.

Predigt

Selbstverständlich ist intellektuelle Kritik am Edukationismus ein Paradox. Um das Maß der Widersprüche voll zu machen, folgt hier noch die obligate Ermahnung zur Umkehr. Ich denke da an eine durch die Mentalitäts- und Habitusforschung konkretisierte Anwendung von Gramscis Empfehlung, daß die „Philosophen" vor allem Missionieren zunächst ein wenig Distanz zu sich selbst und ihrer Rolle gewinnen sollten.

„Zu Beginn aller kritischen Arbeit steht das Bewußtsein dessen, was man wirklich ist, d.h. ein ‚Erkenne dich selbst' als Ergebnis des abgelaufenen Geschichtsprozesses, der dem Menschen eine unbegrenzte Zahl von Spuren einprägte ..."[36]

Setzen wir ausnahmsweise einmal für „den Menschen" die Intellektuellen, so hätte am Anfang die kritische Reflexion des edukationistischen Habitus und des gebildeten Geschmacks zu stehen, die in Jahrhunderten der machtgestützten Volksverbesserung produziert und verinnerlicht wurden. Über Hegemonie zu debattieren, ohne gleichrangig und systematisch den intellektuellen Habitus zu kritisieren, scheint mir wenig zu versprechen.[37] Das gilt auch für jene, die sich um den Ehrentitel eines organischen Intellektuellen der Arbeiterklasse bewerben. Schließlich gibt es gewichtige Argumente dafür, daß es „Ignoranz gegenüber der Logik des Arbeiterlebens"[38] war, die die herrschenden Parteien des Staatssozialismus hegemonieunfähig machte und aus dem Versuch eines Erziehungsstaats die Realität einer mit Macht gepanzerten Sektenherrschaft werden ließ.

Es geht hier weder um Populismus noch um Relativismus oder gar um die Aufforderung, Werte, Normen und Praktiken der von Intellektuellen vertretenen Kultur zur Disposition zu stellen. Das wäre nicht zuletzt Verrat an den Leiden und Opfern, die es überhaupt ermöglicht haben, Humanismus und Menschenrechte zu denken. Zygmunt Bauman hat den Intellektuellen der Zukunft als Dolmetscher charakterisiert.[39] Das scheint mir eine anregende Vorstellung – wenn es um mehr als die Übersetzung zwischen verbal elaborierten Weltauffassungen geht. Dolmetschen heißt für mich vorrangig, die Logik und die Sinngebungen zu entziffern, die in den fremden und als bedrohlich empfundenen Praktiken des popularen Alltags wirken, die Grammatik der popularen Lebensformen zu erarbeiten, sie durch die eingeborenen Sprecherinnen und Sprecher korrigieren zu lassen und die unbekannte Sprache im Universum der gebildeten Kultur zugänglich zu machen. Unabdingbar ist, daß die Dolmetscher der von ihnen zu erlernenden Volkssprache a priori das gleiche Maß an humaner Würde und menschheitlicher Vernunft zugestehen wie den elaborierten Codes der Gebildeten. Was sich aus der so angebahnten Kommunikation ergibt, ist nicht schon nach universalistischen Normen vorweg zu entscheiden; gleichwohl bleibt es die Aufgabe der Intellektuellen, das einzubringen, was wir für die Errungenschaften des Denkens in der Welt halten. Zwischen den Dogmen von Universalismus und Kulturrelativismus scheint mir ein relativistisch aufgeklärter Universalismus die besten Voraussetzungen für den Umgang mit Alltag und Politik einer multikulturellen Welt zu enthalten.

Vor allem aber – und das macht aus meiner Sicht, um mich noch einmal einer Adornoschen Formulierung zu bedienen, den Unterschied ums Ganze aus –: Selbstreflexion und Selbstkritik des intellektuellen Habitus müssen zum Generalbaß aller Arbeiten an einer demokratischen Kultur werden – nicht um uns durch unsere Fähigkeit zur Reflexion wieder eines Distinktionsmittels zu versichern, sondern als Konsequenz aus der Verantwortung, die unsere Privilegien uns auferlegen.

Ein Ärgernis, zum Verständnis nachgeliefert

Vor einigen Jahren hatte bei Linken ein Aufkleber Konjunktur, der das Wort Kultur in der Schrift des Coca-Cola-Logos präsentierte. Damals sah ich darin eine witzige Anmerkung zur Massenkultur. Inzwischen bin ich bei der Beschäftigung mit der Amerikanisierung der 50er Jahre auf einen Text gestoßen, der den vulgären, plebejischen Rock'n'Roll des Elvis Presley abgrenzt vom distinguierenden, durch die Berufung auf Bach kulturell geadelten Jazz. Resümierend heißt es, das eine habe mit dem anderen so wenig zu tun wie Sekt mit Coca-Cola.[40] Da haben wir's. Das industrielle Massengetränk aus den USA symbolisiert das Fremde, Undeutsche und den vulgären, kulturlosen Geschmack. Je mehr Coca-Cola getrunken und je mehr Hamburger verspeist werden, desto schlimmer steht es, so lese ich das Cola/Kultur-Logo, um die (deutsche) Kultur. Solange die Kritik der kulturellen Verhältnisse die Pawlowschen Reflexe des gebildeten Habitus einsetzt, und so lange die Kritik am Imperialismus der USA die eingeschliffenen Stereotype des kulturellen Antiamerikanismus mobilisiert, habe ich wenig Hoffnung auf eine aussichtsreiche Hegemoniedebatte.

Anmerkungen

1 In Antonio Gramsci, Marxismus und Kultur, hg. v. S. Kebir, 3. Aufl. Hamburg 1991, S. 184, lautet die Übersetzung: „Der Antiamerikanismus ist in erster Linie komisch, aber auch dumm." Eine etwas andere Formulierung bei Giorgio Baratta, „Die Hegemonie geht aus der Fabrik hervor". Gramsci zu Amerikanismus und Sozialismus, in: U. Hirschfeld/W. Rügemer (Hg.), Utopie und Zivilgesellschaft, Berlin 1990, S. 166.
2 „Dollargrüne Träume", FAZ, 11.4.1992, S. 27; „Schon wieder geht ein Gespenst um in Europa", FAZ, 21.4.1992, S. 36.
3 Für ausführlichere Argumentation, Belege und Literaturhinweise vgl. Kaspar Maase, BRAVO Amerika. Erkundungen zur Jugendkultur der Bundesrepublik in den fünfziger Jahren, Hamburg 1992.
4 Dabei gehe ich im Anschluß an Bourdieu und Passeron von einem spezifischen Verständnis kultureller Hegemonie aus. Die Folgebereitschaft der subalternen Klassen beruht ganz wesentlich darauf, daß sie das Verdikt der eigenen kulturellen Unwürdigkeit akzeptieren und in einem Habitus des Selbstausschlusses verinnerlichen; so gelingt es den Herrschenden, ihr Verständnis von Bildung und Kultur als das einzig legitime und damit zu Führung berechtigende durchzusetzen. In dem Maß, wie die einfachen Leute diese Hierarchie praktisch in Frage stellen und die Maßstäbe ihrer Alltagskultur offensiv vertreten, wie also die „kulturellen Minderwertigkeitsgefühle" schwinden, verschiebt sich die hegemoniale Balance zugunsten der Unteren. Vgl. insbes. Pierre Bourdieu/Jean-Claude Passeron, Grundlagen einer Theorie der symbolischen Gewalt, Frankfurt/M. 1973.
5 Wilhelm Röpke, Die deutsche Frage, 2. Aufl., Erlenbach-Zürich 1945, S. 99.
6 Friedrich Meinecke, Die deutsche Katastrophe, Wiesbaden 1946, S. 82. Vgl. auch Axel Schildt, Die Überwindung des „Dämon Masse" – zu einem postfaschistischen Diskurs, unveröff. Manuskript, Hamburg 1992.
7 Reinhold Wagnleitner, Coca-Colonisation und Kalter Krieg. Die Kulturmission der USA in Österreich nach dem Zweiten Weltkrieg, Wien 1991.
8 Zit. nach Martin Faltermaier (Hg.), Nachdenken über Jugendarbeit, München 1983, S. 45.
9 Hendrik de Man, Vermassung und Kulturverfall, Bern 1951, S. 200.
10 Vgl. Paul Willis unter Mitarbeit v. Simon Jones, Joyce Canaan und Geoff Hurd, Jugend-Stile. Zur Ästhetik der gemeinsamen Kultur, Hamburg 1991.
11 Michel de Certeau, Kunst des Handelns, Berlin 1988.
12 John Fiske, Understanding popular culture, Boston 1989.
13 Karl Marx, Der achtzehnte Brumaire des Louis Bonaparte, MEW 8, S. 115.
14 Bei der Rekonstruktion der Gründe muß ich Motive und Kalkulationen formulieren, wo im Alltag weithin unbewußt, durch den Habitus und seine Affinitäten, Wahlverwandtschaften hergestellt wurden.

15 Clifford Geertz, Dichte Beschreibung, Frankfurt/M. 1987, S. 293; vgl. auch Hans Medick, „Missionare im Ruderboot"? Ethnologische Erkenntnisweisen als Herausforderung an die Sozialgeschichte, in: Geschichte und Gesellschaft 10/1984, S. 306f.
16 Daß das weite Feld „unpolitischer", Material der Kultur- und Freizeitindustrie nutzender Lebenspraxis in der Arbeiterklasse bislang kaum alltagsgeschichtlich, mit dem Blick „von unten und von innen" erforscht wurde, entspricht der Vorherrschaft des Massenkultur-Paradigmas.
17 Christian Gerbel/Alexander Mejstrik/Reinhard Sieder, Die „Schlurfs". Verweigerung und Opposition von Wiener Arbeiterjugendlichen im „Dritten Reich", in: E. Tálos/E. Hanisch/W. Neugebauer (Hg.), NS-Herrschaft in Österreich 1938–1945, Wien 1988, S. 247. Zu den „Swingheinis" jetzt die Erinnerungen von Gunter Lust, „The Flat Foot Floogee ... treudeutsch, treudeutsch". Erlebnisse eines Hamburger Swingheinis, Hamburg 1992.
18 Gerbel et al., a.a.O., S. 263.
19 Max Horkheimer/Theodor W. Adorno, Dialektik der Aufklärung, Frankfurt/M. 1971, S. 108–150.
20 Theodor W. Adorno, Kultur und Culture, Vortrag, gehalten am 9. Juli 1958 bei den Hochschulwochen für staatswissenschaftliche Fortbildung in Bad Wildungen (Sonderdruck), Bad Homburg, o. J. (1959), S. 7. Vgl. auch „Mehr Eiscreme, weniger Angst", Frankfurter Rundschau, 16.5.1957.
21 Antonio Gramsci, Gefängnishefte, Bd. 2, hg. v. W.F. Haug, Hamburg 1991, S. 355 (Heft 3, §34).
22 Vgl. Kaspar Maase, „Der Feind, den wir am meisten hassen ...". Über gutes Leben, Intellektuelle und den Unverstand der Massen, in: M. Bobke-von Camen u.a., Der Trümmerhaufen als Aussichtsturm, Marburg 1991, S. 183–200.
23 Vgl. Pierre Bourdieu, Die feinen Unterschiede, Frankfurt/M. 1982, S. 57–115.
24 Theodor W. Adorno, Zeitlose Mode. Zum Jazz, in: Ders., Gesammelte Schriften, Bd. 10.1, Frankfurt/M. 1977, S. 136.
25 Vgl. Cas Wouters, Informalisierung und der Prozeß der Zivilisation, in: P. Gleichmann/J. Goudsblom/H. Korte (Hg.), Materialien zu Norbert Elias' Zivilisationstheorie, Frankfurt/M. 1979, S. 279–298; ders., Informalisierung und Formalisierung der Geschlechterbeziehungen in den Niederlanden von 1930 bis 1985, in: Kölner Zeitschrift für Soziologie und Sozialpsychologie 38/1986, S. 510–528; Norbert Elias, Studien über die Deutschen, Frankfurt/M. 1989, S. 33–60.
26 „Konzertante Schlägerei", Die Zeit, 31.10.1958, S. 11; „Auch in Hamburg Krawall um Bill Haley", FAZ, 29.10.1958.
27 Michail Bachtin, Rabelais und seine Welt, Frankfurt/M. 1987.
28 BRAVO 12/1957, S. 12.
29 Jürgen Theobaldy, Sonntags Kino, Berlin 1978, S. 149.
30 So die kommunistische Bundestagsabgeordnete Grete Thiele (Verhandlungen des Deutschen Bundestages, I. Wahlperiode 1949, Stenographische Berichte, Bd. 4, S. 2670, 13.7.1950).
31 Hermann Riedel, Gesetz über die Verbreitung jugendgefährdender Schriften vom 9. Juni 1953. Kommentar, Siegburg 1953, S. 70.
32 So die kommunistische Bundestagsabgeordnete Strohbach (Verhandlungen des Deutschen Bundestages, a.a.O., Bd. 13, S. 10543, 17.9.1952).

33 Robert Schilling, Schund- und Schmutzgesetz. Handbuch und Kommentar zum Gesetz über die Verbreitung jugendgefährdender Schriften vom 9. Juni 1953, Darmstadt u.a. 1953, S. 190.
34 Es ist aufschlußreich, daß noch heute die einschlägige, mehr oder minder linke Literatur die Halbstarken nur „retten" kann durch systematische Verzerrung ihrer Motive, indem sie sie zu rabiaten, noch ein wenig unreflektierten Kritikern der Wohlstandsgesellschaft und ihrer autoritären Ordnung stilisiert. Im selben Atemzug wird dann die Teenagerkultur, der der Gestus brachialer Rebellion fehlte, weil sie stark weiblich geprägt war, wegen angeblicher Kommerzialisierung abgewertet. Die Kritik an der Teenager-Maxime „Jung sein macht Spaß!" leugnet das Moment weiblicher Emanzipation darin: Mädchen aus dem Proletariat wie aus der Mittelschicht wurden ermuntert, ihre Jugend mit gutem Gewissen, ohne Askese und weibliche Zurückhaltung in selbstgewählten Gruppen zu genießen, statt sich auf die Übergabe von einem Patriarchen an den nächsten, vom Vater an den Ehemann, vorzubereiten.
35 Vgl. Antonio Gramsci, Philosophie der Praxis, hg. v. Ch. Riechers, Frankfurt/M. 1967, S. 129–152.
36 Ebd., S. 130f.
37 Hier sehe ich auch die Grenze von W.F. Haugs wichtigem Versuch, eine Hegemonie ohne Hegemon zu denken. Er thematisiert treffend am Beispiel englischer Arbeiterjugend-Subkultur ein Muster proletarischer Selbstbehauptung und Sinngebung, das am eigenen Ausschluß, an der kulturellen Selbstblockade mitwirkt. Dem Vorschlag, die Knoten kultureller Selbstfesselung durch Möglichkeiten zur Entwicklung eigenbestimmter Handlungsfähigkeit zu lockern (W.F. Haug, Strukturelle Hegemonie, in: Das Argument Nr. 129, 1981, S. 628–648, hier S. 632–634), fehlt m.E. die selbstkritische Spitze; sie allein könnte verhindern, daß Handlungsfähigkeit wieder nach dem Maß der Praktiken und Werte der Gebildeten gedacht wird. Wenn ich statt der englischen „Lads" die Halbstarken der fünfziger Jahre einsetze, dann fürchte ich, sie würden auch heute nur unter dem Gesichtspunkt der Selbstblockade abgehandelt – wegen ihres Machismo, der Gewaltbereitschaft, der autoritären Gruppenkultur und nicht zuletzt wegen ihres Antiintellektualismus und des Strebens nach einem guten Leben in den Formen des Konsums und des industrialisierten Vergnügens.
38 Dietrich Mühlberg, Kulturelle Ursachen für das Scheitern des Staatssozialismus in der DDR, in: Mitteilungen aus der kulturwissenschaftlichen Forschung Nr. 29/1991, S. 28; vgl. auch Maase, „Der Feind ...", a.a.O.
39 Zygmunt Bauman, Legislators and interpreters, Ithaca, N.Y. 1987; ders.: Gesetzgeber und Interpreten: Kultur als Ideologie von Intellektuellen, in: H. Haferkamp (Hg.), Sozialstruktur und Kultur, Frankfurt/M. 1990, S. 452–482.
40 Vgl. das Kapitel „Sekt und Coca-Cola – Klassenperspektiven auf die amerikanische Lebensart", in: Maase, BRAVO Amerika, a.a.O., S. 177–197.

Rolf Schwendter

Subkulturen und „breiter organisierte Gegenmacht"
Notizen zur zeitgenössischen Hegemoniekritik

Es ist, um Gramsci hierin zu folgen, unbestreitbar, daß die „Gegenmacht" so „breit" sein sollte wie nur irgend möglich – wie sie sich organisieren könnte, sollte, möchte, stünde auf einem anderen Blatt. Meines Erachtens ist es kaum bestreitbar, daß, wo auch immer in den neulich vergangenen Jahrzehnten eine Kritik der bestehenden Hegemonie stattgefunden hat, sei es nun theoretisch oder praktisch gewesen, diese aus subkulturellen Quellen gespeist, aus subkulturellen Aktionen, Arbeits- und Lebenszusammenhängen heraus entwickelt worden ist. Dabei kann vorweg konstatiert werden, daß Subkulturen (ich werde darauf noch zu sprechen kommen) per se keineswegs ein positives Qualitätsmerkmal darstellen müssen (so kann ich als bekannt voraussetzen, daß es auch rechtsradikale Subkulturen gibt) sowie, daß ich den Begriff nicht massenmedial einzuengen neige, ihn vielmehr als Inbegriff produktiv abweichender Gruppierungen verstehe: emanzipatorische Betroffenengruppierungen, politische Organisationen, Feministinnen, Ökologisten, ethnische und radikalisierte religiöse Minoritäten ... (um nur einige zu nennen). Zum anderen (und ich sage dies im Bewußtsein einer zwanzigjährigen Gewerkschaftsmitgliedschaft) habe ich kaum wo in den Metropolen breiter organisierte Macht erlebt, die noch „Gegenmacht" gewesen wäre – auch wenn ausnahmslos (und auch noch in die Reihen der Soldaten oder Polizisten hinein) subkulturelle Momente nachzuweisen gewesen sind.

Die zentrale Differenz zwischen der historischen Situation, in welcher Antonio Gramsci anzutreten gezwungen war, und unserer zeitgenössischen Lage besteht in einer strukturellen Veränderung der Klassensituation. Es ist sicherlich bekannt, daß im Zentrum des Marxschen Denkens die Spaltung der Gesellschaft in zwei Klassen, die Bourgeoisie und das Proletariat, steht. Daran ändert auch wenig, daß zunächst, eher schemenhaft, immer wieder weitere Klassen in Marx' Gesamtwerk auftauchen: die dahinschwindenden Kleinbürger im 23. Kapitel von „Kapital I"; die Grundeigentümer im Schlußfragment von „Kapital III", die „classe moyenne" in den „Theorien über den Mehrwert". Sobald Marx monographischer wird, differenziert es sich noch weiter aus: etwa bei der Betrachtung der historischen Rolle der Parzellenbauern im „18. Brumaire des Louis Bonaparte". Dies meine ich aber nicht, obwohl auch die genannten Tendenzen in Keimform die Ausdifferenzierungen von Klassen in Klassenströmungen zu veranschaulichen geeignet sind. Strukturell ernster zu nehmen für meine Argumentation ist jene Passage von „Kapital I", in welcher Karl Marx über geistige und körperliche Arbeit schreibt und zu Recht anmerkt, Kopfarbeit und Handarbeit könnten auseinandertreten „bis zum feindlichen Gegensatz" (S. 531 der Dietz-Ausgabe). Joachim Bischoff, welcher zusammen mit dem Projekt Klassenanalyse eine solche 1973 zu leisten beanspruchte, geht bei seinen Untersuchungen der proletarischen Klassenfraktionen so gut wie ausschließlich von der Dichotomie „Mehrwert erarbeitend" – „aus der Revenue bezahlt" aus; dennoch landet er bei 23 Klassenströmungen. Nehmen wir allein jene weiteren Dichotomien hinzu, die in der gesellschaftlichen Wirklichkeit in einem so gehäuften Maße aufgetreten sind, daß sie in den theoretischen Diskursen auzutauchen pflegten (ich erwähne nur: Stadt-Land, Erwerbsarbeit-Hausarbeit, leitende Arbeit-ausführende Arbeit, Lohnarbeit-Erwerbslosigkeit, Qualifikation-Ruhestand, Facharbeit-Massenarbeit, formelle Subsumption-reelle Subsumption), so geraten wir in der Kombinatorik, selbstredend bei entsprechendem Abzug der Nullmengen, auf weit über 100 Klassenströmungen. Auch wenn wir die Marxsche Mahnung in den Vordergrund stellen, nicht aus jedem eigenständigen Berufszweig gleich eine Klassenströmung zu machen, sondern den Blick auf die Gemeinsamkeiten der Arbeits- und Lebenszusammenhänge zu fokussieren, spielt doch auch die Abfolge der bislang entstandenen hegemonialen Maschinerien (zuletzt die elektronisch-kybernetische) eine gewisse Rolle. Schließlich ziehe ich deshalb den Begriff der Klassenströmung jenem herkömmlicheren der Klassenfraktion vor, weil die Tendenz sich fortgesetzt hat, daß die Klassenströmungslagen der meisten Individuen sich geradezu kaleidoskopartig alle paar Jahre ändern. Dies und Vergleichbares mag zwar Jürgen Habermas für „neu unübersichtlich" halten – doch halte ich dagegen, daß die Aufgabe der Wissenschaft eben darin besteht, die Übersichtlichkeit, wie fragmentarisch auch immer, in Permanenz wiederherzustellen.

Dabei will ich an dieser Stelle gar nicht gegen die bis zur Vorurteilshaftigkeit verkommene Neigung polemisieren, Komplexität zu reduzieren. Auch ich reduziere an dieser Stelle Komplexität. (Einer der vielen weiteren Aspekte der Wirklichkeit, von der ich hier abstrahieren muß, scheint mir jener zu sein, daß immer mehr Menschen dazu veranlaßt werden, gleichsam zu Privatunternehmern ihres Alltagslebens und ihrer sozialen Infrastruktur zu werden. Eine Person etwa, die mehrmals im Laufe eines Jahres mit dem Kauf und Verkauf ihres privaten Automobils befaßt ist, weist mit dieser Tätigkeit aller Wahrscheinlichkeit nach einen höheren Jahresumsatz auf als mit den Erträgen ihrer Lohnarbeit.) Doch glaube ich, hiermit wenigstens jenes Minimum an Kopfwerkzeug ausgedrückt zu haben, das es mir ermöglicht, meinen Gegenstand theoretisch angemessen zu bearbeiten.

Antonio Gramsci nimmt in der gegebenen Fragestellung eine Zwischenstellung ein. Diese ist zum Teil sowohl der gesellschaftlichen Lage Italiens der 20er Jahre als auch seinen eigenen, extrem eingeschränkten Bedingungen (bekanntlich wurde Gramsci in einem Kerker Mussolinis langsam zu Tode gequält – keine günstige Situation zur Abfassung wissenschaftlicher Werke) geschuldet. Zum einen hält er dem Grundsatz nach an der klassischen Dichotomie fest, wenn er auch den rasanten Wandel der hegemonialen Maschinerie, welchen er mit „Amerikanismus und Fordismus" bezeichnet, an prominenter Stelle wahrnimmt. Zum anderen hat wohl kaum ein/e Theoretiker/in des frühen 20. Jahrhunderts, nicht einmal Rudolf Hilferding oder Rosa Luxemburg, so viele Elemente der Klassenströmungsauffassung vorweggenommen wie Antonio Gramsci. Hierzu zähle ich unter anderem: die breite Berücksichtigung der Produktion symbolischer Ordnung in seinem Begriff der Hegemonie; die Darstellung der Vielfältigkeit und Heterogenität der diversen „historischen Blöcke", die auch schon den uns bekannten Teil seines Gesamtwerks bevölkern; die Skizzierung des jeweiligen Ensembles seines Erachtens produktiver und parasitärer Klassen in seiner Gegenüberstellung des städtischen Lebens in Mailand und Rom. (Mit seinem Vorschlag, das produktive Mailand anstelle des parasitären Roms zur Hauptstadt Italiens zu machen, erweist sich Gramsci geradezu als ein sowohl der Sache nach gemäßigter als auch der Form nach materialistischer Vorläufer von Gruppen wie der Lega Lombarda.) Insbesondere wird auch der biographische wie der struktuell dynamische Charakter der Klassenströmung in Gramscis Begriff des „organischen Intellektuellen" deutlich, welcher gleichzeitig auch die Grenzen von Gramscis Authentizität für die Klassen der Zukunft als Klassenströmungen zu markieren geeignet ist. Gleichzeitig geht Antonio Gramsci davon aus, daß eine jede der Hauptklassen (und noch die eine oder andere der Nebenklassen) ihre je eigenen organischen Intellektuellen herausbildet. Dies ist aus Gramscis Sicht nur konsequent, da ihm zufolge ja jeder Mensch ein/e Intellektuelle/r ist, aber nicht schon deshalb diese Funktion hat, weshalb letztere ihm erst durch eine große Agglomeration delegiert werden muß. Gleichzeitig haben wir in den vergangenen beiden Jahrzehnten die Geburt des Massenintellektuellen erlebt: lohnabhängig, in ausführender Position, hochqualifiziert, häufig reell subsumiert, häufig städtisch, häufig (vor allem als Frau) doppelbelastet. Eduard Pestels Deutschland-Modell, einer futurologischen Studie, zufolge werden im Deutschland des Jahres 2005 (er bezieht sich auf jenes in den Grenzen von 1989) 20 Prozent der Bevölkerung Intellektuelle mit Matura und/oder (wenigstens schmalspuriger) Hochschulausbildung sein – siebenmal soviel, als es heute Bauern mitsamt mithelfenden Familienangehörigen gibt, ja selbst um ein Geringfügiges mehr, als es dann an traditionellen Facharbeitern und Facharbeiterinnen geben wird. Ebenso idealtypisch wie paradox kann davon gesprochen werden, daß ein Gutteil der „organischen Intellektuellen" zu „organischen Intellektuellen ihrer selbst" geworden sein werden – ein Prozeß, von dem ich als Autorenfunktionär bereits heute gelegentlich ein Lied singen könnte. Wiederum komplexer wird diese Situation allerdings dadurch, daß es ja gleichzeitig weiterhin organische Intellektuelle der Arbeit als Handarbeit wie des Kapitals gibt; und daß die Übergänge zwischen diesen Formen selbstredend fließend sind.

Wenden wir nun die Klassenströmungen nach ihrer kulturellen Seite hin, nach ihren Normen, Bedürfnissen und Objektivationen, so wird jene Milchstraße aus Teilkulturen und Subkulturen erklärbar, welche, vom Establishment abgesehen, unsere gesellschaftlichen Wirklichkeiten, auf ihrem je spezifischen ökonomischen Hintergrund, ausmachen. Nicht zufällig hat die Birmingham-Schule der britischen Subkulturforschung ihre Ansichten mit auf Gramsci gegründet; nicht zufällig hat Wolfgang Fritz Haug seine „Hegemonie ohne Hegemon" in einer Kombination von Gramsci und der Birmingham-Schule für Subkulturforschung mit Foucault erarbeitet.

Als Subkulturen können hierbei Gruppen oder Personenagglomerationen gelten, die sich in ihren Normen, Bedürfnissen und Objektivationen in einem wesentlichen Ausmaße von den jeweils gesamtgesellschaftlich geltenden unterscheiden – zunächst unabhängig davon, ob dies auf Grund einer mehr oder weniger eigenen Entscheidung oder auf Grund einer gesamtgesellschaftlich veranlaßten Ausgrenzung der Fall gewesen ist –; Teilkulturen hingegen teilen im großen und ganzen die Normen, Bedürfnisse und Objektivationen der Gesamtgesellschaft, fügen diesen jedoch einige eigenständige Akzente hinzu. Der Rest ist Empirie – wenn auch nicht unbedingt Fliegenbeinzählerei. Da der Begriff der Klasse, entsprechend auch jener der Klassenströmung, sich auf die Totalität der jeweiligen Arbeits- und Lebenszusammenhänge bezieht, ist es naheliegend, daß eine bestimmte Klassenströmungssituation eines Individuums auch die Wahrscheinlichkeit einer Option für eine bestimmte Menge möglicher Teilkulturen oder Subkulturen enthält. So ist es, um der Anschaulichkeit halber mit den plattest möglichen Beispielen zu beginnen, zwar nicht ausgeschlossen, aber doch eher unwahrscheinlich, daß unqualifizierte manuelle Hilfsarbeitende zur anthroposophischen Bewegung stoßen werden; auch hält sich die Zahl der in leitender Funktion tätigen Kopfarbeiter/innen mit Mitgliedschaften in Motorradclubs durchaus in Grenzen. Die Birmingham-Schule für Subkulturforschung hat nachgewiesen, daß sich die Subkultur der Mods schwerpunktmäßig aus jugendlichen, wenig qualifizierten Kopfarbeitenden in ausführenden Positionen der Lohnarbeit zusammengesetzt hat und daß wenigstens zu ihrem Beginn die Subkultur der Punks aus erwerbslosen oder handarbeitenden Jugendlichen bestanden hat. Die Liste der Beispiele könnte noch erweitert werden.

Nun scheint es mir möglich, zu unserem Gegenstand das erste Paradox zu formulieren: Es ist nicht möglich, auf der Grundlage einer Subkultur, und sei sie noch so brillant, wesentliche gesellschaftliche Veränderungen zu begründen – die Klassenströmungsbasis hierfür wäre zu dünn. Gleichzeitig indes ist es nur Subkulturen überhaupt möglich, gesellschaftliche Veränderungsprozesse in Gang zu bringen und, mit Hilfe ihrer Drehpunktpersonen zu anderen Subkulturen, zu Teilkulturen und selbst zum Establishment, letztlich auch umzusetzen. Alle in den vergangenen beiden Jahrhunderten wahrnehmbaren gesellschaftlichen Veränderungen, ob nun in progressiver oder regressiver Richtung, haben dieser Prozessualität entsprochen. Veränderungen, die durch nicht-subkulturelle Gruppierungen eingeleitet worden sind oder bei welchen die Anpassung an herkömmliche Normen zu Lasten der diesen Prozeß mittragenden Subkulturen zu rasant vor sich ging, mündeten in nichts anderes ein als in eine Wiederherstellung der Systemrationalität Niklas Luhmanns oder in eine „Fusion der Eliten" Vilfredo Paretos – und sei es auch nach 70 Jahren. Mit Antonio Gramsci gesprochen – der bekanntlich diese Terminologie nicht verwendet hat – wären Subkulturen diejenigen Gruppen, die zumindest die je bestehende Hegemonie abstrakt oder bestimmt negieren, während Teilkulturen mindestens eine Ambivalenz zwischen diesem und der Aufrechterhaltung einer bestehenden Hegemonie darstellen. (Immerhin war sich Gramsci nicht zu gut, auch die Analyse marginal entstehender Teilkulturen vorzuschlagen: die des Rotary Clubs, der Pfadfinder, der Psychoanalytiker.)

Bevor es zu abstrakt wird, gehe ich einen Schritt weiter und beziehe entsprechend auch die wahrnehmbar gewesene Praxis mit ein. Um ihre Durchsetzungschancen zu verbessern, schließen sich Subkulturen zusammen. Freilich tun sie dies nicht in einer Weise, wie sich dies Kommunistische Parteien vorzustellen pflegen, sondern auf oft eigentümliche Weise. Während sie sich auf den jeweils größten gemeinsamen Nenner der von ihnen als übereinstimmend angesehenen Normen, Bedürfnisse und Objektivationen einigen müssen, ist es ihnen gleichzeitig aufgegeben, auch diejenigen Normen zu pflegen, die in diese Zusammenschlüsse nicht eingebracht werden können. Es entstehen Szenen und soziale Bewegungen. Unter den Bedingungen der mechanischen und elektrischen Maschinerien nehmen sie die Form von Dachverbänden, Großbünden oder Parteien an, unter den Bedingungen der elektronischen Maschinerie jene des Netzes. Unter Szene ist hierbei ein eher lebenszusammenhangliches, eher regionales Ensemble von Subkulturen, Teilkulturen und ihrer Drehpunktpersonen zu verstehen; unter sozialen Bewegungen eher gegenstandsbezogene, eher überregionale Agglomerationen derselben. Im günstigeren Falle sind beide deckungsgleich (etwa in Arbeiterstadtteilen des Ruhrgebiets oder Nord-Englands, wodurch der in der Birmingham-Schule vertretene Schein entsteht, es handle sich um „Stammkulturen", an welchen die Subkulturen sich nur noch verzweigen). Im allgemeinen jedoch können die Protagonisten einer Szene mehreren sozialen Bewegungen, die Angehörigen einer sozialen Bewegung mehreren Szenen angehören.

Doch ist mit diesen Feststellungen die oben skizzierte Fragestellung der Klassenströmungen noch längst nicht ausgestanden. Zu den Gemeinplätzen der Erforschung sozialer Bewegungen zählt es mittlerweile, daß in diesen zumeist einige wenige Klassenströmungen die Hegemonie innehatten und -haben (Gramsci folgend, eine Art Hegemonie innerhalb der Hegemonie, bzw. innerhalb des Kampfes gegen dieselbe). In der Arbeiterbewegung (die nicht zufällig so heißt, da die Arbeiterinnen in ihr zumeist wenig zu sagen hatten) waren dies bekanntlich die männlichen, manuellen, qualifizierten Facharbeiter, einschließlich jener, die aus dieser Klassenströmung in jene der organischen Intellektuellen der Arbeit übergegangen waren. Eine besonders kurzsichtige Aussage engte diesen Personenkreis noch weiter ein: auf jene Facharbeiter, die in industriellen Großbetrieben beschäftigt waren. Massenarbeiter, Erwerbslose, Hausfrauen, Kopfarbeitende interessierten hierbei nicht sehr. (Auf die Spitze getrieben wurde dies in der US–amerikanischen Arbeiterklasse, in welcher selbst eine sozialdemokratische, d.h. soziale Rechte der Arbeitenden notdürftig wahrnehmende Arbeiterbewegung nie zustandekam, weil ihre Zweiteilung nach Klassenströmungsgesichtspunkten vorweg programmiert war: in eine facharbeiterbezogene, im Extrem mit „arbeitsaristokratischen", elitären, gar mafiosen Zügen, und in eine massenarbeitsbezogene, mit den Wanderarbeitern, Hilfsarbeitern, Frauen, Erwerbslosen der Industrial Workers of the World.)

Nicht anders bei den zeitgenössischen sozialen Bewegungen. Sprichwörtlich ist hier die Dominanz der Klassenströmungen lohnabhängiger Kopfarbeit in der Frauenbewegung, in der Studentenbewegung und in der Ökologiebewegung geworden – wenn auch keineswegs zu bestreiten ist, daß noch Angehörige jeweils einiger weiterer Klassenströmungen die Garnitur hierfür abgegeben haben (etwa Bauern im Falle der ökologischen Bewegungen; andere in Qualifikation Befindliche im Falle der Studentenbewegung; wenig qualifizierte lohnabhängig Kopfarbeitende im Falle der Feministinnen). Die Grünen, oder auch die Grün-Alternativen, könnten geradezu als Klassenströmungspartei der lohnabhängig Kopfarbeitenden bezeichnet werden – ergänzt durch jeweils einige ehemals handarbeitende organische Intellektuelle, Bauern und Erwerbslose aus dem manuellen Bereich. Am breitesten war hierbei noch die Friedensbewegung: wenn auch in häufig konflikueller Weise (Thomas Leif hat darüber seine Dissertation geschrieben) waren hier die eben genannten Klassenströmungen mit einem (wenn auch kleinen) Teil der bei der Arbeiterbewegung Genannten vernetzt. Entsprechend klein mußte der gemeinsame Nenner sein und entsprechend umfassend die Pflege der nicht ohne weiteres in die Friedensbewegung einzubringenden Normen, Bedürfnisse und Objektivationen.

Nun sind wir es aus dem Studium der Geschichte gewohnt, daß eine Klasse bestrebt ist, ihre besonderen Interessen als allgemeine Normen durchzusetzen – für die Französische Revolution und ihre Parolen von Freiheit und Gleichheit ist dies wiederholt nachgewiesen worden. Allerdings hatten Marx und Engels noch gehofft, dies würde für die Arbeiterbewegung nicht mehr gelten – hätten sie das 20. Jahrhundert erlebt, wären sie mit Sicherheit sehr enttäuscht worden. Diese Tendenz ist indes keinesfalls zu Ende; sie hat sich auf die zeitgenössischen Klassenströmungen und die von ihnen konstituierten sozialen Bewegungen übertragen. Am deutlichsten ist dies bei den ökologischen Bewegungen sowie bei den Parteien, die aus diesen hervorgegangen sind, zu sehen: Wie vordem das Bürgertum und die Arbeiterbewegung, feiert sich die Klassenströmung der lohnabhängigen Kopfarbeit als Befreierin der Menschheit – und zwar nicht nur zu Freiheit, Gleichheit und Geschwisterlichkeit, nicht nur zur klassenlosen Gesellschaft, sondern zum Überleben des Menschengeschlechts und zur Rettung des Planeten. Dabei soll nicht im geringsten der materielle Kern dieser Überlegungen bestritten werden – schließlich liegt der Weg zur weltweiten Barbarei tatsächlich um vieles näher als zu einer humanen, folglich naturschonenden Gesellschaftsordnung. Aber es fällt doch auf, daß beispielsweise in der Schlußpassage der berühmten „Grenzen des Wachstums" des Ehepaars Meadows ausnahmslos Branchen als hinsichtlich ihres Wachstums weniger bedenklich genannt werden, in denen es der lohnabhängigen Kopfarbeit (und hier kann ich hinzufügen: also uns) relativ gut geht.

Damit überschreite ich den Grenzstrich der subkulturellen Wirklichkeiten und gelange in jene realutopischen Sphären, die mit dem Stichwort „breiter organisierte Gegenmacht" angedeutet sind. Aus dem bisher Gesagten ergeben sich hierbei mindestens drei Prämissen: zum einen wird sich in Zukunft eine „breite Gegenmacht", welcher Provenienz auch immer, nur dann entfalten lassen, wenn sichergestellt ist, daß tatsächlich alle abhängigen Klassenströmungen in den Prozeß ihres Entstehens einbezogen sind – mit ihren Subkulturen oder auch Teilkulturen, mit ihren Normen, Wünschen, Bedürfnissen und Interessen. „Ach Mutter, mach' die Türe zu/Der Regen und die Ratten/Jetzt dringt es durch die Ritzen ein/die wir vergessen hatten", formulierte Wolf Biermann treffend in seinem „Barlach-Lied" eine Lage, die aus der Ausgrenzung wenig berücksichtigter Klassenströmungen entstanden war: von der Arbeiterbewegung vernachlässigte Handelsangestellte wurden Nazis; der nicht hinlänglich abgebaute Chauvinismus der Studentenbewegung hatte die zweite Frauenbewegung zur Folge; die Nicaragua-Solidarität brach sich am Widerspruch zwischen Sandinisten und Miskitos. Zum zweiten, und dies entsprechend der Form nach, wird sich eine „breitere Gegenmacht" nur dann organisieren lassen, wenn dies als Netzwerk geschieht. Beides zählt fraglos zu jenem Brechtschen „Einfachen, das schwer zu machen ist" – wird allerdings vor dieser Schwierigkeit kapituliert, so bleibt die antihegemoniale Kritik auf subkulturelle Impulse beschränkt. Schließlich ist eine „breiter organisierte Gegenmacht", wie schon die bestehenden sozialen Bewegungen, nicht anders denkbar als unter Beibehaltung eines großen Teils der je bestehenden subkulturellen, selbst teilkulturellen, Normen. Eine „Gegenmacht", die, wie es häufig der Fall gewesen ist, meint, die ästhetischen Vorlieben, die Produktionsweisen der Willensbildung, die sexuellen Wünsche (hierfür gibt es selbst bei Gramsci ein perhorreszierend abschreckendes Beispiel), die Verhaltensweisen des Alltagslebens reglementieren zu müssen, wird als historisch authentische nicht entstehen können. Dies gilt erst recht für Bereiche wie Wissenschaft und Kunst. Neigte etwa die historische Arbeiterbewegung dazu, mittels zugerechnetem Klassenbewußtsein und Widerspiegelungstheorien eine „objektive" Wirklichkeit konstruieren zu können, wird dieses Verfahren angesichts der Ausdifferenzierung von Klassenströmungen, zumal im Zeitalter der elektronischen Maschinerie, prekär. Da ständig eine Vielzahl von Sichtweisen aus den jeweiligen Klassenströmungszusammenhängen produziert wird, läßt sich allenfalls ein Spiegelkabinett vorstellen, fast jenem im Wurstelprater vergleichbar, aus einem Mosaik der unterschiedlichsten Spiegelscheiben, Hohlspiegel und Zerrspiegel.

Womit wir zu einem zentralen Aspekt der Hegemonie, insbesondere der Hegemoniekritik, übergehen können. Zu den hervorstechenden Momenten der nunmehr so gut wie weltweit bestehenden Hegemonie zählt ihr extremer und auch noch immer weiter zunehmender Zentralismus, der in seiner historischen Differenz auch leicht zu erklären ist. Bezog sich die Hegemonie des Kapitalismus im 19. Jahrhundert schwerpunktmäßig auf eine chaotisch anmutende Konkurrenzsituation, die ja auch im Stichwort von der „Anarchie der Produktion" zum Ausdruck kam, wird die zeitgenössische Hegemonie durch eine Permanenz der weltweiten Akkumulation gekennzeichnet, die mit einer gleichzeitig ablaufenden strukturellen Isolierung der Individuen verbunden ist: Jede/r für sich, und der Weltmarkt gegen alle. Entsprechend unterschiedlich hatten die antihegemonialen Bewegungen zu reagieren: Dem Chaos von Arbeit und Verwertung wurde ein Konzept zentraler Planung und Organisation entgegengestellt – und von diesem sind noch so gut wie alle Formbestimmungen, die aus der herkömmlichen proletarischen Tradition herrühren, gezeichnet. Dem vereinigten Zentralismus der multinationalen Konzerne und jener großen Apparate, die teils vom ersteren beeinflußt worden sind, teils sich diesem gegnerisch zu verhalten beanspruchten, entsprach (und entspricht) jene bestimmte Negation, die auf Dezentralität sich bezog (und bezieht). Eine antihegemoniale Haltung wird dezentralistisch sein – oder sie wird nicht sein. Dies ist auch schon aus der Summe der zeitgenössischen Utopien zu ersehen, welche, als Wunschbilder von einem besseren Leben, mindestens eine ebenso bedeutende Rolle spielen wie die von Antonio Gramsci erwähnten Schulbücher oder Straßennamen. Lange Jahrzehnte, und dies auch noch nach Friedrich Engels' berühmter Schrift „Die Entwicklung des Sozialismus von der Utopie zur Wissenschaft", die die utopische Produktion ja keineswegs zum Erliegen brachte, gab es ein Nebeneinander von zentralistischen und dezentralistischen Utopien. Ernst Bloch postuliert in seinem „Abriß der Sozialutopien" (in „Prinzip Hoffnung") den Marxismus als eine Art Gleichgewicht zwischen beiden Tendenzen – eine Art Gratwanderung, die zwischenzeitlich gegangen zu sein scheint: So gut wie ausnahmslos bevölkern dezentralistische Entwürfe die utopische Szene, fast unabhängig davon, welches Paradigma die Verfassenden zu ihrer Grundlage genommen haben. Wenig Saint-Simon, viel Fourier, um es ideengeschichtlich zu sagen; fast umgekehrt wie in der historischen Arbeiterbewegung.

Freilich sind die Bedingungen, und dies betrifft Subkulturen, soziale Bewegungen und imaginäre, breiter organisierte Gegenmächte gleichermaßen, für antihegemoniale, ja für hegemoniekritische Intentionen nicht einfacher geworden. Die Marxsche Prognose von der Allgegenwart der Ware hat sich verwirklicht. Aus der gleichfalls eingetretenen Prognose des zunehmenden quantitativen Überwiegens der Lohnarbeit (einschließlich der Noch-nicht-einmal-Lohnarbeit) ist, wie Klaus Ottomeyer es einmal formuliert hat, die „Lohnabhängigengleichgültigkeit" entstanden, mit weitreichenden Folgen für die politische Kultur: ein sich borniender Begriff von Professionalität läßt die Neigung zur Ehrenamtlichkeit absterben, und ergänzt wird dies durch erwerbslose Apathie. Die Akkumulation hat, wie erwähnt, weltumspannendes Format erreicht; fragt sich nur, welche Völker dies gerade ausbaden müssen. Trotz der Pulverisierung des Realsozialismus sind die Repressionsapparate nicht abgebaut worden. Die Medien, zu deren Strukturprinzipien notwendig die Manipulation gehört – Hans Magnus Enzensberger hat dies bereits 1970 nachgewiesen –, verzerren, vergröbern, ignorieren, pushen, verkleinern, vergrößern, personalisieren, je nach Bedarf, bestehende Tendenzen, heben sie in die Höhe und lassen sie künstlich veralten. Armut, Wohnungsnot, Analphabetismus steigen gerade in jenen Ländern an, die als die „reichen" mißverstanden zu werden pflegen. Und als Prügel für das nächste Jahrhundert im Hintergrund die Biotechnologie. Die Skizze der strukturellen Hegemonie ließe sich noch fortsetzen.

Dennoch halte ich es für zu früh, den Defätismus zu pflegen und die diversen Apfelbäumchen zu pflanzen. Wenn etwa verschiedentlich über das Ende der sozialen Bewegungen nachgedacht wird, fällt mir dazu nur ein: Mag sein, daß die in den vergangenen Jahrzehnten agierenden sozialen Bewegungen an ihr Ende gelangt sind, wie etwa die britischen Chartisten um 1840 oder die erste Ostermarschbewegung um 1970. Doch es würde mich sehr wundern, wenn sie nicht eines Tages in einer gewandelten Form, begleitet von der Ironie der Medien, wiederkämen. Fünf Jahre vor Beginn der Studentenbewegung erschien die Studie „Student und Politik", deren wesentliche Aussage darin bestand, daß die Studierenden ohnehin nur konservativ bis rechtsextrem seien und nur knappe fünf Prozent überhaupt das Prädikat „demokratisch" verdienten. Fünf Jahre vor dem Beginn der Ökologiebewegung feierte alles, die Linke inbegriffen, das Atom und die produktivkraftsteigernde Naturverheerung, von winzigen, oft auch noch dubiosen Subkulturen abgesehen. Fünf Jahre vor dem Beginn jener Friedensbewegung, die die 80er Jahre einleiten sollte, bestand der Pazifismus nur noch im Verwalten von Wehrdienstverweigerungsakten, aber die Zeichen an der Wand forderten, kontrafaktisch wie auch immer, den „Sieg im

Volkskrieg". Fünf Jahre vor dem Beginn der neuen Frauenbewegung war das Patriarchat, wenn auch von so markanten Personen wie Kennedy, Chruschtschow und Johannes XXIII repräsentiert, die unbestrittene Hoffnung der Menschheit.

Die Aktualität von Gramscis Hegemonietheorie und der Funktion von Subkulturen in dieser wird anschaulich, wenn wir eine Reihe von Mikrologien Revue passieren lassen, die der raschen Ausweitung der Studentenbewegung nach dem 2. Juni 1967 vorangingen – durcheinander, unverbunden und dezentral, wie es Bestandteile hegemoniekritischer Akzente zu sein pflegen: das Hören und Spielen von Jazz, mit seiner Synthese von Spontaneität und Organisation; die Lektüre von Autoren wie Bertolt Brecht oder Peter Weiss; die frühen Theaterstücke Samuel Becketts; die Rezeption der US-amerikanischen Bürgerrechtsbewegung: Martin Luther King, aber auch Black Power; Adorno zu Ehren: sicher auch bei manchen die Kompositionen von Schönberg und Webern; ein teilkulturelles Ereignis: die „Spiegel"-Affäre; die Wiederentdeckung Wilhelm Reichs, aber auch des Dadaismus; für Katholiken: die bald frustrierten demokratischen Impulse des Konzils (ebenfalls eine teilkulturelle Erscheinung); neue, den Rock'n'Roll ausdifferenzierende Musikgruppen vom Typus der Beatles und der Rolling Stones, Haartracht und nonkonforme, auch absurde Sprüche inbegriffen; die Befassung mit den israelischen Kibbutzim; der relative Aufschwung der Soziologie als damals neue Wissenschaft; das erste Aufblühen dessen, was später Peter Glotz abschätzig als „Info-Kultur" bezeichnen sollte; der Protest-Song; Filme wie „Viva Maria"; die Verhütungspille; der Suhrkamp Verlag (Kursbuch!).

Sicher minoritär, sicher – worauf ja die Hegemonietheorie Wert legt – für Machtkämpfe ungeeignet, sicher Ausdrucksformen der symbolischen Ordnung. Nicht anders als die Freimaurer und Rotarier, die Volksbücher und Straßennamen bei Gramsci. (Ich verwende dieses Beispiel Gramscis so gerne, weil an ihm häufig anscheinend nebensächliche Hegemonialkonflikte deutlich wurden. 1968 in Stuttgart war es ein symbolischer Akt ohne bleibenden Wert, die Adenauerstraße in Martin Luther King-Straße umzubenennen; 1984 erreichten die Kasseler Grünen tatsächlich zum großen Entsetzen der türkischen Botschaft die Benennung eines Kemal-Altun-Platzes; 1990 unternahm die Kasseler CDU angenehmerweise bislang erfolglose Anstrengungen, den Karl Marx-Platz in Sacharow-Platz umzutaufen.) Häufig von Subkulturen ausgehend, selten zu einer breiteren Gegenmacht sich vernetzend.

Denn dies ist bislang die Crux der Klassenströmungen und ihrer Subkulturen bzw. Teilkulturen gewesen: trotz aller Bemühungen ist das Netz, die W.F. Haugsche „Hegemonie ohne Hegemon", bislang nicht zustandegekommen. Kommunistische Parteien, mit ihren überlieferten Führungsansprüchen, neigten auch dazu, eher ein Hindernis auf dem Wege zur Vernetzung darzustellen. Denn selbst der von Gramsci wiederholt ausgeführte „historische Block" stellt sich als Metapher einer vergangenen Maschinerie dar – ob ein „historisches Netz" zustandekommt, wird die Zukunft zeigen.

Thomas Metscher

Zivilgesellschaft und Kultur

I. Vorklärung: zu zwei analytischen Begriffen

1. Zivilgesellschaft

Mit Zivilgesellschaft ist der zwischen Basis und Überbau, Ökonomie und Staat angesiedelte Kernbereich des kulturellen Lebens gemeint, wie ihn jede entwickelte, arbeitsteilig organisierte Gesellschaft aufzuweisen hat. Wird der Staat von Gramsci als Zwangsapparat gedacht, der die Produktionsverhältnisse/Eigentumsverhältnisse einer gegebenen Gesellschaft von oben her absichert, so bezeichnet Zivilgesellschaft den gesamten ‚lebensweltlichen' Bereich von Alltag und Kultur, unter Einschluß des Ästhetischen, der Künste und der Literatur (heute: der Medien), der Wissenschaft und Philosophie, wie auch die institutionellen Formen ihrer Produktion und Vermittlung. Die Zivilgesellschaft umfaßt also fundamentale Sozialisations- und institutionelle Formen, zu denen Familie, Schule, Kirche, Parteien, Korporationen, Gewerkschaften, aber auch die Literatur-, Kunst- und Wissenschaftsverhältnisse samt ihrer Produktions-, Distributions- und Konsumtionsformen gehören.

Diese Bereichsbestimmung der Zivilgesellschaft zeigt an, daß diese ‚nach oben' an den Bereich des Herrschaftsapparats (Staat) anschließt (mit dem sie auf vielfache Weise vermittelt ist), wie sie ‚nach unten' in den ökonomischen Bereich übergeht – an den Rändern gewissermaßen ‚flüssig' ist. Sie bildet keinen Bereich mit klar abgegrenzter Struktur und scharfen Grenzen. Diese Zivilgesellschaft nun ist der Ort, an dem die alltägliche Formierung der Menschen vor sich geht; eine Formierung, die Körperlichkeit, Psyche und Bewußtsein, mithin den ganzen Menschen in seinem individuell-sozialen Verhalten, Welt- und Selbstverständnis umfaßt. Zugleich ist die Zivilgesellschaft der Ort, an dem um den Konsens der Menschen zu bestehenden Eigentums- und Herrschaftsverhältnissen gerungen, an dem praktisch über die Hegemonie einer herrschenden politischen Klasse und existierenden Machtformation entschieden wird. Das meint auch: Sie ist der Ort innerhalb des gesellschaftlichen Ganzen, an dem sich Widerstand gegen gegebene Machtverhältnisse zu artikulieren vermag – Ort möglicher Emanzipation, der individuellen wie sozialen Subjektkonstitution und kulturellen Bildung.

Hier entscheidet es sich, ob die große Zahl der Menschen ein politisch-ökonomisches System trägt oder nicht. Keine Klasse kann auf die Dauer allein Kraft des Staatsapparats ihre Herrschaft aufrechterhalten. Sie braucht die Zustimmung der Beherrschten (zumindest eines relevanten Teils von diesen) zur existierenden Herrschaftsformation, um langfristig herrschen zu können. Erst mit dieser – sagen wir: prinzipiellen Zustimmung – ist eine Herrschaftsform hegemonial gesichert, und erst als hegemoniale Herrschaft sind auch die Verhältnisse ökonomischen Eigentums und politischer Macht abgesichert. Dieser Tatbestand ist von so grundlegender Bedeutung, daß ihm der Charakter eines Gesetzes zugesprochen werden kann (‚Hegemoniegesetz').

Aus der Perspektive einer herrschenden Klasse oder Machtgruppe besitzt die Zivilgesellschaft die Funktion, diese Zustimmung zu organisieren. Die herrschende Klasse oder Gruppe wird deshalb immer versuchen, die Institutionen der Zivilgesellschaft so zu formieren, daß diese dem Zweck der Affirmation und Konsensbildung dienlich sind (Problem der ‚affirmativen Kultur', die traditionelle Funktion von Erziehungssystem und Kirche). Aus der Perspektive eines emanzipatorischen Interesses der Beherrschten erschließt sich ein genau gegenläufiger Blick auf die Zivilgesellschaft und ihre Institutionen – als Ort, an dem um Selbstverwirklichung, Emanzipation und Befreiung gerungen wird. Die Zivilgesellschaft ist so der Brennpunkt, an dem antagonistische soziale Interessen aufeinanderstoßen, der Ort also verborgener oder offener Interessenkollisionen und Kämpfe – ein zentraler Ort damit auch des Klassenkampfs im richtig verstandenen Sinn (nicht der einzige Ort, aber ein zentraler Ort neben dem ökonomischen und – gegebenenfalls – dem staatlichen Bereich).

Wir können so von einer internen Dialektik sprechen, in der die Zivilgesellschaft und ihre Institutionen stehen (‚Dialektik des zivilgesellschaftlichen Bereichs'): Einerseits dienen diese der Herrschaftssicherung ‚von oben her' (ideologische Funktion der Zivilgesellschaft), andererseits sind sie der Ort, an dem sich individuell und sozial Subjektfähigkeit konstituiert (in einer gegenläufigen Bewegung, gewissermaßen ‚von unten her'), der Ort also von kultureller Bildung – Selbstverwirklichung, Emanzipation und Befreiung. Daraus ergeben sich ständige Reibungen, Pressionen und Widersprüche, die tief in die individuelle Psyche hineinreichen. Aus diesem Grunde dürfte die zivilgesellschaftliche Problematik auch psychoanalytisch relevant sein.

2. Postmoderne Kapitalgesellschaft

Hegemoniegesetz und Dialektik der Zivilgesellschaft gelten nicht nur für klassenantagonistische Gesellschaften im traditionellen Sinn. Sie gelten ebenso für die Gesellschaften, die sich sozialistisch nannten (das Ignorieren dieses Tatbestandes hat zu ihrem Ende beigetragen), und sie gelten im vollen Umfang auch für die Gesellschaft, in der wir heute leben: die *postmoderne Kapitalgesellschaft*. Was ist mit diesem Wort gemeint?

‚Postmodern' meint die gegenwärtige Phase der neuzeitlichen (bürgerlich-kapitalistischen) Gesellschaft, verstanden im Sinne des Begriffs der Gesellschaftsformation. Diese Gesellschaft ist gekennzeichnet durch die Durchsetzung der planetarischen Herrschaft des Kapitalprinzips (die durchgeführte „kosmopolitische Gestaltung der Produktion und Konsumtion aller Länder", von der schon das „Kommunistische Manifest" spricht) und eine *hochtechnologische Produktionsweise* mit allen damit verbundenen Folgen (vom Computer bis zum Video). Als ‚Moderne' bezeichne ich die bürgerlich-neuzeitliche Gesellschaft von der ‚Doppelrevolution' (Eric Hobsbawn) – Französische und Industrielle Revolution – bis zum Ende des von der Oktoberrevolution inaugurierten Modells, als ‚Postmoderne' die global durchgesetzte Kapitalgesellschaft nach dem Zusammenbruch des etatistisch-administrativen Sozialismusmodells. Dabei darf freilich nicht vergessen werden, daß das, was hier planetarische Herrschaft des Kapitalprinzips genannt wird, als Tendenz der gesamten Geschichte der Kapitalgesellschaft innewohnt, mit dem historischen Auftritt der kapitalistischen Produktionsweise „gesetzt" ist (dies zeigen die analytischen Teile des „Kapital" und „Kommunistischen Manifests").

Mit ‚modern', so können wir auch sagen, ist die gesellschaftsgeschichtliche Phase bezeichnet, in der sich das Kapital als Weltprinzip konstituiert – der Prozeß der Durchsetzung der Kapitalgesellschaft auf planetarischer Ebene –, mit ‚postmodern' die Welt nach der planetarischen Konstituierung des Kapitalprinzips, die global faktisch durchgesetzte Kapitalgesellschaft – Coca-Cola und McDonald im letzten sibirischen Dorf.

II. Hegemoniegesetz und zivilgesellschaftliche Formierung in der postmodernen Kapitalgesellschaft

1. Neuer Irrationalismus: Zurücknahme, Anpassung, Integration als ideologische Grundtendenzen. Erweiterte kulturell-ideologische Reproduktion

Die Auffassung dürfte schwer zu widerlegen sein, daß die geistige Situation in den Zentren des Weltkapitals (die Lage in den Ländern der Dritten Welt ist in vielen Punkten eine völlig andere) von der Wiederkehr nihilistischer Theoreme, von Weltanschauungen der Verzweiflung und Hoffnungslosigkeit, einem Kult mythischer Ursprungsmächte und subjektiver Innerlichkeit (dessen andere Seite die Vermarktung des Körpers ist) gekennzeichnet ist – insgesamt von der Wiederkehr des Irrationalismus als dominierender ideologischer Tendenz. Aus diesen Gründen die Hinwendung zur Tradition Nietzsches, der verbissene Haß, der sich gegen alles richtet, was an Aufklärung, Humanismus und Rationalität erinnert. Bei dieser Entwicklung handelt es sich keineswegs um eine dominant neokonservative ideologische

Formation. Sie vollzieht sich zugleich im Lager der dem Selbstverständnis nach linken (oder zumindest gesellschaftskritischen) Kräfte. András Gedö ist recht zu geben, wenn er schreibt:

„Die Rehabilitation des Mythos, die lebensphilosophische Kritik an der wissenschaftlichen Rationalität, der Kult einer mittels begrifflichen Denkens nicht zugänglichen Seele (oder eines entsprechend romantisierten Körpers) (...) greifen auch in Intellektuellenkreisen um sich, die sich als Gegner des politischen Konservatismus verstehen."

Was die intellektuelle Tendenzwende, in der die neuere französische Philosophie nur die theoretische Spitze eines Eisbergs ist, von anderen vergleichbaren Phasen in der Geschichte spätbürgerlicher Ideologie unterscheidet, ist vor allem wohl die Radikalität der bezogenen Positionen. Der ‚Dekonstruktion' genannten totalen Ideologiekritik fallen sämtliche zentralen Kategorien des okzidentalen Rationalismus zum Opfer: Logos, Wahrheit, Aufklärung (noch weit über die Rationalitätskritik der „Dialektik der Aufklärung" hinaus), Mimesis, Humanität, Utopie.

Die in der Grundhaltung nihilistische Tendenz gegenwärtig herrschender Kultur scheint nahezu universal: ob wir an Philosophie oder Literatur, die bildende Kunst, den Film, den Medienbereich insgesamt denken. Horror, Grauen und Auswegslosigkeit sind Qualitäten, welche die ernste Kunst ebenso wie Unterhaltungsindustrie und triviale Formen beherrschen; Pornographie, Kitsch und Albernheit sind nur die andere Seite der gleichen Münze. Die vorliegenden Unterschiede dürfen dabei nicht verschwiegen werden. Sie sind gravierend. Was hier ‚Tendenz des Nihilismus' genannt wird, reicht vom verzweifelten Aufschrei bis zur bewußten Affirmation des Schreckens und zur zynischen Apologie von Gewalt und Vernichtung.

Am schwersten wiegt die offene Zurücknahme der Traditionen von Aufklärung, Humanismus, Sozialismus, der Gesamtheit der progressiven Überlieferungen der europäischen wie der außereuropäischen Kulturen; eine Zurücknahme, offensiv und programmatisch vorgetragen, mit dem Gestus siegessicherer Selbstgewißheit; eine Bewegung der Zurücknahme, die noch weit über Nietzsche hinausgeht. Modell dieser Entwicklung – das Land, in dem sie am weitesten fortgeschritten ist – ist die klassische Heimat von Aufklärung und Revolution, das Vaterland der Commune: Frankreich. Jean Améry hat diese Entwicklung bereits 1977, in seiner großen Dankesrede zur Verleihung des Lessing-Preises durch den Senat der Stadt Hamburg, mit Ingrimm konstatiert. Der Text dieser Rede hat in den fünfzehn Jahren, die seit seiner Entstehung vergangen sind, so wenig an Aktualität verloren, daß er ausführlich zitiert werden soll.

„Wohl (...) ist es die Stunde, sich zu erheben wider eine Hochschwätzerei, die den heimeligen alten Irrationalismus auf schicke Weise – pariserisch-schicke, um ganz genau zu sein – neu einkleidet, ohne daß, wie aufmerksam ich auch hinhöre, eine

Stimme sich vernehmen ließe, die da ausriefe, die Könige seien nackt! Es ist steile Hochschwätzerei gefährlichster Art, wenn Roland Barthes sich versteigt zur scheinradikalen, den Mode-Intellektuellen epatierenden Behauptung, es sei die Sprache schlechthin faschistisch, wie dieser Herr es jüngst ausgerechnet bei seiner Antrittsvorlesung am Collège de France einem tumb-verzückten Auditorium zumutete. (...) Gegenaufklärerische Geschwätzigkeit und nicht mehr als das ist es, wenn Michel Foucault den, hélas, im Schneckentempo sich vorwärtsbewegenden sittlichen Fortschritt des Strafvollzugs leugnet, indem er das triste Überwachen und Strafen der modernen Jurisdiktion noch schärfer geißelt als die bestialischen Praktiken, wie sie vor der Aufklärung gepflogen wurden.

Und was soll man sagen zu den subjektiv gewiß wohlgemeinten, objektiv aber kulturgefährlichen Intentionen der Anti-Psychiater, denen Vernunft nichts ist als bürgerliche Entfremdung des Menschen und die den Wahnsinn als inneren Freiraum des vorgeblich von der Gesellschaft in Permanenz manipulierten Menschen feiern? Was zu Köpfen wie Roger Garaudy, der schon bessere Tage gesehen hat, der aber, ausgestoßen aus der orthodox-marxistischen Kirche, aufgeklärte Zivilisation als eurozentristische Oppression verdammt und schwarzafrikanische Initiationsriten höher wertet als das Philosophieren der Peripatetiker?

Sehen, hören, verspüren alle diese durch ideologische Nebelbildungen im Gehirn verstörten Menschen nicht, daß sie die negativ Manipulierten sind? Die Manipulierten von Geistesmoden, die kommende Saisons ebenso vergessen haben werden wie die letzten Modelle der Haute Couture? Kommt es ihnen nicht in den Sinn, daß ihr Irrationalismus das Geschäft der Herrschenden, der Verleger, der Medien-Zaren, der nur auf Auflagenziffern bedachten Zeitungen gerade so wirksam betreibt wie einst die Seelenschwärmerei der Konservativen Revolution? Natürlich nicht. Im Gegenteil. Sie halten sich für die eigentlichen Aufklärer, für die bestellten Demystifikatoren, womöglich für die Heilskünder einer kommenden Revolution." (Améry 1977)

Der neue Irrationalismus hat viele Namen. Er fährt unter verschiedenen Fahnen und tritt in mannigfaltigen Mustern auf. Und sicher ist nicht alles über einen Kamm zu scheren; eine differenzierte Auseinandersetzung müßte Differenzierungen der Qualität und Position herausarbeiten. Gemeinsam aber ist die geistige Grundtendenz: die Stoßrichtung gegen Aufklärung, Vernunft, Dialektik, und gemeinsam ist vor allem die ideologische Funktion, die die unterschiedlichsten Gestalten, Strömungen, Richtungen objektiv (d.h. unabhängig von den Intentionen der Handelnden) besitzen. Die Frage nach dem *cui bono* stellt sich erneut. Und die Antwort kann nur lauten: Der neue Irrationalismus nützt (wie auch der alte) allein denen, die Herrschaft besitzen und Gewalt ausüben. Er nützt keinem, der Gewalt erleidet und über den Herrschaft ausgeübt wird. Er dient in der Wirkung der Konsolidierung des gegenwärtigen Systems ökonomischer Macht und politischer Herrschaft. Und da dieses System – nach dem Zusammenbruch des etatistisch-administrativen Sozialismus – identisch ist mit der Herrschaft des Kapitals, muß gesagt werden (auch wenn sich das arg nach einem abgegriffenen Schlagwort anhört): Der neue Irrationalismus dient der Reproduktion des gegenwärtigen (von mir ‚postmodern' genannten) Kapitalismus. Er trägt dazu bei, dessen Herrschaft zivilgesellschaftlich abzusichern (im eingangs erläuterten Sinn) – die Herrschaftsverhältnisse der postmodernen Kapitalgesellschaft hegemonial zu festigen. Ich wiederhole: Dies ist seine *objektive* Funktion – die Weise, in der er wirkt. Ich unterstelle nicht, daß dies die Absicht derer ist, die diese Position vertreten. Deren Absicht mag in vielen Fällen eine ganz andere sein.

Was sich gegenwärtig vollzieht, ist – genauer in den Blick genommen – eine Konsolidierung des herrschenden Systems auf ‚höherer', qualitativ und quantitativ erweiterter Stufe. Ich spreche von einer *erweiterten kulturellideologischen Reproduktion* des herrschenden ökonomisch-politischen Systems. Wie wir von Gramsci wissen, erfolgt eine solche Reproduktion letztendlich durch nichts anderes als durch die geistig-psychische (schließlich auch körperliche) Integration der beherrschten (faktisch unterdrückten, ausgebeuteten) Menschen: Integration durch Beherrschung der Seelen, Köpfe und Körper, durch den produzierten Konsens zu den Verhältnissen der Unterdrückung und Herrschaft. Es sei angemerkt, daß auch Hannah Arendt in „Macht und Gewalt" von 1969 argumentiert, daß Gewalt außerstande ist, Macht zu erzeugen („Aus den Gewehrläufen kommt zwar immer der wirksamste Befehl. Was niemals aus den Gewehrläufen kommt, ist Macht."). ‚Gewalt' umfaßt die Mittel und Vorgänge des physischen Zwangs, die mit letzter Konsequenz auf das Leben zielen. ‚Macht' entsteht aus der Summe der Zustimmungen, von denen Entscheidungen und Handlungen getragen werden. Die Stabilität der Macht beruht auf dem Grad der Zustimmung zu ihr (vgl. Beck 1992).

Für die These, daß es sich um Konsolidierung durch erweiterte kulturellideologische Reproduktion handelt, spricht, daß die ‚neuen' Ideologien der Postmoderne dem Gehalt nach so neu nicht sind – jedenfalls nicht im Kernbereich ihrer inhaltlichen Aussagen (Jürgen Habermas hat dies in bezug auf die philosophische Postmoderne überzeugend demonstriert; vgl. „Der philosophische Diskurs der Moderne", dazu Metscher 1989). Theoreme des Epochenendes und Denunziationen der humanistisch-aufklärerischen (dann auch sozialistischen) politischen und kulturellen Traditionen begleiten die bürgerliche Gesellschaft seit der Geburtsstunde der Moderne – dem Zeitalter der Französischen Revolution. Seit den Tagen der romantischen Reaktion können wir strukturell ähnliche Phänomene beobachten; wie der Schatten den Körper begleiten diese die Geschichte der modernen Gesellschaft. Wer das nicht wahrhaben will, lese Hans Günthers „Der Herren eigener Geist", Georg Lukács „Die Zerstörung der Vernunft", Heinrich Manns große Essays; und wer diesen mißtraut oder sich an Einseitigkeiten und Ungenauigkeiten stößt, greife zu Thomas Manns Epochenroman, dem „Doktor Faustus", in dem diese Prozesse am tiefsten und zugleich am schärfsten diagnostiziert sind.

In jedem Fall: Es geht um einen zivilgesellschaftlichen Prozeß – den Gewinn von Hegemonie, nicht notwendigerweise im Sinne eines intentionalen Aktes (als wäre da ein omnipotentes Subjekt, das diesen Vorgang inszeniert und lenkt), doch aber als Effekt eines funktionalen Zusammenhangs, in dem die verschiedenen Akteure (und sei es gegen ihren Willen und ihr Bewußtsein) eingebunden sind. Zur Theorie des zivilgesellschaftlichen Bereichs nun, wir sagten es, gehört die Einsicht, daß die gesellschaftlichen Kämpfe in der entwickelten Kapitalgesellschaft (gleiches gilt prinzipiell für alle komplexen gesellschaftlichen Formationen) nicht allein auf den Gebieten von Ökonomie und Politik entschieden werden, sondern zugleich – und zunehmend mit der Entwicklung kultureller Institutionen, Medien und Technologien – auf kulturellem und ideologischem Gebiet (also auf dem der Zivilgesellschaft selbst). Hier wird um die Köpfe und Seelen, schließlich auch die Körper der Menschen gerungen (nicht zuletzt um die Seelen – ich verwende das Wort anknüpfend an Günther Anders „Die Antiquiertheit des Menschen. Über die Seele im Zeitalter der zweiten industriellen Revolution"): Es ist ein Kampf um Psyche, Bewußtsein und Körperlichkeit der Menschen. Zur Frage steht also nicht nur, was die klassische Aufklärung analysierte, ein rationaler Konsens: Reinigung des Bewußtseins von Vorurteilen, Wahnbildern und falschen Meinungen, die im Interesse von Herrschaft funktionieren. Es geht um Prozesse, die tief ins Unbewußte hineinreichen, den gesamten psychisch-sinnlichen Apparat der Menschen formieren und deformieren. Der *ganze Mensch* als leiblich-psychisch-geistiges Wesen ist das Terrain, auf dem sich dieser Kampf abspielt. Von der Seite der Herrschenden her ist das Ziel die Zustimmung und Einstimmung der Beherrschten, ihr Einverständnis zum bestehenden System ökonomischer, sozialer und politischer Herrschaft. Vom Standpunkt derer her, die dieses System in der Perspektive von Befreiung und Emanzipation verändern wollen, geht es um Nicht-Übereinstimmung, Aufkündigung des Einverständnisses, Opposition, Widerspruch und Widerstand. Ziel ist die bewußte Orientierung, der Köpfe wie der Herzen, auf eine Gesellschaft, die weder der unterdrückenden Gewalt noch der psychisch-geistigen Unterwerfung bedarf.

2. Konsolidierungsstrategien in der postmodernen Kapitalgesellschaft

2.1. Massenmediale Integration und kulturindustrielle Entmündigung

So unbestreitbar es ist, daß der auf der hochtechnologischen Produktionsweise aufbauende Kapitalismus (‚High-Tech-Kapitalismus') eine besondere und neue Form der Kapitalgesellschaft konstituiert, so unbestreitbar ist auch, daß diese ihrem Wesen nach Kapitalismus bleibt und nach wie vor auf der Ausbeutung von Erde und Arbeit gründet. Dies sei als Grundeinsicht für weitere Überlegungen festgehalten.

Worin nun besteht die neue Qualität kapitalistischer Konsolidierung und Integration, von der ich sprach, was heißt hier ‚erweiterte kulturelle und ideologische Reproduktion'? Wie konsolidiert sich politische Herrschaft im High-Tech-Kapitalismus? Die Antwort lautet: im zunehmenden Maß durch die Zurichtung menschlicher Subjektivität mittels massenmedialer und kulturindustrieller Formierung – durch Entmündigung, psychisch-geistige, mittlerweile auch körperliche Deformation: Lädierung der Körper, der Seelen und Bewußtseine.

Ich spreche in diesem Zusammenhang ausdrücklich von menschlicher Subjektivität, da es sich längst nicht mehr ausschließlich oder auch nur primär um die Ebene des Bewußtseins handelt, gegen dessen herrschaftsrationale Deformation die klassische Aufklärung argumentierte. Vielmehr ist heute der ganze Mensch betroffen: Bewußtsein, Psyche und Leiblichkeit. Einbezogen in diese Vorgänge ist die Totalität menschlicher Sinnlichkeit. Damit tritt die in der aufklärerischen Tradition behauptete Priorität des Rationalen in ihrer Bedeutung tendenziell zurück.

Diese Tatbestände sind keineswegs neu. Sie haben sich im Laufe der technologischen Entwicklung der letzten Jahrzehnte jedoch enorm verstärkt. In der Theorie der ‚Kulturindustrie', wie sie von Th.W. Adorno und Max Horkheimer in der „Dialektik der Aufklärung" (am Beispiel der USA) entwickelt wurde, sind die hier gemeinten Züge der De-Subjektivierung, Deformation und Entmündigung bereits in den Blick genommen. Trotz einer fragwürdigen theoretischen Fundierung (in der die Aufklärung selbst als Vehikel der Entmündigung gilt) und einer nicht minder problematischen Schlußfolgerung (welche die gesamte moderne Welt als einen ausweglosen Entfremdungszusammenhang sieht) sind viele Einzelanalysen Adornos und Horkheimers richtig und auch heute nicht überholt. An Radikalität der Problemstellung und zivilisationskritischen Analyse aber wird die „Dialektik der Aufklärung" von Günther Anders' „Die Antiquiertheit der Menschen. Über die Seele im Zeitalter der zweiten industriellen Revolution" deutlich übertroffen. Anders' 1956 erschienenes Buch ist ein Schlüsselwerk für das Verständnis der kulturellen und ideologischen Verhältnisse der Gegenwart. Die Stichworte, unter denen Anders die „Verwüstung des Menschen" beschreibt, lauten: *Prometheische Scham, Die Welt als Phantom und Matrize. Philosophische Betrachtungen über Rundfunk und Fernsehen, Über die Bombe und die Wurzeln unserer Apokalypse-Blindheit*. Gewiß: auch bei Anders erscheint der Mensch heillos deformiert, in den massenmedialen Apparaten ausweglos verstrickt, kulturindustriell entmündigt, ohne die Perspektive einer Befreiung. Doch ist diese Überzeichnung Ausdruck eines besonderen – im Grunde der Satire (Swiftschen Typs) abgeschauten – philosophischen Verfahrens. Anders ist ein kulturkritischer philosophischer Moralist, wie es in seiner und meiner Generation einen zweiten nicht gibt (auch in der neuen ist keiner von vergleichbarem Format in Sicht). Die Forderung nach Veränderung, nach Schaffung menschenwürdiger Zustände ist jeder Zeile seiner epochalen Studie eingeschrieben. Das hauptsächliche analytische Verdienst der „Antiquiertheit des Menschen" sehe ich darin, daß sie zum erstenmal in kompromißloser Schärfe die Bedeutung der massenmedialen Apparate für die Formierung menschlicher Subjektivität herausgearbeitet hat, damit aber auch die neuen Bedingungen benannt hat, welche die gegenwärtigen hegemonialen Kämpfe bestimmen.

Die Richtigkeit der These von der zweiten industriellen Revolution ist durch die technologische Entwicklung der dreißig Jahre seit Erscheinen der „Antiquiertheit" dramatisch bestätigt worden: Ich nenne allein die Automation (unter Verweis auf die einschlägigen Forschungen um Frigga Haug), das Eindringen des Computers in weite Bereiche der Lebensweise, den gesamten Industrialisierungsschub auf der Grundlage elektronisch gesteuerter Technologien. So hat Norbert Schneider auf den Zusammenhang von gegenwärtigen Entwicklungen der Jugendkultur und der Computerisierung aller Lebensbereiche überzeugend hingewiesen. Er schreibt:

„Die gegenwärtig in der Jugendbewegung häufig beobachtbare Aufkündigung des Identitätsideals kann nicht losgelöst von der Tatsache des qualitativen Sprungs der wissenschaftlich-technischen Revolution der 70er und 80er Jahre gesehen werden: Der neuerliche Industrialisierungsschub mit seiner Entwicklung hochkomplizierter Technologien auf dem Gebiet der Elektronik hat das traditionelle, weitgehend noch im Bildungsbürgertum geprägte Normensystem völlig in Frage gestellt. Die Computerisierung aller Lebensbereiche ist in vollem Gange; sie dringt bis in die privateste Sphäre vor. In einem Maße, wie es zuvor nicht bekannt war, erzeugt sie eine Assimilierung der Individuen an die Apparaturen." (Schneider 1986, S. 52)

Nichts anderes aber hat Anders bereits in seinen Thesen von 1956 behauptet. Auch den Effekt der Computerisierung der Lebensbereiche auf die Konstitution (oder De-Konstitution) von Subjektivität hat Schneider klar benannt. Er besteht in der Korrosion von Ich-Stabilität, der Auflösung von Ich-Identität:

„Denken und Handeln zerfallen zu diffusen Empfindungskomplexen; wo noch eine rationalistische oder kritische Soziologie Handeln durch Sinnhaftigkeit, Zweckgebundenheit und Zielgerichtetheit definierte, ist jetzt nur noch – wie im Wiener ‚Fin de siècle' – die Vorstellung von Sinnlosigkeit und Absurdität übriggeblieben." (Ebd., S. 52f.)

2.2. Zur Theorie des medialisierten Bewußtseins

Ein Topos postmoderner Kulturkritik lautet: Alles ist Simulation. Der totale (das Ganze des Lebens erfassende) Charakter der medialen Welt habe jeden Unterschied zwischen Wirklichkeit und Bild, Sein und Schein vernichtet.

Damit verliere auch der Begriff der Wahrheit seine Gültigkeit. „Es gibt keinen Diskurs, der Wahrheit enthält, kein verantwortliches Ich und keine Befreiung", lauten die Grundsätze Jean Baudrillards, des ersten Gurus der postmodernen Theorie.

Unbestritten sei, daß mit der These der Simulation ein signifikantes Phänomen unserer kulturellen Wirklichkeit angesprochen ist. Mein Einwand lautet also nicht, daß diese These falsch ist, sondern daß sie ein Teilphänomen absolut setzt, das sie unzureichend totalisiert. In der Tat ist unsere kulturelle Wirklichkeit – wie ich zu sagen vorschlage – *von medialer Diffusion geprägt*. Das meint, daß in der medial präsentierten Welt alles unterschiedslos miteinander verschmilzt und zugleich in punktueller Isolierung nebeneinander existiert: ohne Vermittlung, ohne Differenz der Art und Qualität, ohne Geschichte und Gesicht. Das medial Wahrgenommene ist das immergleiche Eine. Das Erkennen von Differenzen ist unerhört schwer geworden. Es ist heute nur noch einem Denken möglich, das die Positivität des Faktischen durchstößt, das Identitäten ebenso kennt und anerkennt wie Qualität, Quantität und Vermittlung, das an der Differenz von Existenz und Wesen, Substanz und Erscheinung festhält – dialektischem Denken also. Auch einem solchen Denken – materialistischer Dialektik jedenfalls – geht es um Rettung der *différence*, nicht um totalisierende Vereinnahmung oder bloße Subsumtion. Differenzen aber sind nur zu denken – zumindest solche der Qualität –, wo auch Identitäten gedacht werden. Denn nur dann werden Gegenstände vergleichbar und rücken in Relation zueinander. Allein einem solchen Denken auch ist der totalitäre, unterwerfende Charakter der vom Subjekt angeblich emanzipierten Medienwelt noch theoretisch erfahrbar.

Auf diesen totalitären Charakter der in den Medien beherrschten Zivilisation macht Anders aufmerksam, wenn er diese in der „Antiquiertheit" mit dem Begriff der Welt als Phantom und Matrize beschreibt. Phantom ist diese Welt, weil sie weder gegenwärtig noch abwesend ist, Bild und Abgebildetes synchron werden, Wirklichkeit und Fiktion sich wechselseitig verkehren. Matrize meint die Herrschaft der geprägten Schablone, die Präparierung eines aus einzelnen Sendungen zusammengesetzten Weltbilds, das als Ganzes unwahr ist bei der möglichen Wahrheit seiner Teile. Was dabei produziert wird, ist ein ausschließlich von Phantomen und Attrappen genährter neuer „Typ von Mensch". Die präparierte Welt schafft den präparierten Menschen als ihren Konsumenten, das Individuum wird zum „Divisum", die Geräte erzeugen künstliche Schizophrenie. „Normal ist heute die Simultan-Lieferung völlig disparater Elemente", schreibt Anders mit der Erfahrung der US-Kultur vor Augen.

„Niemand findet heute etwas dabei, beim Frühstücken im Cartoon zu erleben, wie dem Dschungelmädchen das Messer zwischen die sexüberwölbten Rippen gestoßen wird, während ihm gleichzeitig die Triolen der Mondscheinsonate in sein Ohr tröpfeln." (Anders 1956, S. 141)

Es sollte einleuchten, daß ein so abgerichteter Rezipient zur Konzentration genauen Sehens, Hörens oder Lesens jede Fähigkeit verliert. In der Tat ist dies ein Topos der Kritik der Massenkultur. So zitiert Walter Benjamin Georges Duhamels Kritik des Films (dieser sei „ein Zeitvertreib für Heloten, eine Zerstreuung für ungebildete, elende, abgearbeitete Kreaturen (...), ein Schauspiel, das keinerlei Konzentration verlangt, kein Denkvermögen voraussetzt") und notiert: „Es ist im Grunde die alte Klage, daß die Massen Zerstreuung suchen, die Kunst aber vom Betrachter Sammlung verlangt." Er fordert, bei einer Untersuchung des Films „näher zuzusehen" (Benjamin 1980, Bd. 2, S. 504). Sicher war diese Forderung richtig, doch haben sich die Hoffnungen, die Benjamin in die Zerstreuung setzte, als trügerisch erwiesen. Um die gewaltige Macht des medial präparierten Bewußtseins zu unterlaufen, bedarf es einer ständigen Anstrengung, an der alle ästhetischen Sinne – und der Begriff nicht zuletzt – beteiligt sind.

Die de-konzentrierte Rezeption dagegen, wie sie heute von der Herrschaft der medialen Apparate nahezu universal erzeugt wird, verbleibt im Bereich einer zugleich diffusen und punktuellen Erfahrung. Damit ist gemeint, daß der Erfahrungsgegenstand einerseits nur noch in isolierter Punktualität wahrgenommen wird, andererseits im diffusen Brei des Immergleichen der phantomhaften Welt verschwindet. Seine Besonderheit und Individualität wird nicht mehr erfahren. Identität und Differenz als Kategorien konkreter Wahrnehmung sind ausgelöscht. Ausgelöscht ist auch die Fähigkeit, das Ganze als strukturierte Totalität wahrzunehmen. Die einzelnen Sinne zerschmelzen im Nirwana einer scheinemanzipierten universalen Sinnlichkeit. Eine solche Welt der Diffusion isolierter Erfahrung ist ohne Zusammenhang und ohne Erinnerung. Es ist die total geschichtslos gewordene Welt. Ihre ‚Zeit' ist die ständige diffuse (zugleich museale) Gegenwart, die weder Vergangenheit noch Zukunft kennt – auch zeitlich die Diffusion isolierter Jetzt-Punkte. Dies, in der Tat, ist die Welt *post-histoire* – jenseits der Geschichte.

Mit allen realen Differenzen, mit der von der Postmoderne als ‚demokratisch' ausgegebenen Nivellierung des Unterschieds von Kunst und Kitsch, Pop Art und ernster Kunst, Pornographie und Liebesdichtung (Leslie A. Fiedler) verschmelzen auch Herrschaft, Widerstand und Befreiung – als Realia und ästhetische Kategorien – zu einem unterschiedslosen Brei anmaßender Gleichheit.

Dialektik allein vermag den Schein der Unmittelbarkeit eines solchen Bewußtseins zu durchbrechen, vermag solches Bewußtsein als produziertes zu begreifen, vermag die Produzenten wie die „Interessenten" dieses Produktionsprozesses zu benennen. Ohne den Subjekt-Begriff – den die postmoderne Theorie (von ihrem Standpunkt aus mit guten Gründen) verwirft – geht es freilich nicht.

Das postmoderne Bewußtsein dagegen reproduziert die phantomhafte Welt universaler Diffusion auf der Ebene der Unmittelbarkeit. Hier hat es sein Element der Wahrheit. Seine fundamentale Unwahrheit hat es darin, daß es die Erscheinungsebene seiner Unmittelbarkeit als das Ganze versteht oder ausgibt, daß es die Existenz einer anderen Wirklichkeit als die der Phantomwelt leugnet. Es steht im Grunde auf dem gleichen Standpunkt, ist Holz von gleichem Holz wie jener Apologet der Werbebranche, den die „Frankfurter Allgemeine Zeitung" vom 17. September 1988 zitiert: „Alles ist Simulation, oder alles ist Wirklichkeit, wie sie wollen. Die einzige Realität (...) ist die der Verführung, und dieser Realismus hat sich durchgesetzt." Ein solches Bewußtsein – ob in Form der Philosophie, der Kulturkritik oder der Werbeideologie – vindiziert die schlechte Wirklichkeit der Erscheinungen, es affirmiert den *Status quo*. Es ist im Grunde seines Wesens Herrschaftsideologie. Zugleich ist es eine Form des Positivismus. Es kennt und anerkennt nichts als das unmittelbar Gegebene seiner Phantomwelt. Es klebt am geronnenen Datum solcher Faktizität. Im Gegensatz zum ‚klassischen' Positivismus freilich besitzt es kein kritisches Potential mehr. Was Günther Anders mit der scharf geschliffenen Klinge des an Swift und Voltaire, Kant, Herder und Marx geschulten Humanisten kritisch beschrieb, wird in den heute modischen Theorien der Postmoderne (je nach Geschmack und Standort) als schicke Innovation gefeiert, als neue Kultur zelebriert oder zynisch als Fatum der Geschichte verkauft. Positionen des Einspruchs und Widerstands sind von diesem Bewußtsein her nicht mehr formulierbar. Der Widerspruch ist ausgeschaltet, Dialektik stillgelegt.

Exkurs I. Coca-Cola und Banane als ideologische Formen. Anmerkung zu symbolischen Bedürfnissen

Unter bestimmten Voraussetzungen (solcher gesicherter Reproduktion) können symbolische Bedürfnisse den Charakter unmittelbarer materieller Bedürfnisse annehmen, oder – zumindest – können sie auf der Ebene des Bewußtseins materielle Grundbedürfnisse (primäre Bedürfnisse) verdrängen und im subjektiven Erleben zu primären Bedürfnissen werden. Symbolische Bedürfnisse gewinnen an Stärke, wenn die elementaren Grundbedürfnisse (primäre Bedürfnisse) befriedigt sind – sie können aber auch als Ersatz für nicht befriedigte Elementarbedürfnisse dienen. Daraus entspringt eine Ambivalenz symbolischer Bedürfnisse – ihr eigentümlich ‚schillerndes' Wesen.

Zu unterscheiden ist zwischen primären und sekundären Bedürfnissen. Primäre Bedürfnisse sind unmittelbar mit der körperlichen Existenz des

Menschen gegeben. Solche Bedürfnisse sind: Hunger, Geschlechtlichkeit, Wohnung. Sie beziehen sich auf die unmittelbare materielle Reproduktion – „Produktion und Reproduktion des wirklichen Lebens" (Friedrich Engels). Sie besitzen ihre kulturelle Form (als menschliche Bedürfnisse) und unterliegen geschichtlicher Veränderung, sie sind jedoch nicht im strengen Sinn kulturell produziert. Die kulturell produzierten Bedürfnisse können ‚sekundär' genannt werden, da sie historisch ‚später' sind als die primären Bedürfnisse. Sie bauen auf diesen auf, ohne mit ihnen identisch zu sein. Das heißt, sekundäre Bedürfnisse sind nicht auf primäre Bedürfnisse zu reduzieren, wenn sie auch ohne diese keine Existenz hätten. Sind sie auch kulturell produziert, so sind sie doch nicht weniger ‚real' als die primären. Sekundäre Bedürfnisse gehören zur ‚zweiten Natur' des Menschen, primäre zu seiner ‚ersten'.

Die mediale Inszenierung symbolischer Bedürfnisse steht im Zentrum der von den Medien konstituierten Welt. Im Kontext des medialisierten Bewußtseins wächst den symbolischen Bedürfnissen eine eminent ideologische Funktion zu. Sie fungieren als ideologische Formen. Coca-Cola und Banane sind Beispiele aus der jüngsten Zeitgeschichte. Für die Bewohner der ehemaligen DDR standen sie symbolisch für eine Welt, die universelle Bedürfnisbefriedigung und unbegrenzte Freiheit verspricht. Sie standen gegen eine Wirklichkeit von Zwang, Aufsicht, Verbot und Verzicht. Sie standen für eine materielle Utopie. Zu erkennen ist hier beides: die Legitimität der artikulierten symbolischen Bedürfnisse ebenso wie ihre ideologische Form. Eine solche Sicht allein vermag, diese Bedürfnisse ernstzunehmen, ohne auf ihre Kritik zu verzichten. Sie bewahrt damit auch vor der Haltung der Arroganz, die viele Intellektuelle gegenüber den ‚Ossis' einnehmen.

Exkurs II. Irrationalismus und Positivismus

An dieser Stelle sei eine These formuliert: die Vermutung eines inneren Zusammenhangs von Irrationalismus und Positivismus. Am Beispiel der postmodernen Kulturkritik drängte sich dieser Zusammenhang bereits auf. Der Irrationalismus insgesamt kann als Form eines positivistischen Bewußtseins gedeutet werden. Er ist in seinem Kern fixiert (ob *nolens* oder *volens*, der Tatsache bewußt oder nicht, ist dabei von untergeordneter Bedeutung) auf das positiv Gegebene einer ‚irrationalen' Wirklichkeit – die „Irrationalität des Ganzen" (Adorno) der gegenwärtigen Weltordnung. Er mythologisiert die unbestreitbare Tatsache, daß in der bürgerlichen Gesellschaft das Werk der Vernunft mißlang, daß in dieser Gesellschaft Vernunft nur als instrumentelle, als Medium von Ausbeutung und Herrschaft, als Mittel zum Zweck der Machtausübung fungiert – in der Gestalt des instrumentellen

Verstandes und der Herrschaftsrationalität. Ein dialektischer Begriff allein kann heute noch Vernunft als Vermögen denken, das der Faktizität des positiv Gegebenen widersteht und an dem Begriff eines geglückten Lebens festhält.

III. Perspektiven. Gesichtspunkte für eine Theorie der postmodernen Kapitalgesellschaft

1. Der Grundwiderspruch der postmodernen Kapitalgesellschaft: Bourgeoisie und Proletariat heute

Nach wie vor, so behaupte ich, ist der Gegensatz von Bourgeoisie und Proletariat (im Sinn einer Strukturbestimmung) für die Kapitalgesellschaft fundamental – so sehr auch beide Seiten dieses Gegensatzes ihre empirische Gestalt gewechselt haben. Bourgeoisie und Proletariat, schreibt Hans Heinz Holz völlig richtig, haben seit dem 19. Jahrhundert, aus dem die Begriffe stammen,

„– zum mindesten in den Metropolen – ihre Erscheinungsform, ihr Gesicht verändert. Das Kapital ist anonym geworden und nicht mehr in der Figur des Fabrikherren oder Bankiers sinnlich vergegenwärtigt; die Proletarier sind in der Mehrheit nicht mehr die Kumpel im Bergwerk oder an der Glut der Hochöfen, sondern oft hoch spezialisierte Facharbeiter an komplizierten Apparaturen oder Angestellte im stets noch wachsenden tertiären Sektor, die mit der Produktion unmittelbar gar nicht mehr in Berührung kommen. Daraus ergeben sich Probleme des Selbstverständnisses. Die Ausbeutung ist nicht mehr im gleichen Maße wie früher am eigenen Leib fühlbar, es braucht Einsicht in die Mechanismen der Kapitalakkumulation und des Kapitalverkehrs, um sich als ausgebeutet zu erfahren. Aber die tatsächliche Zwei-Klassen-Struktur von Bourgeoisie und Proletariat besteht weiterhin." (Holz 1992)

Die Differenzierungen sind noch einige Schritte weiterzuführen. Ich möchte sagen, daß (im Sinne der Marxschen Verwendung der Begriffe) ‚Arbeiterklasse' und ‚Proletariat' nicht einfach identisch sind. Der Begriff des Proletariats ist umfassender als der der Arbeiterklasse (im soziologischen Sinn). ‚Proletariat' umschließt immer ‚Arbeiterklasse', kann aber auch andere Schichten der Gesellschaft umschließen. ‚Proletariat' ist ein Strukturbegriff mit differierendem empirischem Gehalt. Seine Kriterien sind: Ausschluß aus ökonomischem Besitz; Verkauf von (physischer und/oder geistiger) Arbeitskraft, um die für die (materielle/kulturelle) Reproduktion erforderlichen Mittel erwerben zu können; Ausschluß aus ökonomischen, sozialen, politischen und kulturellen Entscheidungsprozessen; weitgehende Fremdbestimmtheit auf allen gesellschaftlichen Ebenen (variierend) bis hin zu den Tatbeständen der Entfremdung, Verelendung und Deformation.

Von diesen Kriterien her dürfte zu erkennen sein, daß heute der größte Teil der Weltbevölkerung proletarisiert ist – vor allem in den Ländern der sogenannten Dritten Welt. Der Gegensatz Bourgeoisie – Proletariat hat heute einen globalen Charakter angenommen – und ist auf der globalen Ebene auch leichter erfahrbar (und theoretisch nachvollziehbar) als in den Metropolen des Weltkapitals.

2. Zur Dialektik des Kulturprozesses

2.1. Dialektik von ideologischer Formierung und kultureller Bildung

Wie oben angezeigt, stehen alle zivilgesellschaftlichen Prozesse in der Dialektik von Affirmation und Opposition – integrativer (ideologischer) Formierung und kultureller Bildung. ‚Integrative Formierung' meint die Eingliederung der Subjekte, ihre Zurichtung zu einverständigen Mitgliedern eines Systems der Ausbeutung und Herrschaft. Diese Formierung nenne ich ideologisch. Das produzierte Einverständnis geht aus einer Unterwerfung hervor. Es bedeutet in der Mehrzahl der Fälle die Auslöschung jeden Rests von Individualität. Im Gegensatz dazu meint ‚kulturelle Bildung' die Vorgänge der Subjektkonstitution (die sich in der Regel immer über das Vehikel von Opposition und Widerständigkeit vollzieht): Ausbildung von Ichfähigkeit, Selbstverwirklichung, ‚Eigensinn'. Kulturelle Bildung schließt immer ein: Konstitution von ‚Sinn' individuell wie kollektiv. Die Sinnfrage gehört ins Zentrum der Frage nach Kultur.

Die Dialektik von ideologischer Formierung und kultureller Bildung gilt für den gesamten Kulturprozeß, sie ist für alle zivilisatorischen Prozesse zu behaupten. Sie gilt für die Gegenwart nicht weniger als für die Vergangenheit. Sie gilt selbstverständlich auch für die kulturellen Prozesse in der postmodernen Kapitalgesellschaft. Diese Einsicht ist nicht zuletzt deshalb so wichtig, weil die Fehler vorliegender Theorien meist darin liegen, nur eine Seite dieses Widerspruchsfeldes wahrzunehmen (so sieht die Kulturtheorie im Umkreis der Frankfurter Schule die kulturellen Verhältnisse im Spätkapitalismus als einen einzigen Deformationszusammenhang). Allein eine Theorie, die hier die Dialektik einer widersprüchlichen Beziehung im Blick behält, vermag ein Bild von Gesellschaft zu zeichnen, das das Extrem der ideologischen Affirmation ebenso vermeidet wie das der totalen (und damit abstrakt bleibenden) Negation.

Der dialektische Begriff kultureller Prozesse (von Gesellschaft überhaupt) bedeutet – neben anderem – zweierlei. Erstens: Kritik wird zur methodologischen Bedingung dafür, das Ganze solcher Prozesse überhaupt denken zu können. Von Adorno ist zu lernen – wenn man es denn nicht mehr bei Marx lernen möchte –, daß eine Gesellschaftsanalyse, die auf das

Ganze von Gesellschaft geht, ohne die Dimension der Kritik – Kritik bestehender Gesellschaft – nicht zu haben ist. Zweitens: In der mit ‚kultureller Bildung' bezeichneten Dimension des kulturellen Prozesses liegt ein permanentes Potential von Opposition und Veränderung. Dieses ist bewußt zu machen und in Strategien einzubinden, die auf Veränderung und Emanzipation zielen.

An dieser Stelle sei erinnert, daß auch Marx den Prozeß der Kultur in der Kapitalgesellschaft als zwiespältig beschreibt: als Vorgang der Bildung von Kultur und zugleich als Vorgang der Deformation der Subjekte. Dem, was er „the great civilizing influence of capital" nennt (MEW 42, S. 58f.), steht die Verwüstung menschlicher und naturhafter Ressourcen gegenüber.

Marx begreift die Geschichte menschlicher Kultur als eine Bildungsgeschichte menschlicher Individualität. In dieser Bildungsgeschichte unterscheidet er drei große historische Stufen: Erstens die Form der persönlichen Abhängigkeit. In ihr kann sich menschliche Produktivität nur in geringem Umfang und an isolierten Punkten entwickeln. Zweitens die Form der auf sachliche Abhängigkeit gegründeten persönlichen Unabhängigkeit. In ihr bildet sich erst „ein System des allgemeinen gesellschaftlichen Stoffwechsels, der universalen Beziehungen, allseitiger Bedürfnisse und universeller Vermögen" heraus. Gesellschaftsgeschichtlich ist dies die Form der Kapitalgesellschaft. Aus diesem Grund spricht Marx von der zivilisierenden Kraft des Kapitals. Dieses erst schafft „ein System des allgemeinen gesellschaftlichen Stoffwechsels, der universalen Beziehungen, allseitiger Bedürfnisse und universeller Vermögen" und damit die Bedingungen für die dritte Stufe: die Form freier Individualität. Diese ist „gegründet auf die universelle Entwicklung der Individuen und die Unterordnung ihrer gemeinschaftlichen, gesellschaftlichen Produktivität als ihres gesellschaftlichen Vermögens" (MEW 42, S. 91). Freie Individualität ist also die dritte historische Form menschlicher Vergesellschaftung. Freie Individualität ist das Produkt von Geschichte, doch nicht ihr teleologisch gesetztes Ziel, deshalb auch weder ‚prädestiniert' noch ‚notwendig', gleichwohl Resultat einer logisch rekonstruierbaren Entwicklung. Für dieses hat die Kapitalgesellschaft die Bedingungen geschaffen im Sinne von Bedingungen einer Möglichkeit, die durch menschliches Handeln real werden, aber auch verfehlt werden kann.

Die Kapitalgesellschaft ist in ihrer ganzen Geschichte durch den grundlegenden Gegensatz gekennzeichnet, für die Ausbildung freier Individualität die Bedingungen zu schaffen und zugleich Individualität massenweise und weltweit zu vernichten. Dieser Widerspruch hat heute einen schizophrenen, ja selbstzerstörerischen Charakter angenommen. Die permanente und ungezügelte Produktivkraftentwicklung ohne Veränderung der Produktionsverhältnisse – d.h. ohne Kontrolle der Produktivkraftentwicklung im globalen Maßstab – treibt diese Gesellschaft ständig (und wie es gegenwärtig scheint: unaufhaltsam) auf den Punkt ihrer Selbstauflösung, auf die Selbstvernichtung zu.

2.2. Ebenen des hegemonialen Feldes

In bezug auf den zivilgesellschaftlichen Bereich sind verschiedene Ebenen eines hegemonialen Feldes zu unterscheiden. Damit ist der Ort gemeint, auf dem sich die Dialektik von ideologischer Formierung und kultureller Bildung in ausgezeichneter Weise abspielt. Im folgenden versuche ich, gegenwärtig vorliegende Tendenzen in einem ersten Zugriff zu skizzieren.

Erstens: Die massenmediale und kulturindustrielle Alltagskultur. Sie vermittelt ein bestimmtes Welt- und Menschenbild: den auf Teilfunktionen reduzierten, de-subjektivierten Menschen als ‚implizites Ideal'. Ihr Effekt ist die Zurichtung der Subjekte in ihrem gesamten psychisch-sinnlichen Apparat, die Anpassung ihrer Bedürfnisse an die von dieser Kultur vermittelten impliziten Normen (Beispiel: die Pornographisierung des Alltags.) Dabei hat sie die Funktion einer umfassenden Weltorientierung, die den ‚ganzen Menschen' betrifft: Leib, Seele, Bewußtsein. Für unseren Zusammenhang ist unerheblich, ob die Wirkungsweise dieser Alltagskultur von ihren Produzenten bewußt intendiert wird oder ob die Intention allein oder primär von Profitinteressen her bestimmt, die Wirkung ein nicht unmittelbar intendierter ‚Nebeneffekt' ist. Was hier interessiert, ist die reale Wirkungsweise dieser Kultur.

Zweitens: Die Ebene des Alltagskonsums: Warenwelt und Warenästhetik. Diese ist auch in ihrer ideologisch-kulturellen Funktion nicht zu unterschätzen. So spricht W.F. Haug in der „Kritik der Warenästhetik" von der Deformation der Sinnlichkeit als Effekt der Warenästhetik, von der Reduktion der Subjekte zu Schattenbildern des lebendigen Menschen.

Drittens: Die ‚traditionellen' Medien der Subjektbildung und Weltanschauungsvermittlung: Erziehung (Familie, Schule, Universität); Recht, Moral, politische Bildung; Religion; die publizistischen Medien; Literatur und die Künste; Wissenschaften und Philosophie. Wenn auch die ‚traditionellen' Medien der Subjektbildung in der Gesellschaft des entwickelten Kapitalismus für viele Menschen nicht mehr die traditionell zentrale Funktion ideologischer Formierung ausüben, ja zunehmend als Instanzen der Subjektbildung an den Rand gedrängt werden, so wäre es für die Strategie einer demokratischen Hegemonie verheerend, sie zu vernachlässigen oder zu ignorieren. In ihnen liegt ein großes Potential von Widerstand gegen De-Subjektivierung und Entmündigung, das Potential kultureller Opposition. (Ein ‚neues' Medium wie das Fernsehen steht in gewissem Sinn ‚quer' zu der aufgeführten Liste. Eine differenziertere Ausarbeitung solcher Unterscheidungen ist unbedingt erforderlich.)

Einer weit verbreiteten falschen Meinung sei hier entgegengetreten: der oft zu hörenden Auffassung, daß angesichts des unaufhaltsamen Aufstiegs der ‚neuen Medien' die traditionellen Künste – vor allem die Literatur – ausgedient haben. Die Leute lesen nicht mehr, heißt es. Ihre Medien der Unterhaltung, Information und Bildung sind Fernsehen, Video und Computer.

Nun stimmt es erstens nicht, daß die ‚Leute' (wer immer das sei) schlechterdings keine Bücher mehr lesen. Und soweit es stimmt: mit einer schlechten Wirklichkeit sollten wir uns gerade nicht abfinden. Eine Befürchtung ist sehr ernstzunehmen: das Drohbild der analphabetischen Gesellschaft. Sie ist eine reale Möglichkeit gesellschaftlicher Entwicklung. Zweitens: Die Tatsache, daß die ‚neuen Medien' nicht aus der Welt zu schaffen sind – die Unumkehrbarkeit der technologischen Entwicklung auf diesem Gebiet –, läßt nicht die Schlußfolgerung zu, daß sie die ‚alten' einfach ersetzen. Positiv verstanden – d.h. aber: in einer richtigen Weise gebraucht – bedeuten die neuen Medien fraglos eine enorme Erweiterung menschlichen Bewußtseins und menschlicher Weltaneignung. Sie enthalten das Potential der Extension menschlicher Sinnlichkeit, ja menschlichen subjektiven Vermögens überhaupt.

In diesem Zusammenhang ist daran zu erinnern, daß Ästhetik gattungsgeschichtlich an menschliche Sinnlichkeit gebunden ist. Kern des Ästhetischen ist die Bildung menschlicher Sinnlichkeit. Bereits auf der Ebene des Alltagslebens hat jedes kulturelle Sich-Einrichten in eine gegebene Welt, jede Humanisierung von Umwelt einen elementaren ästhetischen Aspekt. Dieser besteht in der darin eingebundenen Entwicklung von Sinnlichkeit und sinnlicher Wahrnehmung. Jede Kultivierung einer Lebenswelt schließt Ästhetisierung ein, die immer Formierung von Sinnlichkeit (nach der Seite des Subjekts wie seines Gegenstands), Bildung ästhetischer Gegenständlichkeit wie auch des subjektiven, gegenständlichen, ästhetischen Sinns ist. Die Künste nun als Ensemble von Gattungen und Formen repräsentieren das vergegenständlichte Medium sich historisch entwickelnder menschlicher Sinnlichkeit (Sinnlichkeit als fundamentales Subjektvermögen), das so wenig abgeschlossen und abschließbar gedacht werden kann wie die menschliche Geschichte selbst. Die Geschichte des Ästhetischen insgesamt – über die Künste hinaus – ist das aufgeschlagene Buch der gegenständlichen Bildung menschlicher Sinnlichkeit. In der Arbeit an der Bildung von Sinnlichkeit läßt sich die elementare Funktion des Ästhetischen erblicken. In dieser Bedeutung sind gerade die Künste Vergegenständlichungen (und damit Entwicklung und Bildung) menschlichen Subjektvermögens. So arbeitet Literatur an der Bildung von Sprachfähigkeit, Musik an der Bildung des Ohrs, die bildhaft gestaltenden Künste an der Entwicklung des Sehens. Diese elementare Funktion der Künste ist auch ihre permanente Funktion.

Eine Position, die die traditionellen künstlerischen Medien verteidigt, braucht diese Verteidigung nicht kulturkonservativ mit einer prinzipiellen

Ablehnung der neuen Medien zu verbinden. Vielmehr ist zu sehen, daß sich hier – der Chance nach – *eine Erweiterung menschlichen Subjektvermögens auf der Grundlage einer technologisch erweiterten Arbeitsteilung der Sinne vollzieht,* in der die traditionellen Künste mitnichten obsolet werden, vielmehr eine Funktionsveränderung erfahren. Neue Funktionszuordnungen sind nötig geworden, was auch heißt, daß bestimmte Funktionen, die konventionell von den traditionellen Medien erfüllt wurden, von den neuen Medien besser erfüllt werden können (so die Funktionen der Information, Dokumentation, authentischen Wiedergabe usw.). Andererseits erfüllen die traditionellen Medien Funktionen, die die neuen nie erfüllen können. So gehe ich davon aus, daß die Sprachfähigkeit wesentlich zum Menschen als *homo humanus* gehört, der Verlust – oder auch nur die Verkümmerung – von Sprache den Verlust von Menschlichkeit bedeutet. Der sprachlose Mensch ist der Mensch ohne Erinnerung und Bewußtsein – Aitmatows Mankurt („Der Tag zieht den Jahrhundertweg"): Mit der Sprache und Erinnerung ist der Mensch des Kerns seiner Menschlichkeit beraubt. Die Schreckensvision eines solchen Nicht-mehr-Menschen gehört zum Bild des möglichen Triumphs der Barbarei. Daß dieser heute nicht nur durch den Siegeszug der computerisierten Medien – ihren falschen Gebrauch – möglich geworden ist, sondern auch durch gentechnologische Manipulation täglich möglicher wird, macht die hochgradige Gefährdung unserer kulturellen Situation manifest. In der Tat: die Stunde hat zwölf geschlagen!

2.3. Demokratische Hegemonie als strategisches Konzept

Als Gegenbegriff zur *herrschenden Hegemonie* sei hier der Begriff einer *demokratischen Hegemonie* gebraucht, an deren Konzept zu arbeiten ist, die in praktischer Politik durchzusetzen das Ziel ist. Für eine an Marx orientierte Position wäre die voll verwirklichte Demokratie identisch mit dem Sozialismus – nur als demokratischer kann der Sozialismus real sein. Kampf um demokratische Hegemonie heißt also auch: Handeln in sozialistischer Perspektive.

Die Aufgabe eines Handelns in sozialistischer Perspektive muß heute lauten: *Entwicklung der Zivilgesellschaft.* Eine solche Orientierung ist in einem globalen Sinn gemeint. Entwicklung der Zivilgesellschaft in sozialistischer Perspektive meint zuallererst die Bewahrung und Erweiterung der politischen und rechtlichen Errungenschaften der bürgerlichen Revolution und damit auch der formell demokratisch verfaßten bürgerlichen Gesellschaften der Gegenwart. Sie schließt die Einlösung der von Aufklärung und Revolution postulierten, in der bürgerlichen Gesellschaft nicht verwirklichten (oder nur teilverwirklichten) Ideale ein. Ich denke dabei sowohl an politische und Rechtsinstitutionen (z.B. Gewaltenteilung) als auch an spezifische Inhalte (Normen, Werte, Ideale) – jene Inhalte, die unter dem Titel des Projekts der Revolution zu beschreiben sind. Die Verwirklichung fundamentaler Menschenrechte – ich nenne allein Leben, Arbeit, Frieden, Unverletzlichkeit der Person, individuelle Entwicklung und Bildung, Freiheit der Weltanschauung und Religion – gehört zu den unverzichtbaren und integralen Bestandteilen jedes sozialistischen Programms. Der Gedanke einer ‚höheren Gesellschaftsform' schließt notwendig die Verwirklichung solcher fundamentaler Rechte in sich ein – das eine ist nicht ohne das andere.

Zivile Gesellschaft in sozialistischer Perspektive meint schließlich Entwicklung von Demokratie über die ‚formale Demokratie' der bürgerlichen Gesellschaft hinaus: reale Teilnahme der Bevölkerungsmehrheit (all derer, die heute aus den wesentlichen Entscheidungsprozessen ausgeschlossen sind – idealiter natürlich aller Gesellschaftsmitglieder) an den Prozessen der Entscheidungsfindung und -ausübung, am politischen Leben des Gemeinwesens, das erst dann *‚öffentliche und gemeinsame Sache',* res publica, Republik wäre.

Die Menschenrechte sind die bedeutendste politisch-theoretische Erbschaft von Aufklärung und Revolution. Sie sind das Kernstück der Überlieferungen politischer Kultur der europäischen und Menschheitsgeschichte. Sie stellen deshalb jedoch noch keine absoluten zeitlosen Normen dar. In ihrer Substanz bilden sie Normen einer politischen Ethik, und sie sind, wie alle ethischen Normen, geschichtlich entstanden und geschichtlichem Wandel unterworfen. Geschichtlicher Wandel meint keine beliebige Relativierung, sondern weist auf ihre Entstehung, Transformation und Fortschreibung hin.

Menschenrechte meinen in ihrem Kern die jedem Menschen zustehenden Ansprüche auf selbstbestimmtes Handeln. In ihren ersten bürgerlichen Formulierungen stehen Leben, Freiheit, Eigentum, Volkssouveränität, Streben nach Glück, Gesetzlichkeit, auch Widerstand gegen Unterdrückung im Mittelpunkt. Später treten Arbeit und Bildung hinzu. Mit der entstehenden Arbeiterbewegung treten letztere in eine zentrale Position. Eine ähnlich zentrale Rolle sollte heute das Recht auf Frieden besitzen. Hinzu kommt die Forderung nach Bewahrung der Natur. Recht auf Frieden und Bewahrung der Natur sind Teil dessen, was die kulturellen Rechte genannt werden können. Diese zielen auf Bedingungen, die garantiert sein müssen, um die Entfaltung individueller Fähigkeiten zu ermöglichen.

Eine geschichtlich-materialistische Begründung von Menschenrechten ist möglich über den Begriff des Kulturellen. Dieser meint im Kern (wie ich anderen Orts entwickelt habe) die *Gesamtheit selbstproduktiver Akte.* Kultur ist immer individuell-soziale Selbstverwirklichung, Selbstverwirklichung als Selbstbestimmungsakt, Konstitution gesellschaftlicher Individualität durch Handeln des Subjekts selbst.

Wenn selbstbestimmtes menschliches Handeln Kern der Menschenrechte ist, dann ist die Zivilgesellschaft der zentrale Ort, an dem die Menschenrechte ihre Wirklichkeit haben. Sie ist zugleich auch zentraler Ort des Kampfs um ihre Durchsetzung. Selbstbestimmtes Handeln hat in der Zivilgesellschaft ihren Mittelpunkt. Sie ist zugleich auch die Stelle, an der Individualität konkret wird. Individualität verwirklicht oder verfehlt sich im zivilgesellschaftlichen Handeln (nicht in diesem allein, aber in diesem zentral).

Bezogen auf das Konzept eines hegemonialen Feldes mit einer Vielzahl von Ebenen ist zu sagen, daß der Kampf um demokratische Hegemonie, um Subjektwerdung, Emanzipation und Mündigkeit der Individuen auf allen diesen Ebenen geführt werden muß – im Idealfall auf allen Ebenen zugleich. Es kann überhaupt nicht vorentschieden werden, welche Ebene dabei am wichtigsten ist. Der Kampf innerhalb der traditionellen kulturellen Formen – Politik, Erziehung, Recht, Kunst und Literatur, Wissenschaften und Philosophie, Religion – hat nach wie vor zentrale Bedeutung. Daneben tritt der hegemoniale Kampf innerhalb der Alltagskultur, in den Bereichen von Warenästhetik und Konsumwelt, in Presse, Fernsehen und Rundfunk. Alle diese Felder sind bewußt und konzeptionell als Felder eines kulturellen Kampfes zu sehen, dessen konkrete Form nie zu antizipieren ist. Unhintergehbar scheint mir die grundlegende Einsicht Gramscis, daß der Kampf um demokratische Hegemonie – Herrschaft durch Zustimmung, die als demokratische nur eine solche des rationalen (d.h. auf Einsicht beruhenden) Konsenses sein kann – an allen Fronten geführt werden muß. Prioritäten sind allein auf der Grundlage konkreter Analysen einer konkreten Situation festzulegen. Jede ausschließende Entgegensetzung wäre ein verhängnisvoller strategischer Irrtum. Ein solcher liegt vor, wenn etwa dem Konzept parteigebundener Kulturpolitik eine Politik des Kulturellen als ‚von unten' kommende Alternative entgegengestellt wird (W.F. Haug). Vielmehr ist der kulturelle Kampf außerhalb wie innerhalb existierender Institutionen und Parteien zu führen – wo immer dies möglich ist, wo immer die Kräfteverhältnisse es zulassen.

Im folgenden seien einige strategische Gesichtspunkte für diesen Kampf um kulturelle Hegemonie kurz ausgesprochen.

Erstens: Ein grundlegender Gesichtspunkt ist der der Einheit der oppositionellen demokratischen Kräfte. „Schafft die Einheit!" (Peter Weiss) ist und bleibt erstes Gebot. Die Strategie herrschender Klassen hat immer gelautet: *divide et impera*. Das stählerne Gehäuse der Kapitalgesellschaft ist unzerbrechbar, wo diese Strategie gelingt. Einheit der oppositionellen Kräfte heißt dabei: Einheit der Kräfte von Arbeit, Wissenschaft und Kultur, ganz eindeutig heute unter Einschluß der christlichen Kirchen (sicher auch anderer Weltreligionen; auch der Islam hat, seinen fundamentalistischen Verzerrungen zum Trotz, ein im höchsten Maß zivilisierendes Erbe). Das humanistisch-demokratische Potential der Religion kann in manchen Teilen der Welt eine Schlüsselrolle im Kampf um die Zukunft spielen (ich erinnere allein an Lateinamerika).

Zweitens: Ein zweiter Gesichtspunkt ist die heute notwendige globale Orientierung. Der hegemoniale Kampf der Gegenwart hat die Überwindung jeder Form des Eurozentrismus zu seiner Voraussetzung.

Drittens: Das Konzept einer neuen Aufklärung (‚zweite Aufklärung'), an dem Künstler, Schriftsteller, Wissenschaftler und Philosophen gemeinsam arbeiten müssen – bewußt konzipiert als Antwort auf die Offensive des Irrationalismus und Obskurantismus. Neuralgische Punkte sind dabei: die Frage nach einem dialektischen Vernunftbegriff; Weltanschauung und Sinnfrage; kultureller Fortschritt und ökonomische Produktivkraftentwicklung; das Verhältnis zur Natur; Geschlechterverhältnis und Klassenfrage; Bourgeoisie und Proletariat heute; die Frage nach dem ‚Subjekt' demokratischer Hegemonie und sozialer Erneuerung; das Denken einer neuen Kultur; Rationalität und Phantasie, Utopie und antizipierendes Bewußtsein; die Rolle Europas im Rahmen einer transeuropäischen Orientierung, die Rolle der Dritten Welt als welthistorische Kraft; Kampf um Gedächtnis: kulturelle Erinnerung und historisches Bewußtsein.

3. Befreiung oder Selbstvernichtung

Gramsci spricht einmal vom Zustand einer Welt, die zu Ende geht, ohne daß eine neue geboren werden kann (Joseph Losey stellt diesen Satz seinem großen Don-Giovanni-Film als Motto voraus). Es ist dies genau die Situation, in der wir stehen. Die alte Welt geht zugrunde, die neue kann nicht geboren werden. Und doch ist eine neue Welt notwendig, zumindest eine grundlegende Veränderung der alten; eine Veränderung unserer selbst wie der gesellschaftlichen Verhältnisse, die unser Leben beherrschen.

Die Notwendigkeit einer ‚neuen' Welt (wir brauchen sie nicht ‚sozialistisch' zu nennen) ergibt sich aus nichts anderem zwingender als aus der aktuellen Verfassung der gegebenen ‚alten' – aus der Natur der im globalen Umfang zu lösenden Probleme: ökologische Katastrophe, Hunger, die Geschlechterfrage, Ausbeutung von Menschen und Raubbau an der Natur, Verelendung ganzer Kontinente, Krieg und perennierende Gewalt, Rassismus, Rauschgift, der Amoklauf freigesetzter Macht.

Das Grundproblem ist sehr einfach. Wäre die alte Welt imstande, diese Probleme zu lösen, kurzfristig oder langfristig, würden wir der grundlegenden Veränderung nicht bedürfen. Nichts aber spricht dafür, daß ein gesellschaftliches System, das strukturell auf Profit, Ausbeutung menschlicher und natürlicher Ressourcen und damit auf Gewalt beruht, das in offener Programmatik auf ‚Konkurrenz', ‚Kampf' und Recht des Stärkeren setzt, die anstehenden Probleme lösen kann. Nicht, ohne sich selbst aufzugeben. Globale Dominanz des Kapitals ist sehr wohl vorstellbar, ja erscheint heute als wahrscheinliches Resultat der menschlichen Geschichte. Weniger vorstellbar aber ist die Lösung der globalen Probleme durch das Kapital. Lediglich eine Gesellschaft, die dem Prinzip der Gewalt entsagt, könnte eine solche Lösung bewirken. Dies müßte eine Gesellschaft sein, in der Kooperation an den Platz von Konkurrenz träte, Gleichheit und Ausgleich an die Stelle von Druck und Macht: historisch gesehen die uralte Idee einer sozialistischen Gesellschaft – kein Paradies auf Erden, doch eine Welt, in der menschenwürdig gelebt werden kann. Der Kapitalismus ist fähig zur Weltherrschaft, das wissen wir jetzt, nicht aber ist er fähig zum Bau einer menschlichen Welt. Diese muß errichtet werden in einer Gegenbewegung gegen die Wirklichkeitsform, die heute ihren Triumph feiert. Nach wie vor gilt, daß die neue Welt im Schoße der alten schlummert. Als weltgeschichtliche Alternative steht unverändert die Einsicht Rosa Luxemburgs: „Sozialismus oder Rückfall in die Barbarei" – heute vielleicht verschärft zu formulieren: *neue Gesellschaft oder globaler Untergang.*

Die Situation, in der wir gegenwärtig stehen, ist von einem eigentümlichen Paradoxon geprägt. Dieses besteht darin, daß in der äußersten Hoffnungslosigkeit unserer Lage ein Moment von Hoffnung liegt. Ohne eine grundlegende Veränderung unserer selbst wie der Welt, in der wir leben, scheint der Weg unausweichlich in die Katastrophe zu führen. Die geforderte Veränderung ist also weit mehr als blasses moralisches Postulat. Sie ist zum ersten Imperativ des Überlebens geworden. Was einst – in noch gar nicht so ferner Vergangenheit, die aber weit zurückzuliegen scheint – ein weltfremder Traum war, den man lächelnd ignorieren konnte, hat sich jetzt zur materiellen Bedingung des Überlebens verwandelt. Und darin gerade liegt eine Spur von Hoffnung: daß angesichts der Größe der Gefahr auch die Kräfte erwachsen, der Gefahr zu begegnen. Wächst, wo Gefahr ist, auch das Rettende? Hölderlins Frage dürfte heute unsere Schicksalsfrage sein.

Die hier vorgetragenen Überlegungen bauen auf zwei Studien auf: „Herausforderung dieser Zeit. Zur Philosophie und Literatur der Gegenwart", Düsseldorf 1989 (insbesondere: Kulturrevolution von rechts? Spätkapitalistische Konsolidierung als erweiterte kulturell-ideologische Reproduktion), und „Pariser Meditationen. Zu einer Ästhetik der Befreiung", Wien 1992 (insbesondere Achter und Zehnter Teil). Sie knüpfen an Gedanken an, die in diesen Studien niedergelegt sind, treiben diese Gedanken aber an entscheidenden Punkten um einige Schritte voran.

Literatur

Améry, J., Aufklärung als Philosophia perennis, in: „Die Zeit" vom 20. Mai 1977.
Anders, G., Die Antiquiertheit des Menschen. Über die Seele im Zeitalter der zweiten industriellen Revolution, München 1956.
Beck, U., Verkannte Propheten, in: „Frankfurter Allgemeine Zeitung" vom 23. September 1992.
Benjamin, W., Gesammelte Schriften, Frankfurt/M. 1980.
Holz, H.H., Gedanken zum Selbstverständnis einer kommunistischen Partei, in: „Unsere Zeit" vom 28. Februar 1992.
Marx, K., Grundrisse der Kritik der politischen Ökonomie, in: MEW 42, Berlin 1977 ff.
Schneider, N., Bastelei als Subversion? Zur Kritik der Philosophie Jacques Derridas, in: „Debatte", 3/1986.

Verena Krieger

Gramscis „Zivilgesellschaft" – ein affirmativer oder ein kritischer Begriff?

Die „Zivilgesellschaft" ist heutzutage in aller Munde, Verwirrung entsteht dabei durch die sehr verschiedenen Wurzeln des Begriffs. Die ältere, bürgerlich-liberale Traditionslinie, die heute von Alt- und Neoliberalen aufgegriffen wird, steht in der Folge der „civil society" des frühen bürgerlichen Theoretikers John Locke (Dahrendorf, Dubiel, Schmid); andere AutorInnen hingegen berufen sich auf Gramscis „società civile" und beziehen sich damit auf einen marxistischen Theoretiker. Dabei gibt es in der Gramscirezeption wiederum erhebliche Unterschiede; das AutorInnenspektrum in der BRD reicht vom jeweiligen Umfeld von Zeitschriften wie etwa „Kulturrevolution", „Argument" und „Sozialismus" bis hin zu Peter Glotz. Dementsprechend verschiedene (oder auch ähnliche) politische Interessen werden mit dem Begriff verknüpft. Gemeinsam ist vielen Texten von Linken und Ex-Linken, in denen von „Zivilgesellschaft" die Rede ist, die affirmative Verwendung dieses Terminus in bezug auf real existierende kapitalistische Gesellschaften oder die jeweiligen Wunschvorstellungen davon. „Zivilgesellschaft" in solchen Kontexten ist synonym für die Existenz von Parlamentarismus, Gewaltenteilung und bürgerlicher Öffentlichkeit in den entwickelten kapitalistischen Gesellschaften. Dabei wird die politische Zielsetzung darauf reduziert, in den entsprechend „zurückgebliebenen" Ländern der „Dritten Welt" und des ehemaligen „Realsozialismus" Zivilgesellschaften nach westlichem Vorbild zu etablieren und in den imperialistischen Zentren selbst die Zivilgesellschaft gegenüber dem Staat zu stärken. So verwendet, handelt es sich bei dem Begriff „Zivilgesellschaft" eigentlich nur um eine modische Ersetzung des Wortes „Demokratie", wobei mittels der Propagierung plebiszitärer Elemente Blütenträume über die Möglichkeiten des Parlamentarismus gepflegt werden; und somit findet im Grunde nur eine Fortsetzung der alten Debatte über den Stellenwert von Rechtsstaatlichkeit, parlamentarischer Demokratie und bürgerlicher Öffentlichkeit statt. Vor allem aber wird auf diese Weise Gramscis „Zivilgesellschaft" von einem kritischen Begriff umdefiniert zur griffig-idyllischen Vokabel für eine radikal beschönigende Beschreibung realkapitalistischer Verhältnisse. Daß dies alles mit dem Terminus Gramscis nichts mehr gemein hat, liegt auf der Hand.

Georg Fülberth hat in einer in „Konkret" 5/91 erschienenen, lesenswerten Polemik zu Recht gegen die Apologeten des friedlich-zivilisierten Kapitalismus betont, daß es sich bei der Zivilgesellschaft „auf keinen Fall von vornherein um etwas Gewertetes oder gar ‚Positives'" handle; sie sei „lediglich ein Feld der Beobachtung" und „des Kampfes" und könne „eine sehr brutale Angelegenheit sein". Dabei läßt er explizit offen, welche Bedeutung die gesellschaftlichen Kämpfe innerhalb der Zivilgesellschaft überhaupt haben; da sie die Produktionssphäre nicht unmittelbar berühren, sind sie für ihn anscheinend von geringem Wert. Nachdem Fülberth auf diese Weise „Zivilgesellschaft" zur quasi wertneutralen Hülle erklärt hat, legt er daher den Begriff auch schon zu den Akten, weil er ihm für die politische Analyse unnütz und für die politische Auseinandersetzung sogar schädlich erscheint.

Demgegenüber ist es mein Anliegen zu begründen, weshalb Gramscis „Zivilgesellschaft" als analytische Kategorie für den linken Diskurs durchaus nützlich sein kann. Dafür möchte ich zum einen darauf rekurrieren, wie und in welchem Kontext Gramsci „Zivilgesellschaft" überhaupt verwendet, um zum anderen einige Überlegungen daran zu knüpfen, in welche Richtung weitergedacht werden könnte. Daß die deutsche Ausgabe der Gefängnishefte leider erst am Anfang steht, erschwert die Gramscirezeption in der BRD bisher; einige von mir ins Deutsche übertragenen Auszüge aus den „Quaderni", die um die „Zivilgesellschaft" kreisen, sind in der Zeitschrift AK Nr. 341 (April 1992) nachzulesen. Ein genereller Vorbehalt ergibt sich aus dem fragmentarischen Charakter der „Quaderni", in denen Gramsci oft eher stichpunktartig und in assoziativer Verkettung Gedanken festhielt, die aufgrund ihrer Unausgeführtheit oft schwer oder gar widersprüchlich verstehbar sind. Dies erleichtert eine interessegeleitete Interpretation Gramscis in die eine oder andere Richtung – traditioneller Leninist, Krypto-Sozialdemokrat oder Croce-Anhänger – natürlich ungeheuer; und es lassen sich gelegentlich echte Überraschungen erleben, wenn die eine oder andere Passage so gar nicht in das Gramscibild paßt, das bislang so gern gepflegt wurde. Da gibt es sicher noch viel zu tun.

Zunächst ist es wichtig festzuhalten, daß „Zivilgesellschaft" bei Gramsci eine andere Bedeutung hat als „bürgerliche Gesellschaft" (er verwendete dafür auch im Italienischen verschiedene Begriffe: società civile und società borghese). Die Zivilgesellschaft ist vielmehr eine Hervorbringung der bürgerlichen Gesellschaft; Gramsci datiert sie auf die bürgerlichen Revolutionen um 1848 (sicherlich ließen sich auch frühere zivilgesellschaftliche Momente nachweisen). Es handelt sich dabei im Grunde um alle Bereiche des gesellschaftlichen Überbaus, soweit sie nicht den Staat selbst betreffen. Gramsci hat also gewissermaßen dem diffusen „Rest" dessen, was außer ökonomischer Basis und Staat die bürgerliche Gesellschaft konstituiert, einen Namen gegeben und ihm damit den Status eines eigenständigen Analysebedarfs verliehen. Das ist, denke ich, ein entscheidender Fortschritt für die marxistische Theoriebildung, sofern sie zu den gesellschaftlichen Konfliktfeldern, an denen sich in den hochentwickelten kapitalistischen Gesellschaften soziale Bewegungen entzünden, analytischen Zugang erlangen will.

Die Zivilgesellschaft nimmt bei Gramsci so etwas wie eine Vermittlungsfunktion zwischen ökonomischer Sphäre und Staat ein. Allerdings – das macht die Sache kompliziert – kann auch der Staat zivilgesellschaftliche Funktionen (z.b. in Gestalt des Bildungswesens) wahrnehmen und sich umgekehrt auch der Zivilgesellschaft bedienen (z.b. der Presse) – er *muß* dies sogar tun, wenn er optimal seine Funktion als Organisator gesellschaftlicher Konsense unter bürgerlicher Hegemonie wahrnehmen will. Beispiele für die erfolgreiche staatliche Organisation und Bündelung eines gesellschaftlichen Konsenses sind etwa die Aufbruchsstimmung zu Zeiten der Bildungsreform Anfang der 70er Jahre in der BRD oder auch die von derselben sozialliberalen Regierung wenige Jahre später betriebene Terroristenhetze als Volkssport.

Der bürgerliche Staat, der solches zu realisieren in der Lage ist (auf ihn bezieht sich das berühmte Zitat „Hegemonie gepanzert mit Zwang"), also z.b. der moderne Rechtsstaat Bundesrepublik, ist in Gramscis Terminologie der „integrale Staat". Demgegenüber hatte das vorrevolutionäre Rußland unter dem reaktionären Zarenregime zivilgesellschaftliche Strukturen nur äußerst rudimentär entwickeln können – was letztlich der Grund dafür war, weshalb die Oktoberrevolution überhaupt stattfinden konnte. Denn in den westlichen Industrienationen waren nach Gramscis Analyse am Ende des Ersten Weltkriegs die Zivilgesellschaften als den bürgerlichen Staatsapparaten vorgelagerte „Schützengräben" und „Festungen" bereits zu weit entwickelt und gefestigt, als daß eine vergleichbare putschartige Umwälzung noch möglich gewesen wäre. Der *Zweck*, den Gramsci mit dem Begriff der Zivilgesellschaft also verfolgte, ist ein besseres Verständnis der Mechanismen, die eine Revolution bzw. eine sozialistische Transformation der bürgerlichen Gesellschaft in ihren entwickeltsten Staaten offenkundig massiv erschweren oder gar unmöglich machen bzw. zu machen scheinen. Eine Fragestellung, die mir höchst aktuell zu sein scheint; schließlich befindet sich die Linke gerade in einer Situation, wo sie die Wirksamkeit der „Festungen", also der integrativen und konsenserneuernden Funktion des Staates und der formell außerstaatlichen „ideologischen Staatsapparate" (im Sinne Althussers) besonders deutlich erfahren kann.

„Zivilgesellschaft" im Sinne Gramscis umfaßt viel mehr als Presse, Versammlungsfreiheit und Bürgerinitiativen. Zu ihr gehören soziale Institutionen wie die Familie, ideologische Machtzentren wie die Kirche und nicht zuletzt die Gesamtheit alltäglicher Gegebenheiten, Sitten und Kommunikationsstrukturen – vom Stammtisch über die „wilde Ehe" bis hin zum Tratsch im Tante-Emma-Laden oder zum fehlenden Tratsch im Supermarkt.

Nichts, aber auch rein gar nichts ist an der Zivilgesellschaft neutral oder ungewertet. Vielmehr dürften die wenigen genannten Beispiele deutlich genug machen, daß bereits die Existenz oder Nichtexistenz, die Struktur und die Strukturverschiebungen all dieser Elemente von Zivilgesellschaft in sich

Ausdruck und materielle Realität von Herrschaft und Ausbeutung, aber auch von Widerstand, Machtkampf und Machtverschiebungen sind.

Überall dort finden soziale Kämpfe statt, ebenso wie innerhalb der Staatsapparate und innerhalb des Produktionsbereichs. Dabei sind die Kämpfe in der Zivilgesellschaft von unmittelbarer Relevanz für diejenigen im Staat. Die Formulierung, die der marxistische Staatstheoretiker Nicos Poulantzas zur Beschreibung des bürgerlichen Staates gefunden hat, es handle sich um die „materielle Verdichtung eines Kräfteverhältnisses", bezieht sich explizit nicht nur auf die ökonomische Basis, sondern auch auf die außerstaatlichen Überbauten der Zivilgesellschaft und die dort laufend stattfindenden ideologischen Verschiebungen. Jeder Familienkrach, jede Sonntagspredigt, jedes Schützenfest trägt als winziges Detail der gesellschaftlichen Totalität deren immanente Widersprüche im Kern in sich und bildet zugleich die Materialität des Kräfteverhältnisses, das in den Staatsapparaten reflektiert und durch sie neuen Verschiebungen unterworfen wird. (Zur Illustrierung dieses Prozesses geeignet sind z.B. die Veränderungen der familialen Strukturen und der Frauenrolle in den letzten zwei Jahrzehnten und deren Reflexion und erfolgreiche Steuerung durch die modernisierte Frauenpolitik der CDU.)

Ein anderer Gedanke von Poulantzas und anderen marxistischen Staatstheoretikern kann ebenfalls auf die Zivilgesellschaft sinnvoll angewendet werden: So wie der Staat keinesfalls neutraler Schauplatz aller möglicher Kämpfe, sondern vielmehr in seiner spezifischen Struktur und Materialität bereits auf die Erfordernisse bürgerlicher Herrschaft zugeschnitten ist, trifft dies natürlich auch für Institutionen der Zivilgesellschaft in der bürgerlichen Gesellschaft zu. Staatliche Gewaltenteilung (ursprünglich zur Schwächung eines monarchischen Herrschers konzipiert), „öffentliche Meinung" als Topos bürgerlicher Öffentlichkeit, die Versammlungsfreiheit, die Kleinfamilie, die Aktionärsversammlung und die Eckkneipe als Kommunikationsort – all dies sind Hervorbringungen der bürgerlichen Gesellschaft, weil sie offenbar adäquate Strukturen zur Organisation eben jenes gesellschaftlichen Konsenses, von dem Gramsci spricht, sind.

Es reicht nicht, einfach festzustellen, daß Zivilgesellschaft eine „brutale Angelegenheit" nicht nur sein kann, sondern alltäglich ist (die „Normalität" von Sexismus und Rassismus in Wort und Tat gehört z.B. dazu); diese Tatsache sollte Ausgangspunkt von Analyse sein. Interessant wäre es hier beispielsweise, eine Verbindung zwischen Gramsci und den Vertretern der Kritischen Theorie herzustellen. Adornos und Horkheimers Kritik der Kulturindustrie etwa ist im Grunde die Kritik eines spezifischen Moments von Zivilgesellschaft, nämlich die Analyse von Kulturprodukten und Kulturproduktion als außerstaatlicher Organisation von Hegemonie im Kapitalismus. Die von der Kulturindustrie produzierte Massenkultur dient nach ihrer Analyse zur Überwältigung der kleinbürgerlichen und proletarischen Rezipienten, zur Anti-Aufklärung und Verdummung und schließlich zur Integration und Anpassung selbst alltäglicher lebensweltlicher Vorgänge (wie z.b. dem Verliebtsein) in durch die Massenmedien vorgegebene Schemata. Bei allen Differenzen etwa zwischen Adorno und Gramsci (allein schon in der Frage der Bewertung von Volkskultur), die eine bruchlose Verbindung ihrer Theorien selbstverständlich verunmöglichen, sind ihre Gemeinsamkeiten in der Kritik einer kulturellen Hegemonieproduktion, die ja in entsprechenden Bedürfnissen und Rezeptionsweisen der solcherart „Überwältigten" ihren Widerpart findet, doch evident.

Wenn aus dem bisher Gesagten deutlich wird, daß es sich bei „Zivilgesellschaft" also keineswegs um einen idyllischen Zustand handelt, sondern um ein Feld zur Organisation bourgeoiser Hegemonie (und des Widerstands dagegen), möchte ich nun auf einen anderen Gesichtspunkt zu sprechen kommen, den nämlich, daß Linke an der Existenz und an der Stärkung von Zivilgesellschaft durchaus interessiert sein können. Gramsci jedenfalls hatte dieses Interesse. Um zu verstehen warum, muß man sich nur den historischen Kontext vor Augen führen, in dem er darüber schrieb. Im Jahr 1925 – nach dem Sieg des Faschismus und unter den Bedingungen faktischer Illegalität, aber noch vor seiner Einkerkerung – formulierte Gramsci einen Drei-Phasen-Plan, der zum Sozialismus führen sollte: Die erste Phase ist der Kampf um demokratische Freiheiten, die zweite Phase ist die der Bündnispolitik mit allen antikapitalistischen Kräften, und in der dritten Phase sollte die Diktatur des Proletariats verwirklicht werden. An erster Stelle stand also der Kampf um die Schaffung von Zivilgesellschaft. Das ist schlüssig, weil Gramsci den Faschismus als die totale Absorption der Zivilgesellschaft in den Staat auffaßte; die Existenz zivilgesellschaftlicher Strukturen aber ist Voraussetzung für einen Kampf um die kulturelle Hegemonie. Letztere ist bei Gramsci praktisch ein Synonym für „Diktatur des Proletariats", die also niemals durch eine rein militärische Aktion zu erringen ist, sondern stets die Bündelung der Interessen verschiedener sozialer Gruppen (ein notwendiges Mittel zur Erlangung von Hegemonie) in ökonomischer, sozialer und kultureller Hinsicht voraussetzt. (Diesen Gedanken hat Gramsci von Lenin übernommen, wobei er den Hegemoniebegriff in erweiterter Form verwendet. Die Zuspitzung auf den kulturellen Bereich, spezifisch für Gramsci, ist wohl allein schon mit der kulturellen Dominanz der katholischen Kirche in Italien erklärbar.)

Umgekehrt gibt es aber auch die Möglichkeit einer Re-Absorption des Staates in die Zivilgesellschaft, und das ist für Gramsci ein bzw. das zentrale politische Ziel. Er geht sogar so weit, in diesem Zusammenhang von der „geregelten Gesellschaft" zu sprechen (società regolata), die in seiner durch den Kerker erzwungenen Krypto-Terminologie soviel bedeutet wie Kommunismus: Die „geregelte Gesellschaft" ist fähig zur Selbstbestimmung und benötigt keinen politischen Staat mehr. Das ist natürlich im Grunde ein

Gedanke von Marx, der ja im „Bürgerkrieg in Frankreich" die Kommune als die „Rücknahme der Staatsgewalt durch die Gesellschaft als ihre eigne lebende Macht" beschreibt. Überhaupt hat Gramscis begriffliche Unterscheidung von „società civile" und „società politica" ihren Ursprung ebenfalls bei Marx (in den frühen Texten), wo das Auseinander- und dualistische einander Gegenübertreten von Staat und Gesellschaft als Hervorbringung der bürgerlichen Gesellschaft analysiert und kritisiert wird. Auch bei Marx gibt es also verschiedene Inhalte und Konnotationen des Begriffs der Gesellschaft bzw. der bürgerlichen Gesellschaft: mal im Sinne von „société civile", mal im Sinne von „société bourgeoise", niemals jedoch im apologetischen Sinne der „civil society" John Lockes.

Die Vielschichtigkeit von Gramscis „Zivilgesellschaft" ist unbestritten; bewußte oder unbewußte Fehlinterpretationen sind schon aufgrund dieser Komplexität des Begriffs angelegt. Doch dieses Problems kann man sich durch schlichte Ablehnung des Begriffs nicht entledigen – nicht nur, weil die Mehrschichtigkeit auch schon bei den früheren Theoretikern zu finden ist, sondern weil sie in der Sache selbst begründet ist; Gramscis Terminus kann insofern sogar zu einer klareren begrifflichen Scheidung dienen.

Wirklich Sinn macht die Rede von der Zivilgesellschaft allerdings erst im Zusammenhang mit dem bei Gramsci ebenso bedeutsamen Terminus der „Hegemonie". Wenn die Zivilgesellschaft nämlich als Feld zur Erlangung von Hegemonie einer Klasse dient, dann ist dies keineswegs eine friedlich-freundliche Angelegenheit: Auch sozialer Druck, öffentliche Meinung etc. sind massive Druckmittel, wie Gramsci erkannt hat. Zum anderen aber funktioniert Hegemonie mittels Konsens letzten Endes in Verbindung mit Zwang, d.h. die freiwillige Zustimmung wird unter anderem auch dadurch erlangt, daß der nackte Zwang (der repressiven Staatsapparate) stets schon hinter der konsensualen Fassade hervorlugt. Nur im äußersten Fall (das ist sehr oft) wird von diesen Mitteln Gebrauch gemacht. Sie sind jedoch untrennbarer Bestandteil des gesamten Herrschaftsmechanismus. Gramscis Leistung bestand also gerade darin, das Zusammenspiel repressiver und konsensualer Mittel bürgerlicher Herrschaft herausgearbeitet zu haben – und nicht etwa im Feiern der Errungenschaften bürgerlicher Freiheit und Liberalität.

Das Verhältnis von Hegemonie und Zwang wird von Gramsci aber nicht nur in bezug auf die bürgerliche Gesellschaft analysiert, sondern er reflektiert auch, was das für den Sozialismus bedeutet. Hier wird die Sache knifflig, und es ist kein Zufall, daß einige Passagen zu diesem Thema offenbar weniger gern zitiert werden. Sie könnten nämlich das insbesondere in der BRD gepflegte Bild vom „netten", bürgerlich gesitteten Kommunisten, der aus dem Knast heraus gegen seine dogmatisch-totalitären Genossen angeschrieben hat, in Frage stellen. Das ist zweifellos nur die halbe Wahrheit, denn Gramsci befand sich als Führer der italienischen Kommunistischen

Partei in seinem Denken sehr weitgehend im Rahmen der Dritten Internationale.

Zwar geht Gramsci davon aus, daß die Erlangung von Hegemonie eine Vorbedingung ist, um in entwickelten bürgerlichen Gesellschaften auch innerhalb der „politischen Gesellschaft", sprich des Staates, wirklich dauerhaft Macht zu erlangen. Andererseits spricht er aber auch von der Notwendigkeit, staatliche Gewalt einzusetzen, um diese Hegemoniefähigkeit während der schwierigen Übergangsperiode, in der „enorme Opfer gewaltiger Volksmassen" erforderlich sind, aufrechtzuerhalten. Dann sei eine

„eher interventionistische Form von Regierung notwendig, die eine direkte Offensive gegen die Oppositionellen ergreift und permanent die ‚Unmöglichkeit' innerer Zersplitterung organisiert, Kontrollen aller Art, politische, administrative etc."

Mit den „enormen Opfern", die der Stellungskrieg erfordere, bezieht sich Gramsci vermutlich auf die für das italienische Volk traumatische Erfahrung des Ersten Weltkriegs, wo in einer als „Stellungskrieg" geführten Schlacht unter General Cadorna massenhaft Soldaten abgeschlachtet worden sind und ebensolche Massen desertierten. Daß er bei seiner Übertragung aus der Militärsprache in die Politikwissenschaft diese „Opfer" benennt, ist sicher nicht als Apologie, wohl aber als analytische Nüchternheit zu werten.

An anderer Stelle spricht er davon, „alle anderen Organisationen zu zerschlagen oder sie in ein System einzufügen, dessen einziger Regulator die Partei ist". Von Liberalität findet sich hier nun wirklich keine Spur. Wie verhalten sich nun solche Überlegungen zu der bei ihm ja auch vorzufindenden Zielvorstellung einer „Konzipierung des Endes von Staat und Recht, die unnütz geworden sind, weil sie ihre Aufgabe erfüllt haben und von der Zivilgesellschaft absorbiert werden können"? Eine mögliche Antwort darauf ist Gramscis positive Wendung des üblicherweise abwertend verwendeten Begriffs des „Nachtwächterstaates", den er als Übergangsstufe qualifiziert, als einen

„Zwangsapparat, der die in permanenter Steigerung befindliche Entwicklung der Elemente der regulierten Gesellschaft schützen und deshalb seine autoritären und Zwangsinterventionen schrittweise reduzieren wird". (Auffallend auch hier: Regulierte Gesellschaft und Zivilgesellschaft werden praktisch synonym verwendet.)

Das impliziert allerdings die Notwendigkeit staatlicher Zwangsmaßnahmen ebenso, wie Gramsci erzieherischer Druck auf die Massen, der eines fernen Tages „Zwang zu Freiheit werden läßt", für unvermeidlich hält. Liberalistische Lesarten Gramscis erübrigen sich hier zweifellos; allerdings stellt sich an diesem Punkt die Frage, inwiefern gravierende Widersprüche in Gramscis Texten existieren, die einerseits eine inhaltliche Kohärenz ausschließen, andererseits aus der Perspektive antistaatlicher Positionen zur Kritik herausfordern. Es geht dabei um zwei miteinander eng verknüpfte Probleme: Zum einen stellt sich die Frage, wie eine wie auch immer gestaltete sozialistische Transformationsperiode ohne Zwangs- und kulturell wie sozial erzieherisch wirkende Maßnahmen realisierbar ist (und ob überhaupt). Zum anderen ist aber, wie gerade Gramsci eindrucksvoll deutlich gemacht hat, die Zivilgesellschaft der Ort, ohne den linke Politik chancenlos ist, weil sie auf Momente wie politische Überzeugung, kulturelle Veränderung, individuelle Emanzipation etc. strukturell angewiesen (weil letztlich damit identisch) ist. Sozialismus ist insofern schlechthin nicht anders denkbar denn als Resultat eines stetigen Erstarkens zivilgesellschaftlicher Strukturen, innerhalb derer antikapitalistische Kräfte hegemoniefähig werden. Mit staatlicher Repression und jedweder Form von politischem Zwang ist dies, wie die Geschichte zur Genüge gelehrt hat, nicht zu erreichen. Und deshalb ist das ein relevantes Problem auch zu Zeiten, in denen der Sozialismus so ganz und gar nicht auf der Tagesordnung steht, weil daraus nämlich Rückschlüsse für aktuelle Politik notwendig folgen müssen.

Auch und gerade, weil sich an den Begriff der Zivilgesellschaft eine Reihe von Problemen knüpft, und insbesondere auch mit seinen unterschiedlichen Konnotationen, scheint er mir also für die linke Debatte nützlich zu sein. Denn erstens ermöglicht er eine differenzierte Betrachtung außerstaatlicher Überbauten sowohl unter dem Gesichtspunkt der Organisation von Zustimmung zur bürgerlichen Klassenherrschaft als auch unter dem Gesichtspunkt der Widerstände dagegen. Zweitens ist er (trotz der bei Gramsci angelegten Widersprüche) eine brauchbare Basis für eine linke Position der Antistaatlichkeit, die die Tatsache nicht aus den Augen verliert, daß außerstaatliche Bereiche nicht etwa eine befreite Zone darstellen, sondern nur ein *anders* geartetes Terrain gesellschaftlicher Kämpfe. Drittens kann sich der Begriff der Zivilgesellschaft als Voraussetzung für die Verbindung eines marxistischen mit dem feministischen und antirassistischen Diskurs erweisen, weil er gerade die nicht unmittelbar politischen bzw. scheinbar unpolitischen Bereiche von Gesellschaft und insbesondere Alltäglichkeiten und den Alltagsverstand in die Analyse von Herrschaft und sozialen Kämpfen mit hineinnimmt, mithin die Basis für eine kritische Theorie des Alltags bilden könnte.

„Zivilgesellschaft" ist ein antiökonomistischer Begriff, weil er die Eigenaktivität von Überbauten hervorhebt und zum Gegenstand strategischer Überlegungen macht. Deshalb halte ich es auch nicht für befriedigend, diesen Begriff – weil er im politischen Diskurs zunehmend prokapitalistisch besetzt wird – pauschal abzulehnen, wie etwa Fülberth es tut. Denn die Auseinandersetzung um die affirmative Umdeutung dieses kritischen Begriffs ist ja nur eine aktuelle, gewissermaßen tages- und machtpolitische Angelegenheit; letzten Endes eine vordergründige Streitfrage. Dahinter verbirgt sich eine viel tiefergehende und unendlich viel schwerer zu beantwortende Frage, die aber immerhin eine der zentralen in jenem Kontext ist, der nun schon seit Jahrzehnten mit „Krise des Marxismus" umschrieben wird: Die Frage nämlich, welchen Stellenwert Kämpfe in eben dieser Zivilgesellschaft gegenüber denen innerhalb der Produktionssphäre haben, mithin die Frage nach dem historischen Subjekt gesellschaftlicher Umwälzung, nach Haupt- und Nebenwidersprüchen und dem ganzen Rattenschwanz, der mit daranhängt. Nachdem die Hoffnung auf Möglichkeiten des Kampfes innerhalb der Staatsapparate uns vorerst durch die Sozialdemokratie und 80 Jahre später durch die Grünen lehrstückhaft beantwortet wurde, ist eine Auseinandersetzung mit diesem Problem nicht eben unbedeutender geworden. Ich bin davon überzeugt, daß Gramsci und die von ihm entwickelten bzw. erweiterten theoretischen Termini die linke Theoriedebatte an diesen Punkten weiterführen können. Ob irgendwelche Alt- oder Neoliberale den einen oder anderen Begriff affirmativ besetzen, ist dabei – zumal angesichts unserer gegenwärtigen totalen Marginalisierung – völlig unwichtig. Schließlich geht es nicht darum, einen ohnehin aussichtslosen Kampf um Begriffsmonopole zu führen, sondern um Erkenntnis.

Dieser Text basiert auf Diskussionen, die im Kölner Arbeitskreis „Linkes Puzzle" geführt wurden.

Hans Heinz Fabris

Intellektuelle als Zugvögel?

Zur Aktualität von Gramscis Intellektuellen-Konzept am Beispiel der EG-Diskussion in Österreich

„Die Berichterstattung spiegelt nicht mehr die tatsächlichen Existenzfragen und Bedürfnisse der Bevölkerung wider, sondern die Kommunikationsbedürfnisse der Machtelite. Zum Gaudium oder zur Entrüstung eines mit Informationen überfütterten Publikums bedienen Politiker und Medienleute gemeinsam die Show-Maschinerie, die immer mehr zum Selbstzweck zu werden droht. Sie sitzen in einem Boot und streiten sich um die Plätze, während das Ufer der gesellschaftlichen Realität sich weiter und weiter entfernt." (Semrau 1988, S. 682)

Betrachtet man die Entwicklung der Diskussion um Österreichs Beitritt zur Europäischen Gemeinschaft, drängt sich die Frage auf: Warum verhalten sich Medien und Wissenschaft so deutlich anders als die Staatsbürger/innen? Warum nahm die Anzahl der Befürworter eines Beitritts in der Bevölkerung in den Jahren 1991/92 ab, während sie unter Journalisten und auch in der wissenschaftlichen Öffentlichkeit die 90-Prozent-Marke bei weitem überschritten hat? Warum ist dieses Auseinanderklaffen zwischen öffentlicher Meinung und sogenannten „Meinungsführern" in der Frage des mit dem EG-Beitritt essentiell verbundenen Neutralitätsstatus noch weitaus eklatanter ausgeprägt? Wie ist die Rolle der Intellektuellen und speziell der journalistischen Intelligenz in diesem Prozeß der Meinungs- und Willensbildung einzuschätzen? Lassen sich hier eigenständige, lassen sich widerständige Positionen erkennen, oder wird diese „Gruppe" – um mit Gramsci einen zunächst völlig neutralen Begriff zu verwenden – schlicht „von oben" instrumentalisiert? Handelt es sich hier vielleicht um ein klassisches Krisen-Projekt des „Blocks an der Macht", der politischen Klasse? Ist das traditionelle Links-Rechts-Schema noch ein brauchbarer Ansatz für die Untersuchung des Verhaltens der Intellektuellen, oder hilft das von Gramsci entwickelte Konzept, die Unterscheidung zwischen „organischen" und „traditionellen" Intellektuellen, weiter? Welche Veränderungen sind zudem innerhalb dieser Gruppe in der jüngsten Vergangenheit zu beobachten gewesen? Wo sind die alten „Atlantiker", die auf Deutschland Fixierten, wo sind nicht zuletzt die sogenannten „Mitteleuropäer" geblieben? Welches Europa ist gemeint, wenn durch die EG-Kampagne im Auftrag der Bundesregierung ein besonderes „Europa-Gefühl" geweckt, jedenfalls kräftig angefeuert werden soll? Und wohin sind die „Globalisten", die Nord-Süd-Spezialisten abgetaucht?

Tabelle: „Sind Sie persönlich für oder gegen einen Beitritt Österreichs zur EG?"

Beruf	Dafür		Dagegen	
	1991	1988	1991	1988
Leitende Angestellte/Beamte	65 %	75 %	24 %	19 %
Beamte	55 %	62 %	31 %	27 %
Selbständige	55 %	72 %	30 %	24 %
Facharbeiter	53 %	59 %	33 %	28 %
Angestellte	50 %	62 %	33 %	27 %
Pensionisten	47 %	44 %	32 %	29 %
Hilfsarbeiter	44 %	45 %	25 %	31 %
Schüler/Studenten	42 %	43 %	43 %	42 %
Hausfrauen	41 %	42 %	35 %	29 %
Landwirte	25 %	24 %	61 %	65 %

Bildung

Volksschule	34 %	33 %	35 %	35 %
Hauptschule	37 %	40 %	38 %	38 %
Berufs-, Handelsschule	51 %	59 %	34 %	27 %
Matura	54 %	57 %	32 %	32 %
Abg. Hochschule	58 %	58 %	29 %	36 %

Parteipräferenz

SPÖ	54 %	55 %	29 %	27 %
ÖVP	52 %	60 %	31 %	29 %
Keine	44 %	47 %	35 %	32 %
FPÖ	44 %	63 %	37 %	29 %
Grüne-Alternative	25 %	32 %	62 %	57 %

Quelle: Sozialwissenschaftliche Rundschau 3/91, S. 441.

Intellektuelle ohne Autonomie?

„Sind die Intellektuellen eine autonome und unabhängige gesellschaftliche Gruppe, oder hat jede gesellschaftliche Gruppe ihre eigene spezialisierte Gruppe von Intellektuellen?", fragt Gramsci. Und fährt fort: „Das Problem ist vielschichtig aufgrund der mannigfaltigen Formen, die der reale geschichtliche Prozeß der Herausbildung der verschiedenen Kategorien von Intellektuellen bis heute angenommen hat."

In diesem Zusammenhang sagt schon der Umstand, daß Untersuchungen zur politischen, sozialen, kulturellen, ökonomischen Rolle der Intelligenz in Österreich – und zwar sowohl sozialwissenschaftliche als auch philosophische oder historische Analysen – Mangelware sind, einiges über deren wenig bedeutende gesellschaftliche Position aus, über die hier zu reden ist. Sodaß ein Blick auf einen Autor wie Pierre Bourdieu berechtigt erscheint, der sich in seinen Arbeiten ja nicht nur mit dem „Homo Academicus" ausführlich beschäftigt hat. „Die Kulturproduzenten", schreibt Bourdieu,

„sind heute im Begriff, einer unabwendbaren Alternative nicht mehr entrinnen zu können: entweder ein Experte, d.h. ein Intellektueller im Dienst der Herrschenden (sei es des Staates, sei es privater Mäzene) zu werden oder einfach ein kleiner, unabhängiger Produzent alter Art zu bleiben, wie ihn der Professor verkörpert, der in seinem Elfenbeinturm seine Vorlesungen hält." (Bourdieu 1991, S. 95)

Dies erinnert deutlich an die von Gramsci aus seiner Analyse der historischen Herausbildung der Intellektuellen gewonnene Einsicht:

„Es ist nun möglich, zwei große ‚Ebenen' von Überbauten festzulegen, jene, die man ‚bürgerliche Gesellschaft' nennen kann, das heißt die Gesamtheit von Organismen, die gemeinhin ‚privat' genannt werden, und jene der ‚politischen Gesellschaft oder des Staates'. Die erstgenannte Ebene entspricht der ‚hegemonialen' Funktion, die die herrschende Gruppe über die gesamte Gesellschaft ausübt, und die andere der Funktion der ‚direkten Herrschaft' oder des Kommandos, welche sich im Staat und der ‚juristischen' Regierung ausdrückt. Diese Funktionen sind in präziser Weise organisierender und verbindender Natur. Die Intellektuellen sind die ‚Kommis' der herrschenden Gruppe zur Ausübung der subalternen Funktionen der gesellschaftlichen Hegemonie und der politischen Regierung." (Gramsci 1983, S. 61)

Auch die „organischen Intellektuellen" neuer sozialer Klassen stehen mit diesen in engem Zusammenhang, ermangeln echter Autonomie. Dagegen meint Bourdieu:

„Was ich mir herbeiwünsche, sind kollektive Eingriffe, die die Intellektuellen in der vollständigen Autonomie hinsichtlich der Mächte, die den Staat einbegreifen, von dem die meisten unter ihnen heutzutage abhängig sind, realisieren würden, und bei denen sie sich die Errungenschaften, welche diese Autonomie ermöglichen, zunutze machen würden, um als autonome Subjekte und nicht als Experten in die Politik zu intervenieren ... Autonom zu sein, ist ein permanenter und mühsamer Kampf, der eine Wachsamkeit erfordert, an die die Intellektuellen nicht gewöhnt sind. Sie sind es so gewöhnt, sei es als quantité negligeable behandelt zu werden, sei es als Aktivisten aufzutreten (Petitionen zu unterzeichnen, Programme auszuarbeiten usf., d.h. sich den Beherrschten zur Verfügung zu stellen), daß man ihnen erst wieder beibringen muß, sich nützlich zu machen, ohne sich benutzen zu lassen ... Mein Traum wäre es, daß eine Internationale der Künstler und Wissenschaftler geschaffen wird, die zu einer unabhängigen politischen – und moralischen – Kraft würde, welche imstande wäre, zu Problemen von allgemeinem Interesse ... mit einer auf die Autonomie gestützten Autorität und Kompetenz Stellung zu nehmen." (Bourdieu 1991, S. 96)

Zu den „traditionellen" Intellektuellen im Dienst der gesellschaftlichen Herrschaftsträger, den in der „zivilen Gesellschaft" und neuen sozialen Klassen und Gruppen aktiven intellektuellen Spezialist/inn/en, wäre somit eine dritte Kategorie „autonomer", zumindest autonomiebedachter Intellektueller hinzuzurechnen.

Paßt diese Kategorisierung auf die Stimmen und Träger der aktuellen EG-Diskussion in Österreich? Als „Autonome" im Bourdieuschen Verständnis würde ich einige wenige Personen – alle aus dem akademisch-wissenschaftlichen Bereich – einschätzen, die sich bisher mehr oder weniger deutlich geäußert haben. Ihre beschränkte Rolle läßt sich allerdings an der Entwicklung eines durch scheinbar politisch „autonome" Prominente gegründeten Zusammenschlusses wie der „Initiative für Europa" erkennen, die nach einem couragierten Beginn rasch wieder – ob aufgrund von Interventionen von „oben", darüber läßt sich nur spekulieren – eingeschlafen ist. „Organische" Intellektuelle finden sich dagegen in jenen Initiativen von Transit-Gegnern, jungen Landwirt/inn/en, Grünbewegten usf., die sich inzwischen ein beachtliches Spezialwissen in Sachen EG angeeignet haben, in einem Maße, das es der Politik bisher als allzu riskant erscheinen ließ, sich auf öffentliche Diskussionen – wie seinerzeit beim Thema Atomenergie und Zwentendorf – einzulassen. Die große Mehrzahl der in der Öffentlichkeit sichtbaren, hörbaren, lesbaren Stellungnahmen stammt freilich aus der (PC-)Feder jener von staatlichen oder wirtschaftlichen Einrichtungen abhängigen „Experten", die dort mit dem Erwerb kulturellen und ökonomischen Kapitals beschäftigt sind. Dieser Gruppe sind auch die prominentesten EG-„Konvertiten" zuzurechnen, von denen im folgenden zwei Beispiele anhand authentischer Zitate vorgeführt werden sollen.

A: Für sie war der Zusammenbruch des Realsozialismus das entscheidende (Damaskus-)Erlebnis. Die österreichische Neutralität hat durch das Ende des Ost-West-Konflikts für sie ihre Bedeutung verloren. In einer Diskussion, in der sie als „fortschrittliche EG-Befürworterin" fungierte, meinte sie etwa: „Ich muß auf die Reformfähigkeit des Kapitalismus hoffen, sonst stehe ich morgen nicht mehr auf." Und: „Nach dem Zusammenbruch des realen Sozialismus ist der Kapitalismus der einzige Ast, auf dem wir sitzen." Zwar müßte auch die EG reformiert werden, doch „sollte man Österreichs EG-

Beitritt nicht an diversem ‚Kleinkram' messen, das ist eine primär politische Frage."[1] Wäre die EG erst reformiert, dann – so sei zu hoffen – könnte auch Österreich reformiert werden.

B: Seine Wandlung wurde in einer „Kurier"-Glosse[2] so kommentiert:

„Während in den vergangenen Monaten die Zahl der Gegner eines EG-Beitritts nicht abgenommen hat, denken in der SP manche um, die eine Mitgliedschaft Österreichs für unmöglich hielten. Vor drei Jahren hatte (B) für Aufsehen gesorgt. Er veröffentlichte im ‚Österreichischen Jahrbuch für Politik' eine Abhandlung über das Verhältnis Österreichs zur EG. Programmatischer Titel: ‚Warum Österreich nicht der EG beitreten kann'. Für das demnächst erscheinende ‚Jahrbuch für Politik' hat (B) wieder einen Beitrag verfaßt. Darin kommt er zum Schluß, angesichts der veränderten Rahmenbedingungen ‚könnte der Beitritt frühestens 1995 vollzogen werden ... Österreich wurde nicht verNATOsiert, sondern Westeuropa hat sich verösterreichert', meint (B). Nötig sei daher eine starke EG, die sich ihrer Aufgabe in Osteuropa stellt und als supranationale Organisation eine ‚Re-Nationalisierung' verhindert."

Die Neutralität sei von einem sicherheitspolitischen Vorteil zu einem sicherheitspolitischen Nachteil geworden, man sollte sich daher so rasch wie irgend möglich wieder von ihr verabschieden. Andere Dimensionen der Neutralität, auf die etwa Egon Matzner (Matzner 1992) im gleichen Kontext verwiesen hat – ihre Bedeutung für die staatliche Unabhängigkeit (wie der Staatsvertrag stellt die Neutralität ein entscheidendes Hindernis für einen neuerlichen „Anschluß" an Deutschland dar), als ein Sperriegel für die Beteiligung an militärischen Aktionen innerhalb wie außerhalb Europas, die nicht von der UNO sanktioniert sind –, fallen hier unter den Tisch. Der Unterschied zwischen solchen Staats-Intellektuellen und jenen gewerbsmäßigen Spezialisten, allen voran den Werbe-Profis, die etwa im Rahmen der millionenschweren Kampagne der Regierung als „Schönwettermacher"[3] am Werk sind, ist nur noch minimal. Dazu gehören dann auch die Leitartikler, die Europa-Seiten- und Europa-Sendungen-Gestalter, die Gutachter und Meinungsforscher, die dies auch sogleich aufgegriffen haben. So schreibt Ernst Gehmacher in einem Beitrag der „Zukunft", an die Adresse der Regierungsmitglieder gerichtet:

„Eine sichere Mehrheit für Europa in der öffentlichen Meinung läßt sich nur gewinnen, wenn die Sympathie für Europa zur Grundstimmung wird, zu einer sozialen Norm, der man sich – selbst bei persönlichen Ängsten und Bedenken – nicht entzieht. Eine soziale Norm entsteht durch einen breiten Konsens der meinungsbildenden Eliten. Medien können das nur vermitteln. Werbekampagnen wirken nur, wenn dahinter genügend ‚Zeugen' für ihre Wahrhaftigkeit stehen: Europa ist ja kein Produkt, das man im nächsten Einkaufszentrum aus dem Regal nehmen und einmal verkosten kann." (Gehmacher 1992, S. 7)

Wundersam die kurz darauf folgende Wandlung etwa beim österreichischen Bundeskanzler, der, seiner Art entsprechend, bis dorthin den EG-Beitritt immer als Sache des Kopfes bezeichnet hatte, nun aber plötzlich sein Herz dafür entdecken – und herzeigen – mußte. Kein Wunder übrigens, daß als neue Europa-Staatssekretärin eine Frau ins Regierungsteam geholt wurde, die sozusagen schon vom Geschlecht her die Idealbesetzung zu werden versprach; ganz abgesehen vom Kalkül, mit einer aus der Linken kommenden Jungpolitikerin auch noch einen anderen „schwachen Flügel" abzudecken. Der neuen Staatssekretärin war und ist freilich klar, daß ein solches Konzept des Eliten-Konsens, angesichts der eher wenig vertrauenerweckenden „Zeugenschaft" durch die Regierenden, durch ein entsprechendes „Meinungsklima" abzusichern ist, wozu vor allem die journalistische Intelligenz zu „überzeugen" ist. Dieses Rezept und dieses Vorgehen wären somit als überzeugendes Exempel für das von Gramsci analytisch entwickelte Konzept des „Blocks an der Macht" zu werten, der zur Durchsetzung seiner in die Krise geratenen Interessen alle Mittel zur Erreichung der kulturellen Hegemonie einzusetzen sucht.

Gewinner und Verlierer

Die Erklärung des Verhaltens verschiedener Gruppen von Intellektuellen ist jedoch auch auf der Basis vergleichsweise banalerer Zuordnungen möglich. So können sich Medienleute ganz allgemein, aber auch ein Gutteil der Wissenschaftler ausrechnen, daß sie bei einem EG-Beitritt eher auf der Gewinner- als auf der Verliererseite landen dürften. Der Gemeinsame Markt wird ja auch, nachdem in der EG die Medien durchwegs als Dienstleistungen qualifiziert werden, ein gemeinsamer Medienmarkt, ein gemeinsamer Medien-Arbeitsmarkt sein. Die EG hat sich schon in den letzten Jahren rapide in Richtung Informationsgesellschaft entwickelt. Seit langem entfaltet Brüssel beachtliche Anstrengungen in der Telekommunikation – Stichworte Privatisierung der Postunternehmen, hochauflösendes Fernsehen –, wobei es um Zukunftsmärkte im Umfang vieler Milliarden geht. Aber auch dem Film, dem Fernsehen, dem Verleihwesen, dem Buch und dem Urheberrecht, der Pressekonzentration, der Journalistenausbildung, der Werbung und dem Drucksektor gilt die Aufmerksamkeit diverser Kommissionen und Abteilungen der EG-Bürokratie. Für österreichische Journalist/inn/en sollte es nach einem EG-Beitritt leichter werden, Arbeitsbewilligungen etwa für deutsche Redaktionen zu erhalten, andererseits dürfte auch die Konkurrenz schärfer werden. Ähnliches gilt für Film- und Fernsehproduktionen. Und auch für Wissenschaftler, ob innerhalb oder außerhalb der Universitäten, eröffnet sich schon heute mit Programmen wie „Erasmus" die Tür in die „große weite (westliche) Welt" zumindest um einen Spalt breiter als bislang; wenngleich sich hier beispielsweise hinsichtlich der Arbeitsplätze noch einiges tun dürfte, was selbst EG-Befürwortern nicht nur

Freude bereiten sollte. Von der Interessenslage bezüglich verbesserter Ausbildungs- und Berufsperspektiven sollten somit Journalist/inn/en wie Wissenschaftler/inn/en gute Gründe haben, sich für den österreichischen EG-Beitritt stark zu machen. Mehr jedenfalls als Künstler/innen und ganz allgemein Kulturschaffende außerhalb des Mediensektors, für die die EG bisher wenig übrig hatte[4] – dies könnte auch eine Erklärung für die bisher kaum vorhandene „kulturelle Hegemonie" (im Sinne Gramscis) der EG in diesem Bereich sein. Erst mit den Maastrichter Verträgen, die nun auch die Kultur betreffen, dürfte sich hier einiges ändern.

Einfluß der Medienökonomie

Der „Anschluß" an die EG via Bundesrepublik Deutschland hat spätestens seit den späten 80er Jahren, mit dem Einstieg des Konzerns der „Westdeutschen Allgemeinen" in die „Neue Kronen-Zeitung", eine neue Qualität im „Überbau" erreicht. Die meisten anderen deutschen Medienkonzerne, allen voran Springer, sind der „WAZ" inzwischen gefolgt; wobei die Ankündigung des österreichischen EG-Beitrittswunsches ebenso eine Rolle gespielt hat wie die Unfähigkeit der heimischen Medienpolitik und des Managements vieler Medienunternehmen, entgegenzusteuern. Rund 70 Prozent der Tageszeitungen, die meinungsbildenden Magazine, ein Großteil des Fernsehprogramms des Österreichischen Rundfunks (ORF), des österreichischen Buchmarktes und der Platten- und Kassettenproduktion werden direkt oder indirekt von deutschen Konglomeraten kontrolliert, die nach dem Ende der DDR und diversen Einkäufen in Ost- und Südosteuropa eine gewaltige Expansion entfaltet haben. In diesen Medien könnten EG-kritische Stellungnahmen zwar „im Prinzip" erscheinen. Die Berücksichtigung der Unternehmensinteressen in den Köpfen der Journalist/inn/en genügt jedoch – auch ohne offene Interventionen – in der Regel, um jene Haltung eines vorauseilenden Gehorsams zu erzeugen, die in der Mediengeschichte des Landes eine langjährige Tradition besitzt (vgl. Fabris 1990). Zwar unterscheidet sich diesbezüglich die publizistische Praxis graduell von Medium zu Medium, wie einschlägige Inhaltsanalysen demonstrieren[5], doch haben EG-Skeptiker kaum im von der Regierung dominierten ORF, nur in seltenen Ausnahmen – via „Gastkommentar" – in der Tageszeitung „Standard" und – auch dies zunehmend seltener – in den „Salzburger Nachrichten" Gelegenheit, ihre Position darzustellen. Daß dies im übrigen nicht mit ökonomischem Kalkül erklärt werden kann, sondern hier andere, „übergeordnete" Interessen im Spiel sein dürften, zeigt ein Blick auf die Stimmungslage der Nation, wie sie ja auch die Medienmacher aus den Umfragedaten kennen müßten. Ständig gegen zumindest 40 Prozent des Publikums zu steuern, dürfte die Akzeptanz der Produkte beim Publikum mit Sicherheit nicht erhöhen; gehörige Aufregung – die wie ein Ventil zu wirken begann – verursachte denn auch das dänische Nein zu Maastricht 1992 bei den meisten Kommentaren in den Print- wie elektronischen Medien („Katastrophe!").

Werben um die journalistische Intelligenz

Dazu kommen freilich auch zahlreiche direkte wie indirekte Gratifikationen für EG-Fans unter der schreibenden und filmenden Intelligenz. EG und Europa sind zu einem neuen Markt für einschlägige Informationen und Meinungen geworden, in dem sich rasch Spezialist/inn/en herausgebildet haben, die als Buchautoren, Vortragende, Sendungs-Verantwortliche usf. erhebliche Zusatzeinkommen erwarten können. Dies gilt auch für Wissenschaftler/innen, allen voran Jurist/inn/en und Ökonom/inn/en. Es gibt, ähnlich wie in der Nachkriegszeit in Richtung USA, Einladungen nach Brüssel, diverse Studienreisen, neue Arbeitsplätze etwa für ORF-Auslandskorrespondenten. Das Kuratorium für Journalistenausbildung[6], die Bundeskammer der gewerblichen Wirtschaft, Landesregierungen usw. bieten nicht nur Reisen und Spezialinformationen, sondern auch attraktive Verwertungsmöglichkeiten an. Der EG-Begeisterung der journalistischen Intelligenz wird somit tatkräftig nachgeholfen; zumindest wurde und wird ein soziales Klima erzeugt, das abweichende Meinungen – von Spezialist/inn/en für originelle Positionen einmal abgesehen – zu ersticken droht.

Links = Rechts?

Schwierig erscheint auch eine Einteilung der Pro- und Contra-Einstellungen der Journalist/inn/en und Wissenschaftler/innen nach dem traditionellen Links-Rechts-Schema. Für eine „fortschrittliche" EG-Politik plädieren zahlreiche prominente Linke. Es existiert diesbezüglich aber auch eine starke kulturindustrielle Achse zwischen dem links-liberalen deutschen „Feuilleton" und österreichischen linksliberalen Meinungsmacher/inne/n.[7] Auf der anderen Seite gibt es etwa in den Reihen der Österreichischen Volkspartei, nachzulesen in Publikationen wie dem „Wiener Journal"[8], oder den katholischen Laienorganisationen eigenständig EG-kritische Positionen zu entdecken. Und auch innerhalb der Grün-Alternativen sind die Auseinandersetzungen um die „richtige Linie" kaum auf einer Links-Rechts-Achse zutreffend zu analysieren. Hier scheint Gramscis Unterscheidung zwischen den staatsnahen „traditionellen" und den „organischen" Intellektuellen neuer sozialer Gruppen – vor allem der neuen sozialen Bewegungen, Frauen-, Umwelt-, Verkehrs-Initiativen, grün-alternativen, katholischen und sozialistischen Basisgruppen –, die sich in einer beachtlichen Vielfalt alternativer Basismedien artikulieren, durchaus brauchbar für die Erklärung des Verhaltens der Intellektuellen zu sein. Möglicherweise drückt sich darin jedoch eine weitergehendere Veränderung der gesellschaftlichen Kräfte aus: Während die traditionellen politischen Lager der Sozialdemokratie und der Konservativen in vielen Ländern immer enger aneinander rücken, auch wenn sie zusammen nur noch knapp an die 50 Prozent der Wähler/innen herankommen, formieren sich als neue Akteure eine systemkritisch-ökologische Linke und eine populistische neue Rechte.

Mitteleuropa ade?

Um das „Projekt Mitteleuropa" herum haben sich in der Vergangenheit Vertreter recht unterschiedlicher Interessen, von Monarchist/inn/en bis zu gegenüber dem deutschen Hegemoniestreben besorgten Österreich-Patriot/inn/en, versammelt. Um dieses Ideen-Amalgam ist es trotz Gründung einer „Pentagonale" angesichts des Krieges im ehemaligen Jugoslawien und des Drangs aller ost- und mitteleuropäischen Länder in die EG eher ruhig geworden; freilich könnte die vor allem vom österreichischen Außenminister zusammen mit ORF und „Mediaprint" getragene aktuelle Politik in Südosteuropa als eine spezifische Ausformung dieser Haltung interpretiert werden.

Wer sind dagegen die neuen „Atlantiker"? Ausgehend von der kulturellen Westintegration durch die USA nach 1945 wäre danach zu fragen, wo jene Personen und Einrichtungen geblieben sind, die in Politik, Wirtschaft, Medien und Kultur die „Amerikanisierung" als dominante Modernisierungsstrategie für Österreich auf ihre Fahne geschrieben haben. Hier sind in den vergangenen Jahren deutliche Absetzbewegungen – an bekannten österreichischen Chefkommentatoren wie Paul Schulmeister, Hans Rauscher oder Peter Michael Lingens besonders gut zu verfolgen – zu beobachten gewesen. Die These, daß heute die EG an die Stelle der USA als Hegemoniemacht getreten ist, sollte allerdings insofern spezifiziert werden, als die Bundesrepublik Deutschland mit ihrer Politik, Journalistik und Kultur die wahre Bezugsgröße geworden ist. EG-Euphoriker könnten demnach als die „neuen Atlantiker" bezeichnet werden. EG-Deutschland ist für sie, auch wenn sie persönlich recht wenig mit Westeuropa zu tun haben, Ersatz für die mit der EG zunehmend in einen Interessensgegensatz geratenen USA geworden.

Neue Nord-Süd-Mauer in den Köpfen

Wie sehr vor allem das Ende des Ost-West-Konfliktes Auswirkungen auf die Nord-Süd-Beziehungen gehabt hat, ist inzwischen zumindest ansatzweise deutlich geworden. Die Aufmerksamkeit für (Süd-)Osteuropa hat ganze Welt-Regionen wie Afrika aus der Medienöffentlichkeit verdrängt. Mit dem Golfkrieg sind neue Feindbilder im Süden aufgerichtet worden; nach innen hat die zunehmende Ausländerfeindlichkeit ein europäisches Festungsdenken massiv verstärkt. Auch an dieser Entwicklung sind im übrigen, aktiv wie passiv, Intellektuelle unübersehbar beteiligt.

Resümee

Einen „autonomen" Standpunkt in Hinblick auf die europäische Integration zu formulieren, ist den heimischen Intellektuellen bisher nur in individuellen Ausnahmefällen gelungen. Dies mag auch die verhältnismäßige Bedeutungslosigkeit des traditionellen intellektuellen Diskurses – jedenfalls bis zum Augenblick – für die Proponenten des EG-Projekts erklären. Die große Mehrzahl der Journalist/inn/en und Wissenschaftler/innen folgen der Linie der offiziellen Politik; die EG-Spezialist/inn/en werden ständig mehr. Die Intellektuellen unterscheiden sich diesbezüglich nicht nur von einem beachtlichen Teil der EG-skeptisch eingestellten Bevölkerung, sondern auch von der Mehrheit der politisch reflektierenden Künstler/innen, Liedermacher/innen, Autor/inn/en, Kabarettist/inn/en.

Betrachtet man die wirtschaftliche Interessenslage, wird einsichtig, daß Journalist/inn/en und Wissenschaftler/innen, aber kaum die Kulturschaffenden auf der Gewinnerseite eines österreichischen EG-Beitritts zu finden sein werden; dies mag sich freilich nach den Maastrichter Beschlüssen zur Kulturpolitik noch ändern.

Der dominante mediale Auslandseinfluß und die massiven Anstrengungen von Regierung, Großparteien und Sozialpartnern sind weitere wesentliche Einflußfaktoren für die angestrebte Formierung einer öffentlichen Meinung in Richtung Zustimmung zu einem EG-Beitritt.

Alternativen?

Um aus der intellektuellen Bewegungslosigkeit herauszukommen, erscheint es nötig, den Diskurs mit Intellektuellen aus anderen (kleinen) EG-Ländern aufzunehmen und Öffentlichkeit für jene „organischen" Intellektuellen zu fördern, die bisher in der „großen" Medienöffentlichkeit keine Artikulations-Chancen hatten. Zu thematisieren wären vor allem jene Agenden, die bisher wenig bis gar keine Aufmerksamkeit gefunden haben. Der in den letzten Jahren ja nicht nur in Österreich zu beobachtende Rückzug der Intellektuellen aus der Politik könnte insofern positiv „gewendet" werden, als diese distanzierte Haltung zur etablierten politischen Praxis die Formulierung autonomer Positionen erleichtern sollte. Der Medien-Intelligenz, Journalist/inn/en, Werbeleuten, Filmern usw. würde hier ein besonderer Stellenwert zukommen. Es wäre demnach notwendig, bessere Kontakte zwischen Medien und neuer „organischer" Intelligenz herzustellen, um endlich Raum für den längst überfälligen EG-Diskurs zu eröffnen.

Anmerkungen

1 Vom Verband Sozialistischer StudentInnen Österreichs veranstaltete Podiumsdiskussion „Gibt es ein Leben nach dem EG-Beitritt? Fortschrittliche EG-Beitrittsbefürworter stellen sich der Diskussion", am 25. Mai 1992 in Salzburg.
2 „Kurier", 16.3.1992, S. 2.
3 So etwa die „Salzburger Nachrichten" vom 18.3.1992, S.3.
4 Vgl. dazu etwa Joachim Sartorius: 0,00016 Prozent für Kultur, in: Lettre International 4/1992, S. 4ff.
5 Vgl. Hörburger/Wiesinger 1991.
6 So etwa die vom Kuratorium für Journalistenausbildung vom 1.-3. Juni 1992 organisierte „Studienreise nach Brüssel".
7 Vgl. etwa die Beiträge in der Zeitschrift „Wespennest" 86/1992, besonders Gustav Ernst, „Nein, so ein Wahnsinn, die Aufführung!", S. 34ff.
8 Vgl. die einschlägigen Beiträge in der Mai-Nummer des „Wiener Journal".

Literatur

Bourdieu, P., Die Intellektuellen und die Macht, Hamburg 1991.
Fabris, H.H., Medienkolonie – na und?, in: Scherb/Morawetz (Hg.), In deutscher Hand?, Wien 1990, S. 113ff.
Gehmacher, E., Europa nur für Gewinner?, in: Zukunft 1/1992.
Gramsci, A., Marxismus und Kultur, Hamburg 1983.
Hörburger, A./Wiesinger, J., Die Wirklichkeitsdarstellung der österreichischen EG-Problematik in Österreichs regionalen und überregionalen Printmedien. Eine Untersuchung im Auftrag des Bundesministeriums für Wissenschaft und Forschung, Wien 1991.
Matzner, E., EG-Vollmitgliedschaft oder Neutralität?, in: Zukunft 1/1992, S. 8ff.
Semrau, E., Die Trugkraft des Realen, in: Pelinka/Plasser (Hg.), Das österreichische Parteiensystem, Wien 1988.

Sabine Kebir

Gramsci und die zivilgesellschaftlichen Potentiale im Maghreb

Der Begriff der Zivilgesellschaft ist vielen Linken nicht geheuer. Ein Grund dafür liegt darin, daß er unter angelsächsischem Einfluß oft kapitalismusapologetisch verwendet wird. In der Tat, auch der deutsche Bundespräsident Richard von Weizsäcker führt die Zivilgesellschaft im Munde. Ein weiterer Grund ist, daß die mit dem inflationistischen Gebrauch des Begriffs der Zivilgesellschaft seit 1989 im Ostblock verbundenen Hoffnungen auf eine demokratische Wende des Sozialismus zerstört zu sein scheinen. Wenn nun von Zivilgesellschaft in der Dritten Welt die Rede ist, gilt das von vornherein als übler Eurozentrismus, egal, ob es von Europäern oder Drittweltlern ausgeht. Wenig Gewicht scheint das Argument zu haben, daß es sich beim Kampf für Zivilgesellschaften um die Weiterführung des noch immer historisch aktiven Impulses der Französischen Revolution handelt, der im 19. Jahrhundert bis Rußland wirkte und heute weltweit genannt werden kann. Von den mageren Resultaten der Aufklärung und der eigenen Demokratie enttäuscht, sind große Teile der Linken bereit, das Erbe der Französischen Revolution aufzugeben. Freilich liegt der Verdacht nahe, daß sich hier ihre altbekannte Vernachlässigung des Demokratieproblems äußert und das, obwohl Friedrich Engels in der Einleitung zu Marxens „Klassenkämpfen in Frankreich" schon 1895 (MEW 22, S. 509–527) das demokratische Terrain als gegenwärtiges und zukünftiges Hauptkampffeld der Arbeiterklasse bezeichnete. Hinzu kommt die ebenfalls traditionelle Abneigung der Linken, Begriffe oder Kampfziele mit anderen gesellschaftlichen Strömungen gemein zu haben.

Anhand des Zivilgesellschaftskonzepts von Antonio Gramsci und des ganz ähnlichen Konzepts, das der Kampf um Demokratie im nordwestlichen Afrika hervorgebracht hat, möchte ich die Linke auffordern zu lernen, *innerhalb von Begriffen* zu kämpfen, d.h. um ihren Inhalt. Gramsci erkannte in den 20er Jahren, daß die unter bürgerlicher Herrschaft entstandene Zivilgesellschaft im Kampf der Arbeitenden um die umfassende Vergesellschaftung nicht zerstört, sondern ausgebaut und auf eine qualitativ neue Stufe gebracht werden müsse. Methodisch wesentlich an Gramscis Theorie der Zivilgesellschaft ist deren strikte Historisierung in Zeit und Raum. Er begriff, daß eine Zivilgesellschaft nicht ex nihilo entstehen kann, sondern daß sie an bestimmte historische Entwicklungsbedingungen geknüpft ist, deren wesentlichste die potentiell mögliche Souveränität der Individuen in juristischer und ökonomischer Hinsicht ist. Die Existenz bzw. größere oder kleinere Solidität der Zivilgesellschaft hat beträchtliche Auswirkungen auf die jeweiligen Formen gesellschaftlicher Entwicklung, insbesondere ihrer Gewalt- oder Dialogförmigkeit.

Wenn im folgenden die Begriffe „traditionell" und „modern" gebraucht werden, so bezeichnen sie jeweils Gesellschaftsorganisationen, die auf vormundschaftlichen bzw. konsensualen (auf die Individuen bezogenen) Entscheidungsformen basieren.

Die Tendenz von der vormundschaftlichen zur individuellen Verantwortung einerseits und die Tendenz von der gewaltförmigen zur dialogförmigen Auseinandersetzung andererseits sind denn auch die Schwerpunkte dieser Untersuchung. Klarer als in einem europäischen Kontext wird am Beispiel von islamischen Ländern deutlich, daß die Frage der individuellen Souveränität nicht allein eine Frage der politischen Rechte ist, sondern eine alle Felder der Zivilisationen erfassende Umwälzung bedeutet: insbesondere in den Geschlechterbeziehungen.

Ehe freilich aktuelle Fragen der Zivilgesellschaft im Maghreb aufgeworfen werden, bietet sich ein Blick auf die Forschungen des auf Martinique geborenen Psychiaters Frantz Fanon (1926-1961) an. Dieser bedeutendste Theoretiker des algerischen Unabhängigkeitskrieges hat gerade den Punkten besondere Aufwerksamkeit gewidmet, die das Heranreifen von nordafrikanischen Zivilgesellschaften historisch möglich machten. Ohne daß er den Terminus benutzte und ohne daß bei ihm eine Kenntnis der Schriften Gramscis vorausgesetzt werden kann, war er sich bei der Ausarbeitung der Kampfstrategie der Notwendigkeit bewußt, zwischen Gesellschaften mit und ohne Zivilgesellschaft zu unterscheiden. Und schon zu Beginn der sechziger Jahre kennzeichnete er den im unabhängigen Afrika überall manifest werdenden Mangel an gesellschaftlicher Kontrolle und Demokratie (Einparteiensysteme) bereits als negative Hypothek für die Zukunft.

Unabhängig von den Entwicklungen im Ostblock haben die Volksunruhen vom Oktober 1988 in Algerien die Errichtung eines demokratischen Regimes mit Assoziations- und Pressefreiheit möglich gemacht, das sich selbst als „société civile" bzw. arabisch als „mschtema madania" bezeichnet. Es ist freilich durch einen neuen Totalitarismus gefährdet: durch den Islamismus der Heilsfront (FIS), deren Führer Ali Belhadj die Demokratie mit „kofr – Atheismus" gleichsetzt. Die bei den Parlamentswahlen 1991 siegreiche FIS wird vor allem von jenen breiten Bevölkerungskreisen gestützt, die bislang von der Modernisierung nicht profitieren konnten. Totalitäre Gefahren gehen aber auch von dem derzeit installierten Militärregime aus, das möglicherweise eine Rückkehr zur Alleinherrschaft der FLN maskiert. Darauf deuten u.a. bekannt gewordene Einschränkungen der Pressefreiheit hin.[1]

Marokko hat seit seiner Unabhängigkeit 1956 formal ein Mehrparteiensystem, das jedoch unter strikter Kontrolle der königlichen Verwaltung steht und insofern noch nicht als Ausdruck einer Zivilgesellschaft gelten kann.

Mit der Aussicht, den Westsaharakonflikt zu seinen Gunsten lösen zu können, ist freilich neben dem nationalen auch der internationale Druck auf Hassan II. gewachsen, einen Demokratisierungsprozeß in Gang zu setzen. 1992 wurde ein Großteil der politischen Gefangenen freigelassen und die Gründung von Assoziationen erlaubt, die keiner Regierungskontrolle mehr unterliegen. Typisch für eine Übergangssituation zwischen Totalitarismus und Demokratie, weist die Anthologie „La société civile au Maroc" drei Konzeptionen von Zivilgesellschaft auf:

„1. Homologie der Strukturen von Staat und Zivilgesellschaft: im Extremfall Identität zwischen Zivilgesellschaft und Staat.
2. Organische und funktionelle Komplementarität zwischen Staat und Zivilgesellschaft. Es existiert eine Beziehung der reziproken Beeinflussung.
3. Prinzipielle Opposition zwischen Staat und Zivilgesellschaft oder Zivilgesellschaft gegen den Staat." (El Aoufi 1992, Rückseite)

Diese im übrigen weltweit verbreiteten Konzeptionen der Zivilgesellschaft können deskriptiv oder auch als gesellschaftliche Zielvorstellung aufgefaßt sein. Eine demokratische Bewegung wird jedenfalls um die zunehmende Autonomie der Zivilgesellschaft vom Staat kämpfen. Bei Gramsci sind alle drei Konzepte als deskriptive Instrumente zur Analyse verschiedener Stadien des Kapitalismus nachweisbar, seine Zielvorstellung der Vergesellschaftung aber war die zunehmende Absorption des Staates durch die Zivilgesellschaft.(Q, S. 937)

Deutlichster Ausdruck der Demokratiebewegungen im Maghreb sind die seit Ende der 80er Jahre entstandenen mächtigen Menschenrechtsorganisationen. Heute erscheint es weder der marokkanischen Monarchie noch der Militärregierung Algeriens ratsam, sie zu verbieten, weil sie die fragwürdige Legalität der derzeitigen Machtverhältnisse zweifellos abstützen.

Auf meine Frage, was man in Algerien unter „société civile" verstünde, sagte mir der Präsident der Algerischen Liga für Menschenrechte (LADH), der Rechtsanwalt Miloud Brahimi:

„Philologisch gesehen meinen wir mit der Zivilgesellschaft eine Gesellschaft, die außerhalb der Politik im engeren Sinne steht. In ihr handeln Menschen, die sich für die Zukunft engagieren, ohne dem Staatsapparat anzugehören. In Algerien ist die Zivilgesellschaft erst seit zwei Jahren zu Tage getreten, seit die Kultur des Einparteiensystems zu Ende ist. Freie Assoziationen sind entstanden wie unsere Liga für Menschenrechte und die Bewegung der Journalisten. Wir werfen Probleme der Gesellschaft auf, die ich als ‚zivile' und in Wirklichkeit auch als ‚politische' Probleme bezeichnen möchte, ohne daß wir zum politischen Establishment gehören. Ich kann Ihnen versichern, daß wir zunächst Assoziationen und bestimmte politische Forderungen entwickelt haben, ehe wir das ganze ‚Zivilgesellschaft' genannt haben. Der Kampf dafür hat schon lange vorher begonnen: Ich nenne da nur den ‚berberischen Frühling' von 1980 und die Frauenbewegung gegen das Familiengesetz. Das Wort war damals noch nicht da, ihm gingen die Fakten voraus. Die Konstituierung unserer

Zivilgesellschaft hat auch nichts mit dem Zusammenbruch des Ostens zu tun, die Oktoberunruhen von 1988 und die Durchsetzung des Mehrparteiensystems gingen ihm historisch voraus. Kulturell ist Nordafrika vom Ostblock relativ isoliert geblieben. Wenn es bei uns kulturelle Einflüsse von außen gibt, dann sind es französische. Das Einparteiensystem haben wir freilich vom Ostblock übernommen, aber die Zivilgesellschaft hat sich gegen dieses politische System gebildet, aus den eigenen Schwierigkeiten heraus. Die erste große öffentliche Manifestation der Zivilgesellschaft hat im April 1988 stattgefunden, zum ersten Geburtstag unserer Liga für Menschenrechte. Unter unserem Schutz ist ein nationales Seminar organisiert worden, an dem die bedeutendsten Intellektuellen und Künstler Algeriens teilgenommen haben. Um die Macht nicht allzusehr zu provozieren, haben wir es ‚Der kreative Mensch und seine Ausdrucksmöglichkeiten' genannt. In Wirklichkeit war das Thema: ‚Zensur und Selbstzensur'. Unter unserem Schutz haben sich die Leute zwei Tage lang völlig frei ausdrücken können über die politischen, sozialen und kulturellen Probleme des Landes. Hier wurden das Mehrparteiensystem und die Pressefreiheit zum ersten Mal *öffentlich* zur Forderung erhoben. Das war noch geraume Zeit vor den Oktoberereignissen und der Öffnung zum Pluralismus." (Unveröff. Gespräch auf Tonkassette im Dezember 1991, kurz vor den schicksalhaften Parlamentswahlen)[2]

Obwohl die Tunesische Liga für Menschenrechte (LTDH) schon 1977 gegründet wurde und somit die älteste Menschenrechtsorganisation in Afrika und im arabischen Raum ist, besteht zur Zeit für sie eine Verbotsgefahr. Das hängt mit ihren energischen Protesten gegen die bis in jüngste Zeit praktizierten und bekannt gewordenen Folterungen und Todesstrafen gegen Islamisten zusammen. Obwohl die Ligen das islamistische Gesellschaftsprojekt nicht teilen, sondern bekämpfen, wo es mit Gewalt auftritt, bekämpfen sie doch gleichermaßen auch die unverhältnismäßige Gewalt, die der Staat gegen Islamisten einsetzt. Gerade in dieser Strategie, die eine Front quer durch die gesellschaftlichen Kontrahenten zieht, zeigt sich der zivilgesellschaftliche Charakter dieser Menschenrechtsorganisationen.

Auch der Präsident der Tunesischen Liga, der Arzt Mouncef Merzouki, führt den Begriff der „société civile" im Munde. Daß er sie im Gegensatz zu seinem algerischen Kollegen nicht als Realität, sondern als Projekt beschreibt, hängt mit der unterschiedlichen politischen Situation in beiden Ländern zusammen. Die noch optimistische Perspektive Brahimis und die eher pessimistischen Konstatierungen Merzoukis sollten nicht über die Gemeinsamkeiten im Begriff hinwegtäuschen:

„Vor zwei oder drei Monaten habe ich an einer Debatte über die ‚Zivilgesellschaft' teilgenommen. Es gab eine große Banderole im Raum: ‚Das Projekt der Islamisten und die Zivilgesellschaft'. Als ich mir dieses Plakat ansah, fiel mir auf, daß es falsch formuliert war. Es hätte umgekehrt heißen müssen: ‚Das Projekt der Zivilgesellschaft und die Islamisten'. Denn in Wirklichkeit leben wir in einer islamistisch-muslimischen Gesellschaft, und die Zivilgesellschaft ist nur ein Projekt, man kann von ihr nicht als einer Realität sprechen. Worin besteht dieses auf lange Sicht hin angelegte Projekt nun? Es besteht in der Mündigkeit, der Differenzierung und der Autonomie aller gesellschaftlichen Akteure. Es bedeutet, daß die Leute die Möglichkeit haben, für sich selbst verantwortlich zu sein. Der Staat ist nicht mehr für sie verantwortlich, er beherrscht sie auch nicht mehr, sondern wird zu ihrem Diener. Die ‚Zivilgesellschaft' steht also im Gegensatz zum Staat und zu autoritären und totalitären Ideologien. In ihr drückt sich die Differenzierung der Zivilgesellschaft aus, die es lernt, ihre Möglichkeiten und ihre Autonomie auszudrücken; sie organisiert sich selbst. Mit der Zeit wird sie sich immer mehr Macht aneignen über alle möglichen Machtstrukturen der Gesellschaft: die Universität, das Geld, die Polizei, bisherige Staatsfunktionen. Dieser Prozeß der Eroberung von Autonomie wird sehr lang sein. Demokratische Bedingungen sind für ihn die conditio sine qua non. Die Demokratie wird das juristische Mittel sein, auf diesem Weg voranzukommen. Wir sind noch weit von einer Zivilgesellschaft entfernt. Im Moment haben wir autoritäre Staaten in ganz Afrika, in der arabischen Welt. Unsere Gesellschaften sind nicht frei, sondern stehen unter einem Herrschaftssystem, sie sind eingeengt, infantilisiert, kommandiert. Sie sind alles andere als Zivilgesellschaften. Ich glaube aber doch, daß wir sie eines Tages haben werden. Immer mehr Menschen werden ausgebildet, sind also fähig zur Autonomie. Die Leute wollen auch endlich mitwirken an der Gestaltung ihres eigenen Lebens. Das ist eine Entwicklung, die ich für irreversibel halte, wenn sie auch langwierig ist." (Unveröff. Teil eines Gesprächs auf Tonkassette im Oktober 1992 in Tunis anläßlich der Krise zwischen der Liga und der Regierung)

Gramscis Begriff der Zivilgesellschaft

In seiner Analyse moderner parlamentarischer Systeme im Westen unterscheidet Gramsci zwei Ebenen von Überbauten, jene, die man „Zivilgesellschaft" (società civile) nennen kann, d.h. die Gesamtheit von Organismen, die gemeinhin „privat" genannt werden, und jene der „politischen Gesellschaft oder des Staates" (società politica o Stato). Die erstgenannte Ebene entspricht der „hegemonialen" Funktion, die die herrschende Gruppe über die ganze Gesellschaft ausübt, und die andere der Funktion der „direkten Herrschaft" oder des Kommandos, welche sich im Staat und in der „juristischen" Regierung ausdrückt. Diese Funktionen sind in präziser Weise organisierender und verbindender Natur (Gramsci 1983, S. 61f.).

Zur Zivilgesellschaft sind politische und kulturelle Organisationen zu zählen (wie Kirche, Gewerkschaften und Parteien), in die einzutreten eine freie, „private" Entscheidung der Individuen ist.

„Die Presse ist der dynamischste Teil dieser ideologischen Basis, aber nicht der einzige: Alles, was indirekt oder direkt die öffentliche Meinung beeinflußt oder beeinflussen kann, gehört ihr an: die Bibliotheken, die Schulen, die Zirkel und Clubs verschiedener Art bis hin zur Architektur, zur Anlage der Straßen und Straßennamen." (Ebd., S. 96)

Gramsci erkannte schon in den 20er Jahren, daß in den Ländern mit allgemeinem Wahlrecht und bürgerlichen Freiheiten der staatliche Gewaltapparat nicht mehr der vorrangige, tagtäglich zum Einsatz kommende Machtfaktor der herrschenden Klassen war. Er konstatierte im Alltag die Herrschaft der Zivilgesellschaft, welche ohne „Sanktionen und ohne genaue Verpflichtungen wirkt, die aber dennoch einen kollektiven Druck ausübt" (Q, S. 1566). Die Zivilgesellschaft bildet sich im Gefolge der Französischen Revolution heraus. Die Revolution selbst konnte sie aber noch nicht vollenden: Sie setzte weder das allgemeine Wahlrecht noch die allgemeine Assoziationsfreiheit durch. Diese sogenannten „bürgerlichen" oder „zivilen" Freiheiten sind in Europa Errungenschaften des 19. Jahrhunderts, die von den Unterschichten schwer erkämpft wurden und keinesfalls als stabil bezeichnet werden können. Es sind keine natürlichen Attribute des Kapitalismus – sie werden in Krisenmomenten unterdrückt, wie der Faschismus deutlich macht. Doch auch unter liberalen Bedingungen sind die zivilen Freiheiten der Zivilgesellschaft nicht die allein bestimmende Komponente der bürgerlichen Hegemonie:

„Die ‚normale' Ausübung der Hegemonie auf dem klassisch gewordenen Terrain des parlamentarischen Regimes wird von der Kombination der Gewalt und des Konsenses geprägt, die sich unterschiedlich ausgleichen, ohne daß die Gewalt den Konsens zu sehr übersteigt; ja man versucht zu erreichen, daß die Gewalt auf den Konsens der Mehrheit gestützt erscheint, was die sogenannten Organe der öffentlichen Meinung ausdrücken – Zeitungen und Assoziationen –, die deshalb in bestimmten Situationen künstlich vermehrt werden. Zwischen Konsens und Gewalt steht die Korruption und der Betrug." (Q, S. 1636–1638)

Gramsci, der im Gefängnis nicht philologisch exakt arbeiten konnte, verweist im Zusammenhang mit dem Konsensprinzip auf Hegel. Es muß hier aber ausdrücklich darauf aufmerksam gemacht werden, daß er nicht den – um das Privateigentum zentrierten – Begriff des Privaten aus Hegels Konzept der „bürgerlichen Gesellschaft" übernommen hat. Der Sinngehalt von Gramscis Begriff des Privaten ist über die Hegelkritik des jungen Marx zu erschließen, nach der es nicht mehr um die Teilnahme von (in verschiedenem Maße über Privateigentum verfügenden) Ständen am gesellschaftlichen Leben geht, sondern um die Frage, ob „Alle einzeln an der Beratung und Beschließung der allgemeinen Angelegenheiten des Staates teilnehmen sollen" (MEW 1, S. 323).[3] Die kleinste politisch agierende Einheit ist also sowohl bei Marx wie bei Gramsci das Individuum und nicht die Klasse, die ja nur organisiert wirksam werden kann.

Schließlich scheint mir noch wichtig zu betonen, daß in den sich kapitalistisch entwickelnden europäischen Gesellschaften die ersten kulturellen Grundlagen für die Herausbildung moderner Zivilgesellschaften wohl durch jene Formen des Protestantismus gelegt wurden, die die absolute Eigenverantwortlichkeit der Individuen vor Gott und auf Erden behauptet haben. Die zivilgesellschaftliche Strukturierung beginnt also nicht im parlamentarischen Bereich, sondern entsteht bereits früher aus der Wechselwirkung von ökonomischen und ideologisch-religiösen Elementen.

Die Zentrierung der Zivilgesellschaft auf das verantwortliche Individuum bei Gramsci läßt sich auch indirekt dadurch beweisen, daß er zeitlebens gut mit Anarchisten auskam (freilich teilte er nicht ihre Vorstellung von der sofort möglichen Abschaffung des Staates). Die von ihm zwar geleitete, aber weitgehend auf anarchistischer Initiative zustandegekommene Turiner Rätebewegung beruhte auf dem Konzept des mündig entscheidenden einzelnen Proletariers. Es hatte in diesem Sinne bereits zivilgesellschaftliche Qualität und unterschied sich genau darin vom späteren präjudizierten Kollektivismus stalinistischer Prägung.

Hinsichtlich der Frage, wie in einer sogenannten unterentwickelten Gesellschaft eine moderne Zivilgesellschaft entsteht, muß zunächst mit Gramsci konstatiert werden, daß auch vorindustrielle und vorparlamentarische Gesellschaften „embryonale" zivilgesellschaftliche Elemente ausbilden. So seien selbst in den „asiatischen Satrapien" „Elemente öffentlicher Meinung" erforderlich gewesen (Q, S. 914f.). In den unterentwickelten Gesellschaften wie der russischen sah er nicht Fehlen, sondern Unterentwicklung der Zivilgesellschaft, die er „embryonal" (ebd., S. 866) nannte: Im alten Rußland fehlten u.a. „die legale politische Freiheit" und die „religiöse Freiheit" (ebd., S. 1666). Der Staat als Instrument herrschaftlichen Zwangs war allmächtig. Es fehlte aber auch der gesamte Bereich der in West- und Mitteleuropa entstandenen laizistischen Volkskultur, z.B. die Massenzeitschriften mit ihren trivialen Fortsetzungsromanen – Elemente der Zivilgesellschaft –, die für Gramsci ein wesentlicher Faktor der Bewußtseinsbildung der großen Mehrheiten darstellten (heute kämen Rundfunk, Fernsehen usw. als neue Elemente hinzu). Mit ihrer überwiegend affirmativen ideologischen Funktion war die Zivilgesellschaft im Westen zum entscheidenden „Schützengrabensystem" des kapitalistischen Systems geworden. Der ehemals auch in diesen Gesellschaften allmächtige Apparat der täglichen Gewalt sei hinter die Zivilgesellschaft zurückgetreten und werde nur punktuell, gegen marginale Oppositionsgruppen bzw. in schweren Krisen kurzfristig auch einmal gegen die gesamte Gesellschaft aktiv (Gramsci 1983, S. 62).

Die Erkenntnis der historisch sich wandelnden Form und Funktion der Zivilgesellschaft erlaubte es Gramsci, die für MarxistInnen seiner Zeit wesentliche Frage der Übertragungsmöglichkeit der Oktoberrevolution auf andere Gesellschaftsformationen realistisch zu beantworten: Staatsstreichartige Revolutionen könnten im Westen nicht mehr glücken, wie die revolutionären Erhebungen in Ungarn, Deutschland und Norditalien nach dem Ersten Weltkrieg gezeigt hätten. In Ländern, die bereits eine zivilgesellschaftliche Entwicklung durchgemacht hatten, sei eine Verlagerung der Kampftaktik von der staatsstreichartigen Revolution (Bewegungskrieg) zur langwierigen politischen Auseinandersetzung (Stellungskrieg) notwendig, in denen nach und nach die „robuste Kette von Festungen und Kasematten" – die Zivilgesellschaft – eingenommen werden müßte (Q, S. 866). Eingeschränkt werden diese Behauptungen durch die Bemerkung, daß „jeder politische Kampf immer ein militärisches Substrat" habe (ebd., S. 123).

In den „Gefängnisheften" erinnert er sich, daß Lenin „verstanden hatte, daß ein Wechsel notwendig geworden war vom Bewegungskrieg, der 1917 im Osten zum Sieg geführt hatte, zum Stellungskrieg, der die einzige Möglichkeit im Westen war" (Q, S. 866). In der Tat konstatierte Lenin gegen Ende seines Lebens:

„Dort, in den westeuropäischen Ländern, ist es schwieriger, die Revolution zu beginnen, weil sich dort der hohe Stand der Kultur gegen das revolutionäre Proletariat auswirkt und die Arbeiterklasse sich in Kultursklaverei befindet." (LW 27, S. 464)

Und:

„Die Revolution (in Westeuropa, S.K.) kommt nicht so rasch, wie wir erwartet haben ... Ohne Vorbereitung aber die Revolution zu beginnen, in einem Land, in dem der Kapitalismus hoch entwickelt ist und auch dem letzten Menschen demokratische Kultur und Organisiertheit beigebracht hat – wäre falsch, wäre Unsinn." (Ebd., S. 85)

Die Historisierung des Konzepts der Zivilgesellschaft unternimmt Gramsci unter anderem auch in einem Hinweis auf die Situation in den Kolonien, in denen er weiterhin Perspektiven des der Oktoberrevolution verwandten Bewegungskrieges vermutete, weil dort „noch Formen in Kraft sind, die anderswo überwunden und anachronistisch geworden sind" (Q, S. 1567).

Frantz Fanon

Diese von Gramsci und auch von Lenin gewonnenen Erkenntnisse über die Historizität der Zivilgesellschaft lassen sich auf die späteren antikolonialen Kämpfe übertragen. Fanons Analyse scheint direkt daran anzuknüpfen. Durch den vollständigen bzw. teilweisen Ausschluß aus den Bürgerrechten waren die Kolonisierten weder in die parlamentarischen noch in die ideologischen Strukturen der Zivilgesellschaften der Kolonisatoren integriert. Daraus schloß Fanon, daß das Feindbild des Kolonisators für den Kolonisierten deutlicher hervortrete als etwa das Feindbild des Kapitalisten für den modernen westlichen Arbeiter. Und aus der Tatsache, daß zwischen Kolonisator und Kolonisiertem keine Zivilgesellschaft, sondern ein auf der Basis von Gewalt funktionierender Zwangsapparat stand, schlußfolgerte er die notwendige Gewaltsamkeit des antikolonialen Befreiungskampfes:

„Der rechtmäßige und institutionelle Gesprächspartner des Kolonisierten, der Wortführer des Kolonialherren und des Unterdrückungsregimes ist der Gendarm oder der Soldat. In den kapitalistischen Ländern schiebt sich zwischen die Ausgebeuteten und die Macht eine Schar von Predigern und Morallehrern, die für Desorientierung sorgen. Das Unterrichtswesen, gleichgültig, ob weltlich oder religiös, die Ausbildung von moralischen Reflexen, die vom Vater auf den Sohn übertragen werden ..., die allgemein ermunterte Liebe zur Eintracht und zur bürgerlichen Bravheit – all diese geradezu ästhetischen Formen des Respekts vor der etablierten Ordnung schaffen um den Ausgebeuteten eine Atmosphäre der Unterwerfung und Entsagung, welche den Ordnungskräften ihre Arbeit beträchtlich erleichtert. Dagegen sind es in den kolonialen Gebieten der Gendarm und der Soldat, die, ohne jede Vermittlung, durch direktes und ständiges Eingreifen den Kontakt zum Kolonisierten aufrechterhalten und ihm mit Gewehrkolbenschlägen und Napalbomben raten, sich nicht zu rühren. Man sieht, der Agent der Macht benutzt die Sprache der reinen Gewalt. Der Agent erleichtert nicht die Unterdrückung und verschleiert nicht die Herrschaft. Er stellt sie zur Schau, er manifestiert sie mit dem guten Gewissen der Ordnungskräfte. Der Agent trägt die Gewalt in die Häuser und in die Gehirne der Kolonisierten." (Fanon 1969, S. 29)

Hier zeigt sich, daß Fanon keineswegs ein historisch nicht differenzierender Prophet der Gewalt war, als den ihn Teile der Black Panthers, der RAF und der Roten Brigaden gesehen haben. Sein Konzept der Gewalt war ein historisch begründetes: Er sah in ihr die hauptsächliche Bewegungsform der antikolonialen Kämpfe, die sich als „Gegengewalt" zu den kolonialen Herrschaftsformen herausbilden mußte. Die Mobilisierung zum bewaffneten Aufstand war möglich, weil die kolonisierte Bevölkerung nicht in die Logik und in die sozialen Strukturen der Kolonisatoren, d.h. in die Zivilgesellschaft eingebunden war. Erst in der Endphase der Kolonisierung begannen die „Mutterländer" dies als schweren politischen Fehler zu begreifen, den sie durch die Erweiterung der Bildungschancen, schließlich sogar der Bürgerrechte zu begegnen suchten: freilich zu spät. Die Herausbildung einer Zivilgesellschaft der Gleichen und Gleichberechtigten widerspricht dem kolonialen Zweck der Ausbeutung. Sie ist erst nach der Befreiung möglich.

Gramsci sah – Jahrzehnte vor der eigentlichen Entkolonialisierungsphase – in den Kolonien bereits Möglichkeiten und Realitäten von Mischformen des Bewegungs- und Stellungskrieges, nicht zufällig wohl in dicht besiedelten Gebieten wie z.B. Indien. So schreibt er zum Gandhismus: „der Boykott ist Stellungskrieg, die Streiks sind Bewegungskrieg, die illegale Vorbereitung von Waffen und Elementen des Sturmangriffs ist Krieg im Untergrund" (Q, S. 122f.). Das Interesse Gramscis an den Formen des von Gandhi geführten Kampfes enthält zwar den Irrtum, Gandhi selbst eine Strategie der gemischten Kampfformen zu unterstellen, ist aber gleichwohl richtig, insoweit der antikoloniale Kampf Indiens durch diese Mischung von zivilem und bewaffnetem Protest geführt wurde (was der Film von Richard Attenborough trotz seiner Sympathie für den Pazifismus Gandhis auch gezeigt hat).

Vorbereitung der Zivilgesellschaft im Befreiungskrieg

Daß in den antikolonialen Befreiungsbewegungen Waffengewalt eine größere Rolle spielte als in den gesellschaftlichen Auseinandersetzungen innerhalb der modernen parlamentarischen Systeme, will nicht heißen, daß nicht zugleich Kämpfe in den Überbauten stattfanden. Gerade jene teils folkloristischen, teils religiösen Traditionen, die im Zuge der Modernisierung der Industrienationen verloren gegangen, bei den Kolonisierten aber erhalten geblieben waren, stellten für diese von einem bestimmten Moment an eine große Kraft dar, eine Form von ideeller Identität, die um die Gewinnung einer eigenen politisch-ökonomischen Basis kämpfte. Charakteristisch für die Bewegung in den Überbauten ist aber auch ein vom Kampf selbst aufgezwungener dialektischer Prozeß der Modernisierung. Seine Auswirkungen reichen rasch über die jeweiligen Anlässe und Motive hinaus und entwickeln fortan eine Eigendynamik. Solche Vorgänge, die in der Konsequenz zur Formierung zivilgesellschaftlicher Elemente führten, beschrieb Fanon u.a. in seinen Essays über die Frauenverschleierung. Für die islamischen Kulturen ist die Entschleierung der Frauen in der Öffentlichkeit mit all ihren gesellschaftlichen Implikationen der Vorgang par excellence für die Befreiung von Vormundschaft und für die Subjektwerdung sowohl von Frauen als auch von Männern – die sich nicht mehr zu einem anonym bleibenden Wesen, sondern zu einem von anderen Frauen unterscheidbaren weiblichen Individuum bekennen. Dies ist der Effekt, war aber nicht der eigentliche Anstoß für den Beginn der Frauenentschleierung in Algerien. In der Hoffnung, die algerischen Frauen für eine Emanzipation nach europäischem Vorbild zu gewinnen, hatten französische Sozialarbeiter während der 50er Jahre ohne Erfolg gegen den Schleier agitiert. Er blieb Zeichen der arabischen Identität. In einem bestimmten Abschnitt des Befreiungskrieges entschloß sich die FLN, äußerlich europäisierte Araberinnen z.B. für Kundschafteraufgaben einzusetzen. Das konnte natürlich nur getarnt werden, wenn eine größere Anzahl von Frauen den Schleier ablegte. Der Kampf konnte auch verlangen, ihn wieder anzulegen, z.B. um geheime Materialien oder Waffen zu transportieren.

„Der Schleier, abgetan oder dann wieder angelegt, ist funktionalisiert, ist umgewandelt in ein Instrument der Tarnung, in ein Kampfmittel. Der einem Tabu gleichkommende Charakter, den der Schleier in der kolonialen Situation angenommen hatte, verschwindet fast völlig im Laufe des Befreiungskampfes." (Fanon 1986, S. 118)

Die von Fanon nicht mehr beobachtete, durchaus nicht gradlinige Entwicklung des Ent- und Verschleierungsproblems nach der Unabhängigkeit ist eine Art Seismograph für Fort- und Rückschritt in der Gesamtstruktur der Zivilgesellschaft, d.h. für den Grad der Individualisierung von Verantwortung. Darauf weist auch eine Feststellung der marokkanischen Soziologin Fatima Mernissi hin. Nachdem das Recht der Mädchen auf Schulbildung errungen war, hielten die meisten Eltern – zumindest in den Städten – ihre Töchter nicht mehr an, sich zu verschleiern. Da die sexuelle Architektur der Maghrebgesellschaften – mit der Jungfräulichkeit der Braut im Zentrum – aber erhalten blieb, läßt sich diese Erlaubnis zur Entschleierung nicht als Freibrief zur Unmoral interpretieren. Sie war vielmehr die Form eines Vertrauensvorschusses an das junge Mädchen, das nun seine Jungfräulichkeit in Eigenverantwortung nahm (Mernissi 1991, S. 75). Hier liegt der tiefste Grund für die enorme zivilisatorische Symbolik der Entschleierung, aber auch der heute in Gang gekommenen Wiederverschleierung. In der traditionellen islamischen Gesellschaft des Maghreb war die verschleierte Frau immer „das Symbol des Ausgestoßenen, des Passiven, des Marginalisierten, des Untergebenen, desjenigen, der nicht am Wissen und an den Entscheidungen teilhat" (Mernissi 1991, S. 57). Daher betonen die jetzigen maghrebinischen Frauenbewegungen zurecht die Komplementarität zwischen dem drohenden islamistischen Totalitarismus und seiner Forderung nach Frauenverschleierung: Die begonnene Modernisierung – d.h. die noch unvollkommene Individualisierung – soll zurückgenommen werden. Ein Gesellschaftskonzept wird hier vorbereitet, in dem das Einüben individueller und gesellschaftlicher Verantwortung überflüssig wird, weil Entscheidungen nur noch aus der Koraninterpretation der Führer heraus getroffen werden sollen. Die Wiederverschleierung der Frauen maskiert somit auch den geplanten Ausschluß der meisten Männer von der Macht (vgl. 1992).

Mit seinen Essays über die Einbürgerung der modernen Medizin und des Radios bei den AlgerierInnen während des Unabhängigkeitskrieges – zuvor kauften sich auch die Wohlhabenden keinen Apparat – hat Fanon weitere Analysen zu den Voraussetzungen der Zivilgesellschaft geleistet, auf die hier jedoch nicht näher eingegangen werden kann.

Der heutige Kampf zwischen zivilgesellschaftlichen und vormundschaftlichen Strukturen

Ein wesentliches Hindernis für die Ausformung der Zivilgesellschaft war die sich nach der Unabhängigkeit etablierende autoritäre Staatsstruktur (Einparteiensystem, Einheitsgewerkschaft, weitgehende Reglementierung der Presse- und Assoziationsaktivität). Fanon, der als Botschafter der FLN in zentralafrikanischen Staaten die dort installierten Einparteiensysteme kennengelernt hatte, kritisierte diese in seinem ein halbes Jahr vor der algerischen Unabhängigkeit erscheinenden Hauptwerk „Die Verdammten dieser Erde" als Ausdruck der Inkompetenz der nationalen Bourgeoisie. Diese könne die Kolonisatoren nur ersetzen, die eigentlichen Probleme der Gesellschaftsorganisation aber nicht lösen:

„Sie besitzt noch nicht jenes gute Gewissen und jene Ruhe, die allein die wirtschaftliche Macht ... ihr verleihen könnte. Sie schafft einen Staat, der den Bürger nicht beruhigt, sondern ihn beunruhigt. Der Staat, der durch seine Robustheit und gleichzeitig durch seine Zurückhaltung Vertrauen vermitteln, entwaffnen, beruhigen sollte, zwingt sich in spektakulärer Weise auf, stellt sich zur Schau, bedrängt, mißhandelt den Bürger und zeigt ihm auf diese Weise, daß er in permanenter Gefahr ist. Die Einheitspartei ist die moderne Form der bürgerlichen Diktatur ohne Maske, ohne Schminke, skrupellos und zynisch." (Fanon 1969, S. 127)

In den arabischen Ländern sind die zumeist noch sehr autoritären Strukturen des Staates und des Islam aber traditionell verbunden, weshalb die Einführung von Einparteiensystemen zunächst nicht auf großen Widerstand traf und auch für die Zukunft noch nicht ausgeschlossen werden kann. Kollektive Prozesse und Handlungen werden gemeinhin noch nicht als Bündelung individueller Interessen gesehen, sondern unter dem Vorzeichen einer präjudizierten Einheit – dem Erbe des Sakralen. Der libanesische Gelehrte Antoine Moussali meint,

„daß man in allen arabischen Ländern das Denken und auch die ganze Politik auf die Basis des Monos stellt. Es gibt die Einheitspartei, es gibt den Monos im Glauben; man glaubt nur an einen Gott. Es gibt nur einen Gott, es gibt nur einen Leader, es gibt nur eine Form der Gesellschaft ... Das sind, glaube ich, die großen Probleme der Gegenwart: den Pluralismus, die Unterschiedlichkeit der einzelnen zu entdecken, ganz einfach: Demokratie zu lernen" (Moussali 1989).

Der Kampf um eine moderne Zivilgesellschaft muß in den arabischen Ländern also gegen die totalitären Strukturen sowohl des Staates als auch der Religion geführt werden. Dieser Prozeß ist freilich nicht rein politisch, sondern vielmehr an die Herausbildung von modernen Lebensstrukturen gebunden, die den Individuen den Eindruck vermitteln, davon auch wirklich zu profitieren.

Die marokkanische Soziologin Françoise Navez-Bouchanine hat in einer Studie über zivilgesellschaftliche Potenzen in den Wellblechsiedlungen der Vorstädte festgestellt, daß der Wunsch nach Individualisierung nirgendwo deutlicher zum Ausdruck kommt als im allgemeinen Streben nach Wohnungen für Kleinfamilien – ein Wunsch, der in allen politischen und sozialen Milieus besteht. Jeder, der die Möglichkeit hat, strebt aus der Kontrolle der Großfamilie, des Clans heraus (in: El Aoufi 1992, S. 275). Wie ambivalent aber der Effekt eines Modernisierungselements wie die Wohnung für die Kleinfamilie ist – die ja durchgehend alle Gesellschaftsschichten anstreben –, zeigt allein der Hinweis auf die mit familiären Badezimmern verbundene Minderung der sozialen Funktion des maurischen Bades. Es war ein Grundpfeiler der traditionellen Gesellschaftsstruktur – im Frauenbad wurden Bräute gesichtet und Eheschließungen vorentschieden. Fast alle Modernisierungen – wie z.B. auch der Fortfall des Brunnengangs – sind mit gravierenden Einschränkungen der sozialen Aktivität der Frauen verbunden. Dies erklärt teilweise auch die weibliche Anhängerschaft in islamistischen Bewegungen.

Männer profitieren dagegen vielfältig von den Segnungen des Modernismus. Durch Arbeit und zuweilen durch den Besitz eines Automobils, gewinnen sie individuelle Mobilität und soziale Erfahrungen. Die frühere Mobilität der Männer, die die Jagd und den Krieg zum Grunde hatte, war gegenüber dem Herdhüten der Frauen sicher weniger vorteilhaft als die heutige Mobilität. Hier werden also nicht einfach traditionelle Rechte fortgeschrieben, sondern Ungerechtigkeiten neu geschaffen.[4] Der kurz vor der Unabhängigkeit Algeriens verstorbene Fanon sah den Schleier bereits endgültig fallen. Dafür bildeten sich aber die sozialen Voraussetzungen nicht in genügend breitem Maße aus (vgl. Ghoussoub 1989, S. 20). Die Industrialisierung auf der Basis von hochentwickelter Technologie war nicht geeignet, die Arbeitskräftereserven des Landes aufzusaugen, d.h. jedem einzelnen einen Arbeitsplatz zu sichern und damit die Großfamilie ökonomisch aufzubrechen. Die Chancen für Frauen standen und stehen besonders schlecht. Ihr Anteil an der Zahl der Arbeitenden ist seit der Unabhängigkeit gleich geblieben. Paradoxerweise fiel die ehemals ökonomisch aktive Frau auf dem Lande ausgerechnet im Zuge der „sozialistischen" Agrarreform als Arbeitskraft aus. Die Zusicherung von Mindestlöhnen erlaubte es den Männern, die Verstädterung ihrer Frauen durchzusetzen, d.h. ihren Einschluß im Haus. Und für die wenigen unabdingbaren Gänge in die Außenwelt bürgerte sich nun auch in jenen ländlichen Gegenden der Schleier ein, in denen er früher unüblich gewesen war, weil die Frau die Feldarbeit besorgt hatte. Auch Frauen, die einen Arbeitsplatz erobert haben, sind vor dem Würgegriff des Traditionalismus keinesfalls sicher. So berichtete eine junge Arbeiterin aus dem mechanischen Montagewerk für Fernsehapparate und Plattenspieler Sonelec in Sidi Bel Abbes, daß sie sich daran gewöhnen mußte, mitten in der Nacht aufzustehen, um ihrem Bruder zuvorzukommen, der es sich zum Sport gemacht hatte, ihre Handtasche oder gar ihre Kleidungsstücke zu verstecken, damit sie morgens nicht zur Arbeit gehen könne. Ein anderes Mädchen erzählte, daß ihre Eltern getrennt leben und der Vater, obwohl er ihre Mutter und sie in keiner Weise unterstützt, ständig gegen ihr Arbeitsverhältnis protestiert. Der Direktor des Betriebes veranstaltet auf Wunsch Betriebsführungen für besorgte Familienangehörige der Arbeiterinnen, um zu beweisen, daß dort wirklich nur gearbeitet wird.

Die ständige Aggressionsgefahr, der sich arbeitende Frauen ausgesetzt sehen, hat nicht nur moralische Gründe. Obwohl sie in Algerien nur zwischen drei und fünf Prozent der Erwerbstätigen ausmachen, gelten arbeitende Frauen in den Augen vieler Männer als Hauptursache der Männerarbeitslosigkeit – eine Auffassung, die zum populistischen Grundpfeiler der Politik der Islamisten wurde. Der populistische Charakter des Arguments kann nicht stark genug betont werden, denn zugleich versichern sich die Islamisten der Unterstützung von intellektuellen Frauen – besonders an den Universitäten. Sie weisen hier die typische Ambivalenz einer echten Restaurationsbewegung auf. Gerade der Hidjab, der Schleier der Islamistinnen, symbolisiert nicht mehr die ans Haus gekettete Frau, sondern eine Frau, die zumindest während eines Teils ihrer Lebenszeit in der Öffentlichkeit agiert, wenn auch unter Akzeptanz der patriarchalen Hierarchie und Sexualordnung. Das Schwanken zwischen zivilgesellschaftlichen und vormundschaftlichen Normen hatte seinen eklatantesten Ausdruck im Widerspruch zwischen der algerischen Verfassung von 1976 und dem 1984 erlassenen Familiengesetz. Während die Verfassung von der Gleichheit der Rechte und Pflichten von Mann und Frau ausgeht, kennt das Familiengesetz verschiedene Rechte und Pflichten der Geschlechter und legt den Ehemann eindeutig als Vormund seiner Frau fest (vgl. „Code de la famille", Artikel 39). Der Rechtsexperte Nouredine Saadi hebt hervor, daß das Familienrecht nicht nur im Gegensatz zur Verfassung steht, sondern auch zu mehreren internationalen Menschenrechtskonventionen, die Algerien unterschrieben hat und die – laut Verfassung – über dem nationalen Recht stehen (Saadi 1991, S. 29ff.).

Dieser Widerspruch wurde bislang von der Masse der Menschen als wenig bedeutsam empfunden, weil die Verfassung und internationale Verträge als weltliches und das Familienrecht als von Gott gesetztes Recht gelten (Gref 1989, S. 27).

Die algerische Richterin Leila Aslaoui, die nur für eine moderate Reform des Familienrechts eintritt, sagte immerhin: „Ich will keine in Scheiben geschnittene Frau sein: die Frau der Verfassung, die Frau, die arbeitet und die Frau des Familiengesetzes. Ich möchte eine ganze Frau sein." (Zit. nach Saadi 1991, S. 28)

Die heutigen algerischen Frauenbewegungen betrachten jedoch das Familiengesetz von 1984 als erstes großes politisches Zugeständis der FLN-Regierung an die islamistischen Strömungen, auch in den eigenen Reihen. Zunächst hoffte die FLN, sie auf diese Art zu neutralisieren, ihre organisatorische Legitimierung verhindern zu können. Vor und nach den abgebrochenen Parlamentswahlen von 1991, bei denen sich ein überwältigender Sieg der FIS abzeichnete, bereiteten die letzten FLN-Regierungschefs unter dem Deckmantel weiterer Gegnerschaft eine große Koalition vor (Messaoudi 1991). Die demokratischen Parteien nannten die FIS denn auch „le FIS de l' FLN" – den „Sohn der FLN"[5].

Der östliche Nachbar Tunesien hat als einziges islamisches Land die Gleichberechtigung und das Verbot der Polygamie durchgesetzt. Marokko dagegen hat ein dem algerischen sehr ähnliches Familienrecht, die „Moudaouwana". Der erheblich höhere Anteil von Frauen an den Erwerbstätigen in Marokko (etwa 20 Prozent) und die desaströsen Folgen des laxen Scheidungsrechts für die Arbeiterinnen hat bewirkt, daß sich kürzlich der Verband der marokkanischen Unternehmer für eine Reform der Moudaouwana stark gemacht hat. Den Frauenverbänden ist es gelungen, für diese Refom eine Million Unterschriften zu sammeln.

Der Kampf zwischen Traditionalismus und Modernismus findet nicht nur in den Geschlechterbeziehungen, sondern auch zwischen den sozialen Schichten statt. Die eigentlichen Eliten, die sich einen europäischen Lebensstil (großzügiges Wohnen, individuelle Mobilität, d.h. Autos auch für Frauen) leisten können, sind klein. Während in den Unterschichten die Frauenarbeit als entehrend angesehen wird, arbeiten die Frauen in den Oberschichten häufiger – und das nicht aus materiellen Gründen, sondern weil sie das als Möglichkeit erkannt haben, individuelle Welterfahrung zu machen. Voraussetzung ist freilich, daß der männliche Vormund das zugesteht, was für ihn als hohes moralisches Risiko gilt. In den Augen der großen Anzahl Arbeitsloser, insbesondere in der Jugend, sind alle Menschen, die überhaupt Arbeit haben, privilegiert. Aber der mit dem Durchschnittslohn mögliche Lebensstandard liegt dennoch weit unter dem westlichen. Die Wohnungssituation dieser Schicht muß bereits als äußerst prekär bezeichnet werden. Arbeitende Frauen haben hier oft drei bis fünf Kinder, an deren Erziehung die Männer kaum teilnehmen. Selten gelingt es diesen Frauen, durch ihre Arbeit auch wirklich Autonomie und mehr Achtung in der Partnerschaftsbeziehung zu erlangen. Gerade die Grauzone zwischen Modernismus und Traditionalimus – d.h. zwischen neuen, individuellen Ansprüchen und zugleich weiter wirkenden traditionellen Normen – ist häufig der Ort weiblicher Tragödien.

"Der Rache und der Gewalt der patriarchalen Gesellschaft gegenüber sind diese Frauen vollkommen wehrlos und verwundbarer denn je, denn sie haben die Reflexe und Traditionen des Widerstandes, die ihre Mütter beherrschten, verloren ..." (Hakiki-Talahite 1991, S. 133)

Da nie eine Wirtschaftspolitik zur systematischen Verminderung der Arbeitslosigkeit betrieben worden ist, der Maghreb zugleich aber eine Bevölkerungsexplosion erlebt, wuchsen die Schichten, die moderne Lebensformen entwickeln konnten, proportional keineswegs an. Insbesondere blieben immer mehr Jugendliche ohne individuelle Perspektive. Grundsätzlich scheint mir die symbolische Verkettung der Fragen der Gleichberechtigung und der Demokratie, wie sie für Algerien und Marokko jetzt typisch ist, für den ganzen, vom Islamismus bedrohten Maghreb sinnvoll zu sein: Sozialpsychologisch verbirgt sich hinter der geplanten weiteren Entrechtung der Frauen die Festschreibung der Entrechtung aller. Die noch unvollendete und fragile

Demokratieentwicklung des Maghreb ist derzeit in Gefahr, zwischen verschiedenen Typen von Totalitarismus zerrieben zu werden. Es ist kein Zufall, daß das Frauenproblem seit der Demokratisierung in Algerien zum Hauptwahlkampfthema geworden ist, hinter dem sich symbolisch nichts anderes als die zwei Zankäpfel einer auf Souveränität der Individuen zielenden und einer traditionell-kollektivistischen Gesellschaftsstruktur verbirgt. Freilich wurde um das Frauenthema nicht nur dialogisiert und gestritten. Paradoxerweise wurde Frauen seit der Demokratisierung in bislang unbekanntem Ausmaß Opfer von islamistischen Aggressionen in aller Öffentlichkeit – bis hin zum Mord an Aktivistinnen oder einfach an Frauen, die allein, ohne Männer leben. Da der Staat keinerlei Maßnahmen zum Schutz der Frauen – etwa in den StudentInnenheimen – unternahm, vermutet die Präsidentin der „Liga für den Triumph der Frauenrechte", Khalida Messaoudi, daß der physische Terror gegen Frauen auf der Straße nichts anderes sei als die anarchische Fortsetzung des staatlich sanktionierten Terrors, der aus dem Familienrecht heraus möglich ist (Messauodi 1992). Fatiha Hakiki-Talahite meint, daß die Gewalt gegen Frauen vom Staat bewußt in Kauf genommen wird, um ein sozialpsychologisches Ventil zu öffnen. Insofern klagt sie ihn wegen „Unterlassener Hilfeleistung gegenüber Personen in Gefahr" an (Hakiki-Talahite 1991, S. 132).

Vom Befreiungskrieg her ist die gesellschaftliche Legitimation von Gewalt allgemein noch recht groß. Und sie blockiert die Zivilgesellschaft genau dort, wo ihre Entwicklung am meisten herausgefordert wird: in der Frauenfrage.

Für eine Entwicklung der Zivilgesellschaft treten in Algerien nicht nur überzeugte DemokratInnen und die Avantgarde der benachteiligten Frauen ein, sondern auch die meisten der bislang gleichgeschalteten sprachlichen und religiösen Minderheiten. Die FIS hatte keinen Erfolg in der Kabylei, aber auch nicht bei den in der Sahara lebenden Mozabiten, die der Sekte der Ibaditen angehören. Obwohl sich die von ihnen geübte Lebenspraxis von der, die die Islamisten anstreben, durch nichts als einen kleinen Unterschied im Gebetsritus unterscheidet, haben sie bei den Parlamentswahlen unabhängige Kandidaten gewählt. Der Geistliche Brahim Ghaffa:

„Wir wollen weder ein schiitisches Immamat noch ein (von der FIS proklamiertes; S.K.) sunnitisches Kalifat. Der Ibadhismus lehrt Gehorsam gegenüber der Staatsmacht, ohne sich mit ihr zu identifizieren." (Zit. nach: Algérie actualité, v. 30.1.–5.2.1992)

Angesichts der historisch langen Entwicklungszeit und der zweifellosen Fragilität der westlichen Zivilgesellschaften – deren Auflösung in faschistoide Rückfälle nirgends ausgeschlossen scheint – sollte der widerspruchsvolle Weg des Maghreb zur Zivilgesellschaft nicht verwundern. Trotz der zugleich voranschreitenden Tendenz zum islamischen Totalitarismus sind die Potentiale der Zivilgesellschaft nicht zu unterschätzen. Nach dem Sieg der algerischen FIS im ersten Wahlgang sind am 2. Januar 1992 eine halbe Million Menschen fünf Stunden lang „Gegen den Islamismus und für die Demokratie" durch Algier gezogen – es war die größte Demonstration, die das Land seit der Unabhängigkeit erlebt hat. Selbst daß viele Frauen in die islamistischen Bewegungen eingetreten sind bzw. islamistische Frauenassoziationen gegründet haben, deutet Fatima Mernissi als zivilgesellschaftliches Signal. Die Frauen fordern zwar nicht das Recht auf Arbeit oder auf völlige rechtliche Souveränität, sondern das Recht auf gleiche Religionsausübung wie die Männer. Diese war im Gewohnheitsrecht der islamischen Gesellschaften nämlich auf die zweite Lebenshälfte der Frau vertagt worden, in der sie sich weniger um die Kindererziehung zu kümmern brauchte. Wenn man heute viele junge Frauen in die Moscheen gehen sieht, so stellt dies keine Regression, sondern eine echte Eroberung eines winzigen Flecks von Öffentlichkeit dar. FIS-Führer Ali Belhadj wendet sich freilich vehement dagegen, daß die organisierten Islamistinnen auf Meetings zu Worte kommen. Hier werden die engen Grenzen des von den Islamisten zugelassenen Frauenfortschritts sichtbar: Wie im alten Ostblock wird die schon vorhandene zivilgesellschaftliche Potenz hinter verschlossener Tür gehalten.

Anmerkungen

1 Der im Juli 1992 ermordete Interimsstaatschef Mohamed Boudiaf sagte in einem drei Jahre zuvor noch im marokkanischen Exil gegebenen Interview: „Die Zivilgesellschaft muß sich für die Verteidigung der Demokratie organisieren und die Zukunft vorbereiten." Damals schon trat er für eine Auflösung der FLN und für die Installierung eines demokratischen Mehrparteiensystems ein. In: „Algérie actualité", v. 20.–26. Juli 1989, S. 16f. Während seiner Regierungszeit zwischen Januar und Juli 1992 versuchte er in der Tat, die beiden totalitären Parteien auszuschalten: Die FIS wurde verboten und die FLN durch Einstellung der Parteienfinanzierung des Staates entscheidend geschwächt. Unklar ist daher bis heute, von welcher der beiden Gruppierungen das Attentat ausging. Nach Boudiafs Vorstellung sollte den Neuwahlen ein „Rassemblement national", ein Runder Tisch, vorausgehen, an dem die nationalen Probleme noch einmal ohne den Einfluß egoistischer Parteiinteressen von allen Bevölkerungsgruppen diskutiert werden könnten.
2 Daß sich auch algerische Journalisten des weltweiten Kampfes um die „société civile" bewußt sind, zeigt folgende Passage über den Massenexodus von DDR-BürgerInnen im Sommer 1989: „Er drückt mehr aus als die Ablehnung eines Alltags, der nicht schlimmer ist als anderswo. Er ist eine Reaktion der Hoffnungslosigkeit einer scharf eingegrenzten Zivilgesellschaft auf die Kühle, die die politische Klasse dem aus Moskau wehenden reformerischen Wind entgegenbringt." (Benouniche, in: „Algérie actualité", v. 5.–11. Oktober 1989, S. 20)
3 Ich habe an anderer Stelle mehrfach darauf hingewiesen, daß Gramscis Zivilgesellschaft nicht als Übersetzung der „bürgerlichen Gesellschaft" von Hegel oder von Marx gelten kann, da sie nur bestimmte Überbaufunktionen umfaßt. Hegels

Begriff der bürgerlichen Gesellschaft umfaßte auch eine Basisfunktion wie die Arbeit, aber auch einen Überbau wie die Rechtsprechung, die bei Gramsci dem Staat zugeordnet ist. Die „Anatomie der bürgerlichen Gesellschaft" sei „in der politischen Ökonomie zu suchen", heißt es im Vorwort zur „Kritik der politischen Ökonomie" (MEW 13, S. 8f.). Auch der Staatsbegriff von Gramsci läßt sich nicht in Deckungsgleichheit mit Marx bringen. Indem er den Staat als Träger der koerzitiven Herrschaftsfunktionen definiert, schließt Gramsci eher an Lenin an, geht aber doch über diesen hinaus, indem er die faktische Verwobenheit von politischer und ziviler Gesellschaft in den modernen Gesellschaften als konstitutiv hervorhebt.

4 Über die Einschränkung des sozialen Raums der Frauen und die gleichzeitige Erweiterung des öffentlichen Präsenzfeldes der Männer siehe auch: Hakiki-Talahite 1991, S. 137.

5 Fils [fis] heißt auf französisch Sohn.

Literatur

Benouniche, M., Interview in dem Artikel: Valeurs d'octobre, in: Algérie actualité, v. 5.–11. Oktober 1989, S. 10.

EL Aoufi, N. (Hg.), La Société civile au Maroc, Rabat 1992.

Familiengesetz, Code de la famille, in: Revue de presse, Juni-Juli 1984, Nr. 285.

Fanon, F., Sociologie d'une révolution, Paris 1975.

Ders., Die Verdammten dieser Erde, Reinbek 1969.

Ders., Das kolonisierte Ding wird Mensch, Leipzig 1986.

Festschrift der SONELEC zum Internationalen Frauentag 1980.

Gramsci, A., Quaderni del carcere, Turin 1971. Zitiert als Q. (Übersetzung S.K.)

Ders., Marxismus und Kultur, Hamburg 1983.

Gref, M., Frauen in Algerien, Köln 1989.

Ghoussoub, M., Feminismus oder die ewige Männlichkeit – in der arabischen Welt, in: Frauenbewegungen in der Welt II, Argument Sonderband AS 170, Hamburg 1989, S. 13–25.

Hakiki-Talahite, F., Sous le voile ... Les femmes, in: Les Cahiers de l'Orient Nr. 23, Paris, 3/1991, S. 123–142.

Lenin, LW, Bd. 1–40, Berlin 1959–1968.

Marx, K., MEW, Bd. 1–39, Berlin 1963–1971.

Mernissi, F., Chahrazad n'est pas marocaine, Casablanca 1991.

Messaoudi, K., Fatima auf verlorenem Posten. Gespräch mit Sabine Kebir, in: Freitag, Nr. 29 v. 10. Juli 1992, S. 8.

Moussali, A., Gespräch mit Sabine Kebir für den SFB-Kirchenfunk am 15.10.1989.

Saadi, N., La femme et la loi en Algérie, Casablanca 1991.

Verfassung der Demokratischen Volksrepublik Algerien (Auszug), in: Baumann, H., Staatsmacht, Demokratie und Revolution in der DVR Algerien, Berlin 1980, S. 161–179.

Julius Mende

Traditionelle Bildung – Radikale Organisationsreform
Schulpolitische und pädagogische Vorstellungen bei Antonio Gramsci

Wenige marxistische Theoretiker befassen sich mit der Schulpolitik oder mit pädagogischen Fragestellungen, obwohl die Massenwirkung dieser Einrichtungen bedeutsam ist. Erst nach der Machtergreifung in den sogenannten „Sozialistischen Ländern" kam der Schulpolitik entsprechende Bedeutung zu. Alphabetisierungskampagnen gehörten meist zu den ersten volksbildnerischen Aktivitäten, wohl auch um den nunmehr lesefähigen Gesellschaftsmitgliedern umso wirksamer die Propaganda der Revolution vermitteln zu können.

Gramscis Konzeption der Zivilgesellschaft als Ebene des politischen Wirkens zwischen der ökonomischen Grundlage gesellschaftlichen Handelns und der Superstruktur bzw. Überbaustruktur des explizit Politischen erlaubt es, auch das Bildungswesen unter dem Blickwinkel der Hegemoniebildung durch die jeweils Herrschenden, aber auch durch die aufsteigende Arbeiterbewegung zu betrachten. Die Geschichte der Schulpflicht zeigt, daß mit dem Fortschreiten der Industriellen Revolution die schulische Allgemeinbildung zur Bereitstellung von Grundqualifikationen, aber auch zur politischen Indoktrination von den Herrschenden immer mehr vorangetrieben wurde. Heute, im Zeichen der Rationalisierung der Schulen, ist dieser Blickwinkel immer noch relevant; selbst die Diskussion um den Lateinunterricht ist von ungebrochener Aktualität.

Schulorganisation versus Methode

Im Unterschied zu den sogenannten bürgerlichen, reformpädagogischen Bestrebungen der 20er Jahre, wie der psychoanalytisch inspirierten Pädagogik einer Anna Freud, eines August Aichhorn oder gar Bernfelds, andererseits der schon damals existierenden Freien Schulen und der Landerziehungsheime, konzentrierte sich die kommunistische Bewegung, wie auch bei Gramsci deutlich wird, auf schulorganisatorische Maßnahmen, die es den breiten Volksschichten ermöglichen sollten, zu höherer Bildung zu gelangen. Demgegenüber nahmen Fragen der Lernmotivation, der Verbindung von Lernen, Arbeit und Spiel wie überhaupt die kindgemäße Aneignung von Inhalten, eine untergeordnete Bedeutung ein.

Bei Gramsci wird diese Haltung in seinem „Loblied" auf die Bildungswirksamkeit des Latein deutlich, wobei eventuell die besondere Bedeutung dieser Sprache für Italien zu berücksichtigen ist. Insgesamt vermitteln aber seine Auslassungen eine eher konventionell-„bürgerliche" Vorstellung der Aneignung des Bildungsgutes und des Erwerbs von Arbeitstugenden in der Kindheit. Während die Kritiker der traditionellen, gymnasialen Bildung die formalistische Schulung und Disziplinierung an den alten Sprachen auch zu Gramscis Zeit kritisierten, verwies er auf deren hohen Bildungswert:

„Das Studium des Lateinischen und des Griechischen, der Sprachen zusammen mit dem Studium der jeweiligen Literaturen und politischen Geschichte lagen diesem Erziehungskonzept zugrunde. Der Charakter des Erziehungskonzepts war dadurch gegeben, daß diese Kenntnisse nicht für einen unmittelbaren, praktisch-beruflichen Zweck gelernt wurden: den Zweck gab es, aber es war die kulturelle Bildung des Menschen, und man kann nicht leugnen, daß sie ein ‚Zweckgebundenes' ist. Aber das Studium an sich erscheint nicht zweckgebunden. Man lernt nicht Lateinisch oder Griechisch, um diese Sprache zu sprechen, um Kellner zu sein oder Dolmetscher oder was weiß ich. Sie werden gelernt, um die Zivilisation der beiden Völker kennenzulernen, deren Leben als Grundlage der Weltkultur gesetzt wird. Die lateinische oder griechische Sprache lernt man nach Grammatik, ein wenig mechanisch: aber es steckt viel Übertreibung im Vorwurf des mechanischen Charakters und der Trockenheit. Man hat es mit kleinen Jungen zu tun, denen man gewisse Gewohnheiten des Fleißes, der Genauigkeit, der Körperbeherrschung und psychischen Konzentration auf bestimmte Gegenstände beibringen muß. Wäre ein Wissenschaftler von dreißig-vierzig Jahren fähig, sechszehn Stunden hintereinander am Schreibtisch zu sitzen, wenn er als Kind nicht ‚zwangsmäßig', durch ‚mechanischen Zwang' die entsprechenden psycho-physischen Gewohnheiten angenommen hätte?" (Gramsci, S. 540)

In diesen Aussagen spiegelt sich das ganze Dilemma linker Pädagogik. Die Vorstellung der Abrichtung durch Zwang durchzieht als Erbe der bürgerlichen Erziehung auch die Geschichte des Erziehungssystems in den sozialistischen Ländern. Ihr Stammvater ist freilich nicht Gramsci sondern eher Makarenko, der in der UdSSR unter Sonderbedingungen mit verwahrlosten, während des Bürgerkrieges zu Waisen gewordenen Jugendlichen zu tun hatte. Dessen Ideale der Kollektiverziehung, die mit ihren Zwangsmechanismen und paramilitärischen Ritualen bei solchen Jugendlichen noch eine bestimmte Berechtigung gehabt haben mögen, wurden nach der Stabilisierung der jungen Sowjetunion auf das ganze Erziehungswesen übertragen und eifrig exportiert und nachgeahmt.

Reformpädagogen wie z.B. Blonskij, auf den ja die Arbeitsschulkonzeption und die polytechnische Bildung in den sozialistischen Ländern zurückgeht, der aber ähnlich wie Otto Glöckel im „Roten Wien" der Selbsttätigkeit und Eigeninitiative der Lernenden große Bedeutng beimaß, wurden unter Stalin ins „reformistische" Abseits gestellt.

Bei aller Skepsis gegenüber der Abrichtungsschule ist jedoch für mich nicht geklärt, ob an Gramscis Vorstellungen, so traditionalistisch sie auch anmuten mögen, nicht etwas Lebenspraktisches dran ist? Freilich sind sie dann eben in dem Zusammenhang zu sehen, in den sie bei Gramsci gestellt sind – als Methode der Wissenschaftlerproduktion unter gegebenen gesellschaftlichen Verhältnissen. Die Produktion wissenschaftlicher Kader für die industrielle und für die wissenschaftlich-technische Revolution mag mit anderen Methoden als den beschriebenen gar nicht zu gewährleisten sein. Aus reformpädagogischer Betrachtung bedeutet die frühe Abrichtung von Kindern zu im Grunde fremdbestimmter Tätigkeit die logische Fortsetzung entfremdeter Arbeit im Ausbildungssystem bzw. eine Abrichtung auf diese hin. Die meines Wissens bisher ungeklärte Frage ist, ob man Heranwachsende mit anderen Methoden als denen des Drills auf die neuen Anforderungen von Wissenschaft und Technik vorbereiten kann. Die Forderungen heutiger Interessenvertreter der Wirtschaft nach kreativen, selbständigen Mitarbeitern haben am Prinzip der Paukschulen nichts Wesentliches geändert. Der vormalige Präsident der österreichischen Industriellenvereinigung Krejci ist ein begeisterter Verfechter des Lateinunterrichts. Trotzdem wirkt Gramscis „Pragmatismus" angesichts der Tatsache, daß sein Zeitgenosse Otto Glöckel in Wien ein weltweit beachtetes Konzept des Übergangs von der Drillschule zur Lernschule entwickelt hatte, anachronistisch.

Erziehung zur Kreativität

Gramsci war aber aufgrund der Diskussionen über den Bildungswert der alten Sprachen klar, daß diese in der von ihm geforderten Einheitsschule, der gemeinsamen Pflichtschule für alle Kinder aller Bevölkerungsgruppen mindestens bis zum 15. Lebensjahr, nicht zu halten sein würden.

Für die Einheitsschule wünscht Gramsci, der als Sprachwissenschafter natürlich einen besonderen Bezug zu den alten Sprachen hat, Bildungsangebote mit ähnlichem Disziplinierungscharakter:

„Natürlich glaube ich nicht, daß das Lateinische und das Griechische von sich aus wundertätige Eigenschaften haben: ich sage, daß in einem gegebenen Umfeld, in einer gegebenen Kultur, mit einer gegebenen Tradition das so abgestufte Studium jene bestimmten Wirkungen erzielte. Man kann das Lateinische und das Griechische ersetzen, und man wird sie gewinnbringend ersetzen, aber man muß den neuen Stoff, oder die neue Reihe von Stoffen didaktisch anzuordnen wissen, um gleichwertige Ergebnisse der Allgemeinbildung des Menschen vom kleinen Jungen bis zum Alter der Berufswahl zu erzielen. In diesem Zeitraum muß das Studium, oder der größte Teil des Studiums, nicht zweckgebunden sein, also keine unmittelbaren, praktischen, oder allzu unmittelbar vermittelte Zwecke haben: es muß bildend sein, auch wenn ‚instruktiv', das heißt reich an konkreten Begriffen.

In der modernen Schule, scheint mir, vollzieht sich ein Prozeß fortschreitender Degenerierung: die Schule vom berufsgebundenen, das heißt um ein unmittelbares praktisches Interesse besorgten Typ gewinnt die Oberhand über die ‚bildende', nicht unmittelbar zweckgebundene Schule. Das Paradoxeste dabei ist, daß dieser Typ Schule als ‚demokratisch' erscheint und erklärt wird, während sie statt dessen gerade dazu bestimmt ist, die sozialen Unterschiede fortzuführen." (Gramsci, S. 541)

Auffallend ist, daß Gramsci immer nur von der Knabenbildung spricht, wie überhaupt die Geschlechterfrage im seinem Werk, das teilweise so differenziert auf kulturelle Phänomene Bezug nimmt, drastisch unterbelichtet ist. (Vgl. dazu Borek i.d.B.)

Gegenüber der beruflichen Bildung verteidigt er das humanistische Bildungsideal ganz im Sinne Humboldts, der im Gegenzug zur alten Lateinschule und zu den Arbeitsschulen den Jugendlichen den Raum der pädagogischen Provinz, des gewissermaßen zweckfreien Lernens sichern wollte. Gegenüber der alten Paukschule und der einfachen Abrichtung der Kinder zu Gottesfurcht und Arbeitsfleiß in den Industrieschulen gewiß eine emanzipatorische Tat. Zur Zeit Gramscis, in der Zwischenkriegszeit also, war die Diskussion der berufsorientierenden, polytechnischen Bildung bereits voll entfaltet (Blonskij, Kerschensteiner, Glöckel u.a.), zumal sie auf entsprechende Vorstellungen schon bei Marx zurückgreifen konnte.

Von den Reformschulideen der 20er Jahre grenzt sich Gramsci jedenfalls leicht ironisch ab. In einem früheren Text zur Einheitsschule betont er den schöpferischen Charakter der Schulbildung, warnt aber vor Übertreibungen hinsichtlich der Selbsttätigkeit der Lernenden:

„Natürlich müssen sowohl aktive Schule wie kreative Schule richtig verstanden werden: die aktive Schule muß von der romantischen Phase, in der die Elemente des Kampfes gegen die mechanische und jesuitische Schule sich aus Gründen der Opposition und der Polemik krankhaft ausgeweitet haben, zur klassischen Phase wiederfinden, die von den falschen polemischen Elementen befreit ist und die in sich selbst und in den gesteckten Zielen ihre Existenzberechtigung und den Anstoß zum Aufspüren ihrer Formen und Methoden findet." (Gramsci, S. 526f.)

Interessant ist vor diesem Hintergrund, wie sich Gramsci schlußendlich doch für eine Erziehung zur Kreativität ausspricht. Er trennt hier gewissermaßen zwischen Unterstufenerziehung, die zuerst die Arbeitstugenden zu vermitteln hätte, und gymnasialer Oberstufe. Dort sei der Ort selbständigen, kreativen Lernens. Woher nun plötzlich diese kreativen „jungen Männer" kommen, bleibt aber ungeklärt.

Während Gramsci die Grundschule im wesentlichen damit beauftragen möchte, den Kindern „eine gewisse kollektive Disziplin" anzugewöhnen, problematisiert er diese Art von Erziehung für die Oberstufe, insbesondere für das damalige Lyzeum:

„Vom beinah rein rezeptiven Unterricht geht es zur kreativen Schule; von der Schule mit von außen aufgezwungener und kontrollierter Studiendisziplin geht es zur Schule, bei der die (intellektuelle) Selbstdisziplin und moralische Autonomie theoretisch unbegrenzt sind (...) Das Studium der wissenschaftlichen Methode muß am Lyzeum beginnen und darf nicht mehr ein Monopol der Universität sein: das Lyzeum muß bereits ein Grundbestandteil des kreativen und nicht nur rezeptiven Studiums sein (ich mache einen Unterschied zwischen kreativer Schule und aktiver Schule: die ganze Einheitsschule ist aktive Schule, während die kreative Schule eine Phase ist, die Krönung der aktiven Schule)." (Gramsci, S. 526)

Für Gramsci ist also unbestritten, daß die Herausbildung schöpferischer Persönlichkeiten entsprechender Freiräume bedarf. Lediglich in seiner Auffassung von der Heranführung der Kinder an diese Phase der Selbsttätigkeit nimmt er die zeitgenössischen Auffassungen von der früheren Kreativitätsförderung durch Selbsttätigkeit nicht auf, wie sie ja für Italien unter anderen Maria Montessori seit den 20er Jahren entwickelt hat.

Auch das Lehrer-Schüler-Verhältnis definiert Gramsci für die Oberstufe anders:

„So bedeutet kreative Schule nicht Schule von ‚Erfindern und Entdeckern' originaler Tatsachen und Themen im absoluten Sinn, sondern Schule, in der die ‚Rezeption' durch eine spontane und selbständige Anstrengung des Schülers erfolgt und in welcher der Lehrer vor allem eine Funktion der Kontrolle und freundschaftlichen Leitung ausübt, wie es heute an den Universitäten geschieht oder geschehen sollte. Von sich aus, ohne Ratschläge und äußere Anstöße eine Wahrheit entdecken, das ist ‚Kreation', auch wenn die Wahrheit alt ist." (Gramsci, S. 527)

Die Bedeutung der Einheitsschule

So sehr Gramsci bezüglich der didaktischen Konzeption der Grundschule an Merkmalen „guter" bürgerlicher Bildung festhält, so radikal ist er in der Kritik der klassengeteilten Schulorganisation. Analog zu seiner Konzeption der „organischen Intellektuellen", die davon ausgeht, daß jede gesellschaftliche Gruppe ihre Intelligenz hervorbringt, faßt er auch die Schulorganisation strikt klassengeteilt auf:

„Der gesellschaftliche Charakter der Schule ist dadurch gegeben, daß jede gesellschaftliche Schicht einen eigenen Schultyp hat, der dazu bestimmt ist, in jener Schicht eine bestimmte traditionelle Funktion fortzuführen. Wenn man dieses Gewebe zerreißen will, muß man also nicht die Berufsschultypen vermehren und abstufen, sondern einen Einheitstyp von Vorbereitungsschule (Grund- und Mittelstufe) schaffen, der den Jugendlichen bis an die Schwelle der Berufswahl führt und ihn in der Zwischenzeit als Mensch formt, der fähig ist zu denken, zu studieren, zu führen oder die Führenden zu kontrollieren." (Gramsci, S. 542)

Um allen Kindern aller Bevölkerungsgruppen annähernd gleiche Bildungsvoraussetzungen für die weitere Berufsbildung bzw. ein Studium zu geben, schlägt Gramsci die Vereinheitlichung der Grundbildung bis zum 16. Lebensjahr vor. Eines der Hauptprobleme der Einheitsschule, nämlich die unterschiedlichen familiären Voraussetzungen für intellektuelle Tätigkeit, sind ihm dabei voll bewußt:

„Die Grundschulstufe müßte drei bis vier Jahre dauern und dogmatisch (stets in entsprechender Weise) die ersten Elemente der neuen Weltauffassung lehren, im Kampf gegen die vom traditionellen Milieu vermittelte Weltauffassung (Folklore in ihrer ganzen Breite), und außerdem selbstverständlich das grundlegende Rüstzeug der Kultur: Lesen, Schreiben, Rechnen (...) Das Gymnasium könnte auf vier Jahre reduziert werden, und das Lyzeum auf zwei, (...). Wer einwenden mag, daß ein derartiger Schulzyklus wegen seiner Schnelligkeit zu anstrengend sei (...), dem kann man erwidern, daß die Gesamtheit der neuen Organisation in sich die allgemeinen Elemente enthält, deretwegen bereits heute für eine gewisse Anzahl Schüler die gegenwärtige Organisation sogar zu langsam ist. Welches sind diese Elemente? In einer Reihe von Familien vor allem der intellektuellen Klassen finden die Jungen im Familienleben eine Fortsetzung und Ergänzung des schulischen Lebens, sie lernen, wie man sagt, ‚aus der Luft' eine ganze Menge von Kenntnissen und Haltungen, welche die eigentliche schulische Laufbahn erleichtern (...)." (Gramsci, S. 525)

Gramsci betonte in anderem Zusammenhang, daß eben Schule Arbeit sei und wandte sich gegen die Auffassung, wonach für Kinder aus der Arbeiterschaft Lernerleichterungen zu schaffen seien. Neben den anderen bisher diskutierten Fragestellungen ist auch die des Lernniveaus und der Lernanforderungen in Zusammenhang mit der Gesamtschulfrage von ungebrochener Aktualität.

„Der Zugang von breiteren Massen zur Mittelschule hat die Tendenz, die Studiendisziplin zu lockern, ,Vergünstigungen' zu verlangen. Viele glauben sogar, daß die Schwierigkeit künstlich sei, weil sie gewohnt sind, als Arbeit und Anstrengung nur die manuelle Arbeit zu betrachten. Es ist eine komplexe Frage. Gewiß überwindet der Junge einer traditionellen Intellektuellenfamilie leichter den psycho-physischen Anpassungsprozeß: er hat, schon wenn er das erste Mal in die Klasse eintritt, etliche Pluspunkte gegenüber den anderen Schülern, er hat eine schon durch die Familiengewohnheiten erworbene Milieuvertrautheit (...). Deshalb denken viele aus dem ‚Volk', daß es bei der Schwierigkeit des Studiums einen ‚Trick' zu ihrem Schaden gebe; sie sehen den Signore (für viele, vor allem auf dem Land, bedeutet ‚Signore' ‚Intellektueller') mit Gewandtheit und scheinbarer Leichtigkeit die Arbeit tun, die ihre Söhne Tränen und Blut kostet, und denken, es gebe einen ‚Trick'. In einer neuen politischen Situation werden diese Probleme sehr bitter werden, und man wird der Tendenz widerstehen müssen, das leicht zu machen, was es nicht sein kann, ohne entstellt zu werden. Wenn man eine neue Körperschaft von Intellektuellen bis zu den höchsten Spitzen aus einer sozialen Schicht schaffen will, die traditionell nicht die angemessenen psycho-physischen Haltungen entwickelt hat, wird man unerhörte Schwierigkeiten überwinden müssen." (Gramsci, S. 543)

Diese Vorstellung der psycho-physischen Abrichtung durchzieht alle pädagogischen Überlegungen Gramscis. Während die Reformpädagogik, vor allem die psychoanalytisch motivierte, und die sozialdemokratische individualpsychologische (Anna Freud, Berfeld bzw. Glöckel, Spiel u.a.) in der Wiener Schulreform auf die beschriebenen Probleme des Sozialmilieus mit einem Zugehen auf das Kind reagierten und vor allem für Kinder aus nichtintellektuellem Milieu relevante Formen des Arbeitsunterrichts und der Selbsttätigkeit entwickelten, hält Gramsci weitgehend am traditionellen Konzept der humanistischen Lernschule fest. Gleichwohl ist die Tatsache einer notwendigen Lernanstrengung unbestritten. Ähnlich wie die Pädagogen der realsozialistischen Schule hat auch Gramsci die Frage nach Lernmotivation und nach persönlichem Bezug des Kindes zu einem Inhalt kaum beschäftigt bzw. hat er sie erst für eine höhere Altersstufe als relevant empfunden. Gramsci geht von einer Anhäufung relativ gesicherten Bildungsgutes aus, und die Arbeiterklasse hätte, um ihre organischen Intellektuellen zu entwickeln, den Kampf um den Zugang zu diesem Bildungsgut zu führen. Diese Orientierung ist eine wesentliche Dimension des Kampfes um Bildung, andererseits geht dabei die denkbare Spezifik z.B. der politischen Bildung der Intellektuellen der Arbeiterklasse verloren.

Die Rolle der pädagogischen Intelligenz

Wenn die Schule so bedeutsame Aufgaben in der Hervorbringung neuer Intellektueller zu leisten hat, dann versteht sich von selbst, daß der Tätigkeit von LehrerInnen als Angehörigen der Intelligenz eine besondere Bedeutung zukommt. Schließlich vermitteln sie wesentliche Zugänge zur Herausbildung eines wissenschaftlich begründeten Weltbildes:

„(...) der Unterricht ist ein Kampf gegen die Folklore, für eine realistische Auffassung, in der sich zwei Elemente vereinigen: die Auffassung des Naturgesetzes und die der aktiven Teilnahme des Menschen am Leben der Natur, also an ihrer Umwandlung gemäß einem Zweck, der das gesellschaftliche Leben des Menschen ist. Diese Auffassung verschmilzt also in der Arbeit, die auf der objektiven und exakten Erkenntnis der Naturgesetze zur Schaffung der Gesellschaft der Menschen beruht. Die Grunderziehung stützt sich letzten Endes auf den Begriff und die Tatsache der Arbeit, da die gesellschaftliche Ordnung (Gesamtheit der Rechte und Pflichten) durch die Arbeit in die Naturordnung eingefügt ist. Die Vorstellung des Gleichgewichts zwischen Gesellschaftsordnung und Naturordnung auf der Grundlage der Arbeit, der praktischen Tätigkeit des Menschen, schafft die *elementare* Weltsicht, die von jeder Magie und Zauberei befreit ist, und gibt den Anlaß für die Weiterentwicklung zu einer *historischen* Auffassung, *der Bewegung*, von der Welt." (Gramsci, S. 539)

Um ein so entfaltetes materialistisches Weltbild der eigenen Unterrichtstätigkeit zugrunde zu legen, müßten die Lehrenden entsprechend wissenschaftlich und weltanschaulich gebildet werden. Das ist ein Frage der Qualifikation der pädagogischen Intelligenz. In diesem Zusammenhang ist auch bedeutsam, wie Gramsci die fachliche und erzieherische Bildung der LehrerInnen bewertet:

„Es ist nicht vollständig richtig, daß der Unterricht nicht auch Erziehung ist: zu sehr auf dieser Unterscheidung bestanden zu haben, war ein schwerer Fehler, und die Folgen davon wird man sehen. Damit der Unterricht nicht auch Erziehung ist, müßte der Lernende nichts als Passivität sein, was an sich absurd ist, auch wenn es gerade von den eifrigsten Verfechtern des reinen Erziehungskonzepts gegen den bloßen mechanischen Unterricht verneint wird. Die Wahrheit ist, daß die Verknüpfung Unterricht-Erziehung von der lebendigen Arbeit des Lehrers verkörpert wird, insofern die Schule Beschleunigung und Disziplinierung der Bildung des Kindes ist." (Gramsci, S. 539)

Immer wieder betont Gramsci diese Aspekte der Disziplinierung und der Effektivierung im Bildungswesens, möglicherweise vor dem Hintergrund der Erfahrungen – die ja durchklingen – mit der Reformpädagogik. Gerade seine Feststellungen über die Bedeutung der Arbeit im gesellschaflichen Leben legen es nahe, dem Arbeitsunterricht und der Eigentätigkeit der Lernenden und damit der Disziplinierung durch die Sache selbst mehr Bedeutung beizumessen. Der Lernprozeß wird dadurch auch von den Fähigkeiten der Lehrenden relativ unabhängiger, weil die sachliche Aufgabenstellung die SchülerInnen gewissermaßen in die Arbeit hineinzieht. Den Lehrenden würde es obliegen, die entsprechenden Arbeitsangebote und Rahmenbedingungen bereitzustellen bzw. zu sichern. Daß Gramsci hier von einer Konzeption eines gesicherten Bildungsgutes ausgeht, wird in den folgenden Passagen neuerlich deutlich:

„Wenn der Lehrkörper mangelhaft ist, wird sein Werk noch mangelhafter sein, wenn man von ihm mehr Erziehung verlangt: er wird eine rhetorische, keine ernsthafte Schule betreiben. Das sieht man noch besser in der Mittelschule bei den Fächern Literatur und Philosophie. Früher verließen die Schüler die Schule wenigstens mit einem bestimmten Gepäck an konkreten historischen Kenntnissen: heute, da der Lehrer ein Philosoph und ein Ästhet sein müßte, vernachlässigen die Schüler die konkreten Kenntnisse und stopfen sich den Kopf voll mit Wörtern ohne Sinn, die sofort vergessen werden. Der Kampf gegen die alte Schule war richtig, aber es handelte sich eher um eine Frage von Menschen als von Programmen. In Wirklichkeit kann es einem mittelmäßigen Lehrer gelingen zu erreichen, daß die Schüler *unterrichteter* sind, es wird ihm nie gelingen zu erreichen, daß sie auch gebildeter sind: den *mechanischen* Teil der Schule wird er sorgfältig und gewissenhaft ausführen, und der Schüler wird, wenn er ein aktiver Kopf ist, selbständig das ‚Gepäck' ordnen. Mit den neuen Lehrplänen, die mit einem Absinken des Niveaus des Lehrkörpers zusammenfallen, wird es kein ‚Gepäck' geben, und es wird nichts zu ordnen sein. Die neuen Lehrpläne hätten die Prüfungen vollständig abschaffen sollen: jetzt eine Prüfung abzulegen muß außerordentlich mehr ein ‚Hasardspiel' sein als früher. Wohl oder übel bleibt eine Jahreszahl immer eine Jahreszahl, welcher Lehrer auch immer prüft, und eine Definition bleibt stets eine Definition. Aber eine Ansicht, eine ästhetische oder philosophische Analyse?" (Gramsci, S. 539)

Nach diesem Loblied auf die Lernschule folgen Gramscis Erörterungen über den Bildungswert des Lateinunterrichts, auf die ich mich eingangs bezogen habe. Es zeigt sich somit, daß es in diesen Überlegungen Gramscis nicht so sehr um den Sprachunterricht geht, als um eine bestimmte, reproduktive Auffassung des Lernens, aber auch um eine bestimmte Auffassung von der Intelligenz als LehrerIn des Volkes, wobei der Bezug der Intellektuellen zur konkreten Arbeitstätigkeit der Bevölkerung keinen hohen Stellenwert einnimmt. Mit der Kurzformel, daß eigentlich jeder irgendwo Intellektueller sei, wird die reale Differenz zwischen Intelligenz und werktätiger Bevölkerung eliminiert, ähnlich wie die Anforderungen an die neue Schule letztlich an den Kindern der Intelligenz Maß nehmen und den Arbeitern erklärt wird, daß Lernen eben mit Anstrengung verbunden sei.

Abweichend von dieser Grundhaltung formuliert er den Zusammenhang zwischen geistiger und körperlicher Tätigkeit wie folgt – wobei auch hier, wie in seinem Lernkonzept generell, eine bestimmte mechanistische Auffassung von Tätigkeit zugrundeliegt:

„Die Unterscheidung der intellektuellen Kategorien von den anderen bezieht sich auf die gesellschaftliche Funktion, auf die berufliche Tätigkeit, berücksichtigt also das größte Gewicht, das bei der beruflichen Tätigkeit mehr auf der Beanspruchung des Gehirns als auf der der Muskeln (der Nerven) liegt. Aber schon dieses Verhältnis ist nicht immer gleich, daher verschiedene Grade intellektueller Tätigkeit. Man muß außerdem einräumen, daß man in jedem Beruf eine gewisse intellektuelle Tätigkeit nie ausschließen kann, und schließlich, daß jeder Mensch, außerhalb seines Berufes, eine gewisse intellektuelle Tätigkeit entfaltet, ein Philosoph ist, teilhat an einer Weltauffassung und daher dazu beiträgt, sie zu erhalten, sie zu modifizieren, das heißt neue Auffassungen zu schaffen. Es handelt sich daher darum, diese Tätigkeit, die immer einen bestimmten Entwicklungsgrad hat, weiterzuentwickeln, indem man (ihr) Verhältnis zur Muskelkraft in ein neues Gleichgewicht überführt." (Gramsci, S. 528)

Gramsci betont auch an anderer Stelle, daß für ihn eine sich ausschließende Trennung von geistiger und körperlicher Arbeit nicht vorstellbar ist: „Es gibt in jeglicher körperlichen Arbeit, auch der mechanischsten und entwürdigendsten, ein Minimum an schöpferischer intellektueller Tätigkeit." (Gramsci, S. 515) Ausgehend von dieser Feststellung konstatiert Gramsci die Fähigkeit jedes Menschen zu intellektueller Tätigkeit. Aufgrund der gesellschaftlichen Arbeitsteilung existiert aber eine nach Funktionen und Berufsgruppen geteilte, mit der Modernisierung wachsende Gruppe von Intellektuellen unterschiedlicher Funktion. Wesentliche Zuordnungen entstehen durch die Tätigkeit in der Produktion bzw. in den ihr vorgelagerten Bereichen, im Staatsapparat und – zunehmend bedeutsam – im zivilgesellschaftlichen Bereich, in Verbänden, Parteien, der Kirche und im Publikations- und Pressewesen. Die Lehrtätigkeit ist meist eine Staatsfunktion mit ähnlichen Aufgabenstellungen wie das Publikationswesen, was die Weitergabe von Information betrifft.

Insofern ist sie dem Inhalt nach eher dem zivilgesellschaftlichen Bereich zugeordnet als z.B. die Funktion des Offiziers beim Militär oder bei der Polizei, obwohl es hinsichtlich der Disziplinierungstätigkeit durchaus Ähnlichkeiten gibt. Jedenfalls gehört die Tätigkeit der pädagogischen Intelligenz zu den hegemoniesichernden gesellschaftlichen Aufgaben und ist nur sehr vermittelt über vorberufliche und berufliche Qualifikation auf die Produktion bezogen. Gramsci faßt die unterschiedlichen Funktionen der Intelligenzgruppen folgendermaßen zusammen:

„(...) die Beziehung zwischen den Intellektuellen und der Produktion ist nicht unmittelbar, wie das bei den gesellschaftlichen Hauptgruppen der Fall ist, sondern ist vermittelt, und sie ist vermittelt durch zwei Typen gesellschaftlicher Organisation: a.) durch die Zivilgesellschaft, d.h. durch die Gesamtheit privater Organisationen der Gesellschaft, b.) durch den Staat. Die Intellektuellen haben eine Funktion bei der ‚Hegemonie', welche die herrschende Gruppe in der ganzen Gesellschaft ausübt, und bei der ‚Herrschaft' über sie, die sich im Staat verkörpert, und diese Funktion ist eben ‚organisierend' oder verbindend: die Intellektuellen haben die Funktion, die gesellschaftliche Hegemonie einer Gruppe und ihre staatliche Herrschaft zu organisieren, das heißt, den durch das Prestige der Funktion in der Produktionssphäre gegebenen Konsens und den Zwangsapparat für diejenigen Gruppen, die weder aktiv noch passiv ‚zustimmen', (...)." (Gramsci, S. 515)

Gramsci skizziert dann eine Abstufung von Bedeutungen der Intellektuellen: von den Vorarbeitern in der Fabrik, den Ingenieuren, den Pfarrern, den Lehrern bis zu Wissenschaftern und Philosophen. Er differenziert weiter zwischen den ländlichen Intellektuellen mit ihrem hohen Ansehen und den vielen relativ bedeutungslosen Gruppierungen der städtischen Intelligenz.

Diese Differenz trifft für den Lehrberuf auch zu. Selbst in unseren Tagen sind LehrerInnen am Lande noch wichtige Personen, während sie in der Stadt eher zur „lächerlichen Intelligenz" zählen.

Ein Teil der LehrerInnen rekrutiert sich aus der traditionellen Intelligenz, da „Lehrer" ein traditionell bürgerlicher Beruf ist und vielfach über viele Generationen gepflegt wird. Viele LehrerInnen kommen aber auch aus bäuerlichem und Arbeitermilieu. Insofern möchte ich Gramscis Betrachtung erweitern. Der Lehrberuf ist ein klassischer Aufsteigerberuf mit allen Merkmalen sozialer Aufsteiger. Diese tendieren dazu, ihren Aufstieg überzubewerten, genießen ihre Herrschaftsfunktion in besonderem Maße und, das ist durch Untersuchungen belegt, errichten gerade gegenüber jenen, die einen ähnlichen Weg des Aufstiegs nehmen wollen, besondere Barrieren.

Lehrtätigkeit ist somit in doppeltem Maße in die ideologische Herrschaftsausübung und Hegemoniesicherung eingebunden. Einerseits sind die Lehrenden Angehörige der Intelligenz und vertreten auch außerhalb des

Berufes entsprechend häufig die herrschenden Ideologien, andererseits produzieren sie selbst die nachwachsende Intelligenz. So betrachtet könnte man Schule als Einbahnstraße der Herrschaftssicherung betrachten, deren vorrangige Funktion die Anpassung an die bestehenden Verhältnisse ist. Doch hier wird der Doppelcharakter der Bildung deutlich, der auch Gramscis Betrachtungen durchzieht. Die vermittelten Kulturtechniken und Inhalte der Geschichte, Philosophie und auch der Naturwissenschaften können unter bestimmten Bedingungen auch gegen die herrschenden Interessen wirksam werden. Diesen Kampf um die Köpfe gilt es zu führen. Höhere Bildung erlaubt auch die gesellschaftlichen Mechanismen besser zu durchschauen, und es ist eine der vornehmsten Aufgaben der kritischen PädagogInnen, diese allseitige Enthüllung der auch sie selbst unterjochenden Verhältnisse bei den ihnen anvertrauten Jugendlichen voranzutreiben, sei es auch um den Preis des Konflikts mit den sie in Dienst nehmenden herrschenden Gruppen.

Anmerkungen

Alle Zitate aus der deutschsprachigen Werkausgabe der „Gefängnishefte", Band 3, Berlin 1992.

Peter Jirak

Food-Power und Entmündigung

„*Es träumte jemand, er habe im Hintern einen Mund, darin große schöne Zähne, spreche durch ihn, esse durch ihn und bediene sich seiner für alle Betätigungen, die sonst dem Mund zukommen.*"
(Artemidor von Daldis, Traumbuch, 2. Jhdt. n. Chr.)

Jedermann weiß, daß der *Mythos der Verdauung*[1] zwischen Mund und After zirkuliert. Die wenigsten indes scheinen zu wissen, wer wo und wann spricht. Den einen knurrt der Magen, den anderen summt der Kopf. Aber es ist immer die Sprache des Bedürfnisses, die Abhängigkeit und Vormundschaft signifiziert. Die politische Gewalt der herrschenden Klasse, so impotent sie auch in vielem ist, hat ihre Macht total und strategisch gut getarnt, über Sache und Versächlichung etabliert. Nirgends läßt sich dies besser an als im Territorium der Alimentation. Wer in der Archäologie des Geschmacks fündig werden will, muß hier graben.[2]

Seit es Herrschaft des Menschen über den Menschen gibt, die sich immer über Naturbeherrschung etabliert und als Artefakt chamälionisiert, läßt sich Food-Power am Gestus des Gebens und am Habitus des Empfangens ablesen. Die Herrschenden monopolisieren ein unabdingbar wichtiges, lebensnotwendiges Mittel, z.B. das Salz, und für die Gabe an die Bedürftigen verlangen sie Abgaben. Der kapitalistische Patriarch läßt sich sehr einfach – auch im kompliziert erscheinenden bürokratischen Zusammenhang von Machtausübung – als Gebertäter identifizieren: der segnende Papst, der Hostien verteilende Pope, der ein Todesurteil unterschreibende Präsident usw. Der habituell Empfangende zeigt sich knieend, mit geöffnetem Mund – er hat ja Hunger – und mit geschlossenen Augen – er fürchtet sich. Mit der Einverleibung dessen, was der Herrschende gibt, beginnt der Mythos der Verdauung. Dieser ist entweder profan oder sakral, Bedürfnisbefriedigung oder Kommunion.

Im Verlauf der Zeit, der ein sich beschleunigender ist, dauert der natürliche Prozeß der Verdauung zu lang, jedenfalls für die Brötchengeber. Sie wünschen sich, daß Mund und After kurzgeschlossen werden. Weitgehends haben sie sich diesen Wunsch erfüllen können. Dies geschah analog zur Entfernungsverringerung zwischen den verschiedenen Orten der Produktion und jenen der Konsumtion. Beschleunigung ist nur dort möglich, wo Gewinn (Profit und Extraprofit) sich über den Abbau von Distanz etablieren kann.[3] Da der Raum ein Naturphänomen ist, die Zeit aber nicht, läßt sich Naturvernichtung durch Enträumlichung am deutlichsten dort erkennen, wo Zeitlosigkeit[4] herrscht. Und dies vorab im Alimentationsprozeß.[5]

Food-Power und Entmündigung

Bevor wir in den Diskurs der Alimentation einsteigen, zwei historische Beispiele für Food-Power:
- Indien war, vor der Eroberung durch Großbritannien, ein reiches Land. Nach der allmählichen Inbesitznahme des ganzen Kontinents durch ökonomische, politische und militärische Gewalt erließen die Engländer Gesetze, die das indische Textilhandwerk, den Schiffbau, das Metall-, Glas- und Papierhandwerk ruinierten. Sie verboten die Ausfuhr von Stoffen, während sie die zollfreie Einfuhr von britischen Textilien durchsetzten. Durch das koloniale Steuersystem wurden die mit England konkurrierenden indischen Wirtschaftszweige weitgehend ausgeschaltet. Brutale Steuereintreiber erpreßten das Volk. Die Blutsauger aber entfachten dort die Revolte, wo sie es am wenigsten erwartet hätten: Die Salzsteuer betrug 2.400 Prozent. Nur noch den Wohlhabenden war es möglich, ihre Speisen zu salzen. Jeder weiß, daß das Salz für Menschen und Tiere lebensnotwendig ist. Wie Gandhi den siegreichen Kampf gegen die Unterdrücker und Ausbeuter über das Salz organisierte, ist allgemein bekannt.

Lange bevor die Bush-Administration zum Wüstensturm blies, um sich in Kuweit die Ressourcen des größten Erdgasvorkommens der Welt zu sichern, tobten Handelskriege, die die Welt erschütterten – unlesbar für diejenigen, welche die Geschichte immer erst post festum, d.h. aus dem Fernsehen erfahren.

- Als McDonald's seine erste italienische Buletten-Dependance an der Spanischen Treppe in Rom eröffnete, war ein langer Handelskrieg zwischen den USA und Italien längst geschlagen: Bekanntlich besitzen die Amerikaner das Weltmonopol auf Weizen. Die meisten Teigwaren, die Italiens Grundnahrungsmittel darstellen und zur kulturellen Identität der Nation gehören, werden aus Hartweizen fabriziert. Der beste gedieh in den Abruzzen. Nach dem Zweiten Weltkrieg bauten italienische Bauern über fünfzig Sorten an. Ihnen entspricht eine ungeheure Vielfalt an Teigsorten und an Kondimentierungen;[6] beides macht den wahren Reichtum eines Volkes aus: die Artenvielfalt[7] und die Mannigfaltigkeit der Zubereitung. Die Amerikaner verboten die Einfuhr von italienischen Teigwaren so lange, bis die Italiener sich verpflichteten, ausschließlich amerikanischen Weizen zu kaufen. Dieser wird nun durch die Simulationsmaschine der Nahrungsmittelkonzerne gejagt und erhält dort den Touch der Pasta von einst. Im Erscheinungsbild der Alltagsernährung gibt es noch immer Hunderte von Pasta-Arten, aber sie schmecken überall gleich schal. Es gelang der Allianz von Weizenmonopolisten und Nahrungsmittelkonzernen, wieder ein Stück mehr Gleichheit[8] in der Welt zu etablieren: immer weniger Lust; immer mehr Konditionierung. Vor diesem Hintergrund wird verständlich, warum die Römer den ersten McDonald's eine Woche lang mit Spaghetti zudeckten – eine des Herrn

Christo durchaus würdige Aktion. Mittlerweile fressen viele Italiener doch den grausigen Hamburger statt der heimischen Pasta. Mittlerweile saufen sie in den Städten Bier aus deutsch bestimmten Konzernen, und der heimische Wein überflutet die Kellereien. Viele Weinbauern müssen aufgeben, und die italienischen Hausfrauen, die noch tapfer ihren Teig selbst kneten und aufbereiten, wissen bald nicht mehr, wo sie ihr Hartweizenmehl bekommen können. In Italien ißt die überwiegende Mehrheit der Bewohner zu Hause im Familienverband.[9] Wenn sie dereinst in den McDonald's-Buden ihren Hamburger verzehren, wird auch diese Sozialstruktur vernichtet sein.

Ist Gegenwehr möglich? Soll sie dauerhaft auf Entmächtigung der Machthaber ausgerichtet sein? Muß die Revolte das revolutionäre Ziel überschreiten? Dieses bleibt immer die Abschaffung der Herrschaft des Menschen über den Menschen und somit über die Natur.[10] Das ist ohne Zweifel eine sehr schwere Aufgabe. Die Geschichte lehrt, daß kaum ein Herrschaftsgestus je sich von dem ihm vorausgegangenen zu emanzipieren verstanden hat. Tito lebte vom Augenblick der Machtetablierung an wie ein Feudalherr – *bourgeois regrediént*. Stalin rekapitulierte zaristische Umgangsformen aus der Zeit des selig-schrecklichen Iwan. Hitlers Herrschaftsgestus indes stammt aus der Klamotte des kleinbürgerlichen Mißverständnisses von Genie.

Die kelto-ligurische Population baute auf ihren *fasce*[11] ihre Getreidesorten an. Solange die Feudalen herrschten, die Doria, de Cipolla, de Carretto usw., mußten die Bauern die geringen Erträge des kargen Bodens an diese abliefern. Dafür bekamen sie – als Entgeltung für ihre eigene Arbeit – das gebackene Brot aus dem Ofen des Lords. Aber auch dafür mußten sie noch einmal bezahlen; und sie bezahlten mit ertragreicheren Gütern, z.B. mit Olivenöl. Kein Bauer durfte sein von ihm produziertes Getreide ernten. Kein Bauer durfte das von ihm produzierte und an den Brotherrn abgeführte Getreide selbst backen. Backöfen waren in seinem Haus verboten. Der Herr hatte das Monopol auf das Getreide, auf seine Verarbeitung (Silo, Backofen, Technologie) und auf die Verteilung des Gutes an die Bedürftigen. Aber das Volk wußte sich zu helfen. Es entwickelte den *testu*, ein Gerät, das die fast nicht zu identifizierende Zubereitung des Brotes im Heizkamin gestattete. Freilich war das Getreide, woraus es das Brot backen mußte, eine „Spät- oder Nachlese": Was nach der Ernte auf den Äckern übrig geblieben war, mußte klammheimlich eingeheimst werden. Manche sagen, daß Spreu gesünder sei als der Weizen. Das ist ohne Zweifel zynisch, aber auf eine Weise haben sie so unrecht nicht: Die blank weiße Hostie in den Kirchen ist von nur geringem Kalorienwert; indes hat sie einen hohen Anteil am symbolischen Charakter von Herrschaft. Derart spaltet sich alles, was ursprünglich scheint, in ein quasi natürliches Nahrungsmittel und in ein symbolisch vermummtes Lebensmittel.

Food-Power und Entmündigung

Der Unterschied zwischen Nahrungs- und Lebensmittel, Bedürfnis und Leidenschaft, Food-Power und Entmündigung rekurriert nicht auf ein Herr-Knecht-Verhältnis, er basiert grundlegend auf der Differenz von sakral und profan. Was die Theologie aller Religionen dereinst über das Heilige (das Ganze) gedacht hat, über seine Einverleibung und Transformation, das ist im Denken der Gegenwart nicht mehr präsent. Unabhängig davon, wie die bürgerliche Philosophie und ihre Kritik des *eschaton*[12] der Universalgeschichte aufzuheben gedachte, bleibt die Tatsache bestehen:
- daß die Natur, vom bedürftigen menschlichen Leib angeeignet, sich im Mythos der Verdauung nicht erschöpft;
- daß das Bedürfnis in der Massendemokratie des Westens ein Relikt und eine Reliquie der Sklavenhaltergesellschaft ist.

Die bedürftigen Massen, die entmündigte Mehrheit der Gesellschaft ist nach wie vor leibeigen, insbesondere in ihrer Abhängigkeit von Nahrungsmittelkonzernen und deren Propaganda.[13] Der Widerspruch zwischen scheinhafter Emanzipation und tatsächlicher Abhängigkeit vermindert sich keineswegs dadurch, daß sich der Fortschritt im Kapitalismus über den Leibverlust manifestiert. Der Leib des Arbeiters – dieses Stück Natur und dieser historische Träger von Selbstbewußtsein und Selbstverwirklichungsanspruch – ist dem Kapitalisten ein Dorn im Auge. Wo er ihn nicht an die Megamaschine ankoppeln oder subsumieren kann – als mechanisierter Körper – im Produktions- bzw. im Konsumtionsbereich, wird er abgekoppelt und der exterritorialisierten Natur, also der Verwesung überantwortet. Nirgends zeigt sich dies deutlicher als in der Verweigerung der Bush-Administration, die Konvention von Rio[14] zu unterschreiben.

Die Biodiversität (Artenvielfalt) ist für die amerikanischen Hegemonisten nichts als die ausbeutbare Keimplasmaressource der tropischen und subtropischen Umwelt. Die US-Industries wollen sich den Zugriff auf die genetischen Schätze der Natur – als Exklusivrecht – erhalten, d.h. sie stützen ihren Hegemonieanspruch auf totale, d.h. universelle Naturbeherrschung:[15] Die tierische und pflanzliche Artenvielfalt garantiert scheinbar eine unerschöpfliche Kombination lebender Materie im Labor. So wird in amerikanischen Samenbanken gehortet, was sich als Biopatentierung verwerten läßt. Die Amerikaner lehnen es sogar ab, an jene Länder Tantiemen zu bezahlen, die als Hüter der Biodiversität weltweit Verantwortung tragen. Für sie ist Biotechnologie die Industrie der Zukunft. Von ihr erwarten sich die Wirtschaftsstrategen einen der elektronischen Industrie ähnlichen Boom. High-tech-Food soll die Food-Power der Amerikaner befestigen, ihre Hegemonie untermauern und der Agrikultur, d.h. der seit der neolithischen Revolution existierenden vernacularen[16] Welt den Garaus machen. Zugleich nimmt der Welthunger sprunghaft zu.[17]

Die amerikanischen Hegemoniebestrebungen rütteln an den Grundlagen der Welternährung. Ihre Monopolisierung des Saatgutmarktes, das bewußt

eingesetzte Artensterben, die Normierung und Standardisierung der genetischen Vielfalt, der gezielte Einsatz der Nahrungsmittelüberschüsse als Waffe gegen die sozialen und politischen Revolutionen der Dritten Welt – dies alles ist eine Schädigung der Menschheit und der Natur von bisher in der Geschichte noch nie vorhandenem Ausmaß. Die USA-Monopolisten und -Apologeten, -Vasallen und -Nachäffer sind seit Rio isolierter auf der Welt als während des Vietnamkrieges. Dennoch müssen wir noch Schlimmeres erwarten. Die US-amerikanische Food-Power-Strategie verfolgt Entwicklungspläne, die die Welt in einige Brötchengeber und Milliarden Entmündigte verwandeln soll. Wenn die Rechnung aufgeht, werden einige Monopolherren über die ganze Welt Macht ausüben, eine Schreckensherrschaft, die in ihrer umgezähmten Willkür jeden historischen Faschismus in den Schatten stellen könnte. Aus welchen Elementen setzt sich das Machtkalkül der US-Food-Power-Strategie zusammen?
- Aus dem Saatgutmonopol;
- aus dem Genetik-Markt (Patentmonopol);
- aus der Biotechnologie (führende Rolle der Biowissenschaften);
- aus der Ausplünderung der Dritten Welt an Keimplasma (globaler Zugriff).

Über allem steht der fundamentale Grundsatz: Je mehr Gene gehortet werden können, desto mehr Sorten lassen sich im Labor kombinieren. So werden immer neue Möglichkeiten der Kontrolle über den Nahrungsmittelsektor geschaffen – das Ganze wird als Fortschritt propagiert.[18] Innerhalb der letzten zwanzig Jahre wurden 1.000 Saatgutfirmen von einer neuen Generation internationaler biochemischer Konzerne aufgekauft oder fusioniert. Aber:

„Trotz unglaublicher Fortschritte in Gentechnik und Pflanzenzucht hat der moderne Mensch nur wenige – oder gar keine – der bedeutenden Nahrungspflanzen kultiviert. Was wir heute essen, verdanken wir unseren namenlosen Vorfahren und einem Prozeß, der in der Jungsteinzeit, lange bevor es schriftliche Zeugnisse gab, begonnen hat. Es ist ein Prozeß, an dem auch heute noch viele ungenannte Naturvölker mitwirken – der lange Prozeß der Kultivierung von Pflanzen." (Mooney/Fowler 1991, S. 34)[19]

Grundsätzlich kann der Mensch nichts Neues schaffen; er kann bloß – durch Trennen oder Verbinden – das, was die Natur vorgibt, kombinieren. Darin besteht alle Kunst. Sie ist immer Kombinatorik. Der kollektive Charakter der Menschheit entfaltete sich in zwölftausend Jahren *agricultura*. Aber das ist mehr als nur Landwirtschaft, das ist auch Poesie, das ist Homer, das ist Ovid, das ist Goethe.[20] Der Mensch kann, durch technische Reproduktion von Kombinationsmodellen – die Gentechnologie macht nichts anderes – Machtkontrollen etablieren, die immer größere Zentralisierungen gestatten, denen immer weitere Marginalisierungen entsprechen. Das ist nichts

Neues. Die Ägypter lagerten in ihren Pyramiden Getreide und hielten es dort keimfähig. Die Römer verwüsteten die großgriechische Kultur in Sizilien, um dort die Monokultur ihres Getreideanbaus zu etablieren, die das riesige Heer zu ernähren hatte. Die Sowjets bedeckten vierzig Millionen Hektar ihres Bodens mit einer einzigen Getreidesorte. Als es 1971 eine Mißernte des Besostaja-Weizens gab, war das der Anfang vom Ende des Sowjetimperiums. Freilich müssen verschiedene Faktoren zusammenspielen, um hegemoniale Weltmacht zu gestatten oder zu verunmöglichen. Monopolistische Herrschaft ist Zentralgewalt über die Arbeit, über die Lebensmittel, über den Raum (Dromokratie) und über die Zeit (Taylorismus). Hier interessiert Food-Power vor allem die Differenz von Lebens- und Nahrungsmittel, als der praktisch wirkende Unterschied von „Natur" als Lebensmöglichkeit und Technik als die vermehrte Nahrung der Kapitalinteressen.

Luft und Wasser gelten als Lebens- und nicht als Nahrungsmittel, weil sie die Natur gibt, während die Nahrung durch menschliche Arbeit entsteht. Diese Unterscheidung zwischen Lebens- und Nahrungsmittel, zwischen Natur und Technik, schwindet schnell, sobald die natürliche Nahrung des Organismus, Luft und Wasser, keine Selbstverständlichkeit mehr ist. Die technische Reproduktion, die sich auf Macht gründet und nicht auf Glück, hat die Grundlagen des Lebens bedrohlich verändert, daß heute jede Form von Leben angegriffen ist. Daraus entsteht eine neue Legitimität der Weltrevolution und zugleich eine neue Kritik der gesamten Entfremdungsgeschichte des Menschen. Diejenigen, die sich voll Abscheu von der Weltgeschichte abwenden, haben das Nichts gewählt. Diejenigen, die nicht willentlich nein sagen, sind schlimmer: Sie verwesen in der Nacht, in der alle Katzen grau sind. Aber solange Masse noch Macht ist, haben sie die gefährliche Gewalt der sich auflösenden Materialität und der sich auflösenden Gesellschaft an sich – *caduta massi*! Wenden wir eine Unterscheidung, die Walter Benjamin für seine Literaturkritik gewählt hat, auf den Diskurs der Alimentation an, so finden wir in den Nahrungsmitteln das Kriterium des Sachgehalts und in den Lebensmitteln dasjenige des Wahrheitsgehalts. Diese Unterscheidung von Sachgehalt und Wahrheitsgehalt ist eine erste, kritische. Sie ist ein Kind des mechanistischen Weltbildes, dazu da, entgültig aufgehoben zu werden.

„Wenn es früher erlaubt war, den Menschen in Beziehung auf seine Wärmeerzeugung und mechanische Kraftproduktion mit einem geheizten Ofen zu vergleichen, wobei man die Nahrungsstoffe als Heizmaterial bezeichnete, so genügt als Vergleichsobjekt ... kaum mehr eine jener kompliziertesten kalorischen Maschinen, auf welche sich die moderne Technik ... soviel zugute tut." (Ranke 1894)

Rankes medizinische Anthropologie wurde vor hundert Jahren herausgegeben. Damals war die kalorische Maschine das, was heute der elektronisch gesteuerten Atommaschine entspräche. Im Grunde hat sich nichts geändert. Das mechanistische Weltsystem ist noch immer das dominante. Ranke setzt seinen Alimentationsdiskurs kritisch fort:

„Es ist ein dynamischer, aus sich annähernd ausgleichenden Auf- und Abwärtsschwankungen kombinierter Gleichgewichtszustand, in welchem der lebende Körper des Menschen mit den äußeren Lebensbedingungen steht. Das scheinbare Gleichgewicht des Organismus ... verdeckt ... den ununterbrochen fortgehenden Wechsel ... Reguliert wird das auf dieses dynamische Gleichgewicht ... basierte Getriebe des menschlichen Organismus von den Organen des Körpers selbst, im letzten Grunde von den Zellen ... Die Gesamttätigkeit des Organismus ist ... eine Summe, welche sich aus den Einzeltätigkeiten der den Organismus aufbauenden Zellen zusammensetzt. Die einzelnen Zellen und Organe stehen im Gesamtorganismus im Verhältnis einer wechselseitigen Abhängigkeit. Indem sich ihre Tätigkeiten gegenseitig regulieren, entsteht das wunderbare dynamische Gleichgewicht des Gesamtkörpers und aller seiner Teile. Keine Zelle unseres Körpers kann die Intensität ihrer Lebenstätigkeiten verändern, ohne dadurch auch die Lebensäußerungen und die denselben zugrunde liegenden physikalischen und chemischen Vorgänge zunächst in den Nachbarzellen entsprechend umzugestalten. Und da alle Zellen durch die Vermittlung des Nervensystems und des Säftekreislaufs untereinander ... verknüpft sind, so sehen wir Veränderungen in den einzelnen Zellen und Organen sofort Veränderungen in dem Gesamtverhalten des Organismus veranlassen, welche regulatorische Einrichtungen in entsprechende Tätigkeit versetzen." (Ranke 1894)

Was ist die Realität des menschlichen Leibes? Daß das, was er verausgabt, wieder durch Vereinnahmung ersetzt werden muß – sagen die physiokratischen Physiologen. Die Wahrheit des menschlichen Leibes indes ist seine Lustfähigkeit. Die Freude der universellen Bewegung empfindet der Mensch als Geist, aber nicht das Freischwebende des Weltgeistes als Lust.

Das wundersame dynamische Gleichgewicht des Leibes

Mit der Trennung des Weltleibes in Sachgehalt und Wahrheitsgehalt, eine Reflexion auf die Geteiltheit der erscheinenden Wirklichkeit in mechanische Körperlichkeit und organische Leiblichkeit, setzte die Bourgeoisie einen unerreichten Höhepunkt in der Entfremdungsgeschichte des Menschen. Das Verhältnis des Ganzen zu seinen Teilen war immer durch ein System vermittelt: im Mittelalter durch die *summa* des Thomas von Aquin, im deutschen Idealismus durch Hegels System der Wissenschaften, im Kapitalismus durch das Kapital und durch die Kritik des Kapitals. In einem kritischen Diskurs der Alimentation, der die Differenz von Grundstoff und Zusatz, Nährwert und Genußwert einer Speise aufzuheben trachtet, ist die vermittelnde Mitte zwischen Nahrungsmittel und Lebensmitte die Lust. Der Begriff der Lust kontrastiert auf das schärfste dem Begriff des Bedürfnisses.²¹ Dieser setzt den Menschen als entmündigtes Mängelwesen voraus – als Sklaven seiner Bedürfnisse und als vom Kapitaleigner abhängige Arbeitskraft.

„Was Tätigkeit des lebendigen Arbeiters war, wird Tätigkeit der Maschine. So tritt dem Arbeiter grob-sinnlich die Aneignung der Arbeit durch das Kapital, das Kapital als die lebendige Arbeit in sich absorbierend – ‚als hätt' es Lieb im Leibe' – gegenüber." (Marx, Grundrisse)

Das Profitinteresse des Kapitals erzeugt den Geschmack, indem es ihn als Differenz simuliert. Das wundersame dynamische Gleichgewicht des Leibes ist Teil des Mythos der Verdauung. Der Leib ist überhaupt der Gegenstand des Mythos. Nach fünfhundert Jahren Leibverlust kommt der Leib wieder zur Geltung – als die Überwindung der Entfremdungsgeschichte durch praktische Mythologie. Einige Autoren der Gegenwart sprechen dies aus (Klossowski, Bataille, N.O. Brown), aber in romantischer Hinsicht, d.h. auf die Geschichte als Entfremdung bezogen.

Consumatum est: Die Bedrohung der natürlichen und künstlerischen Vielfalt durch die Einfalt des Profitinteresses.

Die Macht der Nahrungsmittelkonzerne entmündigt die Menschheit und die Natur: Beide „Substanzen" sind „Sprache", aber sie sprechen nicht mehr miteinander. Wenn hier von Entmündigung die Rede ist, dann nicht nur im metaphorischen Sinn. Wie ein Kind oder ein Greis werden Natur und Mensch, sofern sie nicht Food-Power oder Man-Power im Prozeß der Kapitalverwertung sind, marginalisiert. Darüber hinaus hat der Kapitalismus – und das ist fast noch schlimmer – alle „natürlichen" Verhältnisse pervertiert: Der Mund wurde zum ewig schreienden, bedürftigen, immer infantil abhängigen Anus, die totale Konsumption als unstillbare Gier – und der Anus wurde zum Verkünder der „Weltwahrheiten". Alles, was in der telematischen Gesellschaft ausgeschieden wird, ist Kot. Der affirmative Gestus der Vergnügungsindustrie vergoldet ihn.

Zwischen dem aufgeklärten, ernährungsbewußten Konsumenten und dem bedenkenlosen Massenverzehrer bestehen graduelle Unterschiede der Bildung, der Klassenzugehörigkeit und des Lebensstandards. Sie verschwinden fast völlig angesichts der allgemeinen Bewußtlosigkeit einer Tatsache gegenüber, die die Herkunft der Lebensmittel zusehends verschleiert.²² Desgleichen ist auch der Unterschied zwischen Nahrungs- und Lebensmittel aus dem Alltagsbewußtsein verschwunden. Über den Geschäften, wo seinerzeit die Menschen sich mit den Gütern der Agrikultur versorgten, stand das schöne Wort LEBENSMITTEL. Heute sind die Greißlereien, wo man vom Stockfisch bis zum Schuh alles kaufen konnte, den Supermärkten gewichen, die alles anbieten, was der Mensch scheinbar zum Leben braucht. Hier wird durch die Masse von Waren ein Leben simuliert, das sich bedenkenlos der Illusion eines Reichtums hingibt, der im Grunde eine große

Armut ist. Eine Welt, die ihre Lebensmittel vergiftet und statt der Güter der Natur und des menschlichen Witzes technologisch hergestellte Massenware auf den Markt wirft, die ausschließlich Tauschwertcharakter haben, ist elend. Dort herrschen nur noch die Profitinteressen über das Leben. Der Profitterror und die Konsumneurose sind die radikalste Sozialpathologie, die es je gegeben hat.

Trotz eines steigenden Ernährungsbewußtseins wissen heute nur wenige Menschen, daß die Nahrung fürs tägliche Leben nur noch zu sehr geringem Teil von den Bauernhöfen kommt und in sehr naher Zukunft, sollten sich die hegemonialen Tendenzen der amerikanischen Machtelite durchsetzen, der Bauer, die Agrikultur und die gehegte Natur der Vergangenheit angehören werden. Die Konsequenzen einer permanenten „grünen Revolution" sind weder durchdacht noch publik gemacht worden. Wenigen ist bewußt, daß die permanente „grüne Revolution" der permanenten roten Revolution antagonistisch kontrastiert: die Welternährung, Food-Power, ist der Angelpunkt der Weltpolitik.

Jedermann weiß, daß die Produktion von Nahrungs-/Lebensmitteln, die eine Einheit aus Genuß und Nahrung sein könnte, heute, d.h. eigentlich seit es Massenproduktion gibt, unter der Dominanz des Profits und der technologischen Relevanz (Logistik, Design, Research, Planning) steht. Jedermann weiß auch, daß die entwickelten Produktivkräfte durchaus die Basis böten, Genuß und gesundes Leben für alle zu garantieren. Warum ist das nicht so?

Die heute dominierende Produktionsweise wurde lange Zeit dadurch gerechtfertigt, sie trage für die Lösung des Welthungers und für die Versorgung aller reichen Länder mit hohen Standards Sorge. Es ist nun tatsächlich und auch unbestritten so, daß der Kapitalismus eine ungeheure Menge an Überschüssen erzeugen kann, die für ein Leben aller in Luxus die Voraussetzung sind, er vermag sie aber nicht kreativ zu verwerten: Einerseits müssen diese Überschüsse produktiv konsumiert werden, andererseits werden sie maßlos vergeudet. Die unproduktive Verausgabung eines Festes ist den Sinnenfeinden aller restriktiven Glaubenskirchen fremd. Die Sinnenfeindlichkeit war ja von Anfang an ein Grund des ungeheuren Erfolgs der „protestantischen Ethik" zum unaufhaltsamen Aufstieg dieses Weltsystems. Zu diesen bekannten historischen Momenten tritt eine neue Komponente hinzu, die das gesamte System desavouiert: Der Welthunger. Die Profitgier und das Machtstreben der Kapitalinteressen erzeugten weltweit Katastrophen; nicht nur die bereits bekannten und überall diskutierten wie das Ozonloch oder die Klimaänderung. Sie erzeugt den Hunger der Armen und den Hunger der Reichen im Überfluß, zunächst im peripheren Sektor, in der Dritten Welt und schließlich auch im Zentrum. Ich rede nicht von der Marginalisierung großer Teile der eigenen Bevölkerung, deren Pauperisierung und Kriminalisierung wir ja seit dem Holocaust an den Indianern kennen, ich rede von der systematischen Vernichtung von Lebensmittelressourcen durch Food-Power, d.h. durch die Monopolisierung der Bauelemente des Lebens selbst.

Warum unterschreibt die Bush-Administration die Konvention von Rio nicht? Um diese Frage zu beantworten, müssen wir uns den Genhaushalt und die Saatgutpolitik der Monopole ansehen. Desgleichen die Politik der Wettermacher.

Die genetische Vielfalt der Natur ist die Basis sowohl der gesellschaftlichen Reproduktion wie der kulturellen Kreation. Sie ist das biologische Fundament der Lebensmittelerzeugung und die Matrix, nach der die kulturelle Mannigfaltigkeit der Gemeinschaft, im besonderen die bäuerliche Dorfgemeinschaft, seit der neolithischen Revolution agiert. Sie ist auch die Grundlage aller landwirtschaftlichen Produktion so lange, bis die technologische Erzeugung von Nahrung ganz auf die Produktionseinheit Bauernhof und auf die natürlichen Reifeprozesse verzichten kann.

Das Reservoir an genetischen Ressourcen, dessen wir für jede Pflanzenzucht bedürfen und das dabei zerstört wird, läßt sich durch Genmanipulation nicht wieder restaurieren. Ein Großteil der einstigen Vielfalt ist heute schon für immer verloren. Dieser Verlust betrifft die Grundlagen der Welternährung.

Durch die Monopolisierung des Saatgutmarktes wurden die Vielfalt der Arten, die Mannigfaltigkeit der Erzeugung und die Lebensstile des Konsums auf einen erschreckend eindimensionalen Nenner gebracht. Das Artensterben wird – so läßt sich leicht zeigen – auch vor der Spezies Mensch nicht Halt machen. Vielmehr war der Mensch, seit es Kolonialismus und Akkumulation gibt, immer mitbetroffen.

Die Veränderung der Agrikultur zur Landwirtschaft hat eine lange Geschichte; die Varietät der Landsorten wurde zugunsten gleichförmiger Kultursorten beschnitten oder eliminiert. Wir verfolgen einen immer schnelleren Verfall des harmonischen Verhältnisses von materiellem und kulturellem Metabolismus, dessen oberster Nenner immer die Intaktheit, ja Integrität der Natur in ihrem Doppelaspekt (Mensch/Mitwelt) ist. Verfahren wird hier gleichermaßen mit Natur- wie mit Kulturphänomenen und politischen Formationen: Was nicht integriert werden kann, wird marginalisiert oder vernichtet.

Die Nahrungsmittelproduktion ist ein Leitsektor im Hegemoniestreben des hochindustrialisierten und technisierten Westens. Ein ungeheures Know-how hat ihm die grüne Revolution ermöglicht: Hochertragssorten sichern die materielle Basis seiner Vormachtstellung. Ein Netz aus Forschungsinstituten, Unternehmensinteressen und philantropischen Absichten steht unter dem Begriff des politischen hegemonialen Handelns, das indes mehr Probleme für die Welt erzeugt als gelöst hat.

„Zwischen den vierziger und sechziger Jahren wurden in Mexico und auf den Philippinen internationale Pflanzenzuchtinstitute mit dem Ziel ins Leben gerufen, das Nahrungsangebot so schnell und so direkt wie möglich zu steigern. Die Hochertragssorten, die dort in der Folge entwickelt wurden, versprachen eine grüne Revolution in den unruhigen und von Hunger geplagten Ländern der Dritten Welt. Während aber das humanitäre Ziel, die Hungrigen satt zu machen, auf der Hand liegt, verdankte die grüne Revolution ihre Schubkraft dem Wunsch, Revolutionen einer anderen Farbe vorzubeugen. (...) ‚Das Hauptproblem in dem Ringen, Süd- und Südostasien von kommunistischer Herrschaft freizuhalten, ist der Lebensstandard der dort beheimateten Völker. Der Kampf des Ostens gegen den Westen ist in Asien zum Teil ein Wettlauf um die Nahrungsproduktion, und der Reis ist deren Symbol und Substanz.' (John King; Foreign Affairs). Eng verknüpft mit dem Ziel, die politische Opposition auf dem Lande ruhig zu stellen, war die Notwendigkeit, die ländlichen Gebiete für Handel und Entwicklung zu erschließen." (Mooney/Fowler 1991)

Die großen Epidemien der 70er Jahre (Maisbrand/Mißernte in der Ukraine) haben das Nord-Süd-Gefälle verstärkt, wobei zu beachten ist, daß der reiche Norden vom armen Süden genetisch abhängig ist: Der Norden produziert in Überfülle Getreide, ist aber genetisch arm durch Ausdünnung der Artenvielfalt; das Füllhorn genetischer Vielfalt findet sich vor allem in den tropischen Breiten. Bisher haben die Monopolisten kostenlos und zumeist ohne Wissen der ausgebeuteten Ressourcenträger profitiert. Heute wollen die Bewohner dieser Regionen wenigstens ein Äquivalent für die gegenwärtige und zukünftige Ausbeutung; aber nicht einmal das will ihnen Bush gewähren.

Seit der Mitte der 70er Jahre sind in Europa drei Viertel der traditionellen Gemüsesorten vom Aussterben bedroht. Die grüne Revolution hat zwar die quantitative Versorgung der Welt mit Nahrungsmitteln verbessert, aber gleichzeitig die ungeheure Erosion der genetischen Basis beschleunigt.

Verschleiert wird allemal, daß der Direkt-Input von Keimplasma aus der Dritten Welt die Erträge der Produktion im Norden ungemein steigerte: 1970 betrug die Steigerungsrate in der Produktion des nordamerikanischen Sommerweizens 25 Prozent. 1983 bereits die Hälfte. Nach dem OECD-Befund rauben die Monopole Weizengene für 500 Millionen Dollar jährlich aus dem Süden. Der Anteil an Keimplasma aus der Dritten Welt ist mittlerweile mit über zwei Milliarden Dollar pro Jahr an den Erlösen der US-amerikanischen Weizen-, Reis- und Maisproduktion beteiligt.

Das Schicksal aller Lebensformen hängt von ihrer Fähigkeit ab, sich zu verändern. Das gesellschaftliche Leben bezieht sich immer auf zweierlei: einerseits auf die Vielfalt der Natur, andererseits auf die Mannigfaltigkeit der geschichtlich hervorgebrachten Formen. Die Balance ist ein jeweils schwierig zu erzeugendes Äquilibrium von Individuellem und Kollektivem. Durch die Subsumtion aller möglichen Verhältnisse unter die Vorherrschaft des Äquivalents wird die Artenvielfalt der Natur und die historisch entstandene Mannigfaltigkeit der Kultur differenzlos gestrichen. Die Welt wird eindimensional.

„Es entstand eine Mentalität der reinen Linie, die Überzeugung, daß Variation schlecht und Einförmigkeit gut sei, ja daß Abarten auf dem Feld ... unmoralisch seien ... Niemand schien auf den Gedanken zu kommen, daß eine bewußte Mischung von Kultursorten eine Alternative zur Reinlinienkultur sein könnte." (O.C.S.63)

In der industriellen Produktion von Nahrungsmitteln spielt die Natur nur eine störende Rolle. Es ist nicht natürlich, wenn riesige Flächen von einer einzigen Pflanze, von einer einzigen Variante dieser Pflanze bedeckt werden. Als sich der Ackerbau in der Antike durchsetzte und entfaltete, entstand ein labiles Gleichgewicht zwischen Pflanzen, Parasiten und Krankheiten. Primitive Varietäten, die Landsorten, wiesen ein großes Spektrum an genetischer Variation auf. Freilich schlugen auch damals Schädlinge und Krankheiten zu, aber ihre Angriffe wurden durch die Vielfalt und Stärke der Abwehrmechanismen gebremst. Die Pflanzen hatten in jahrtausendelanger Anpassung ökologische Barrieren entwickelt: Kulturen wurden zwar geschädigt, aber nicht vernichtet.

Indessen führten und führen der extensive Anbau von Hochertragssorten, die monokulturelle Bepflanzung von riesigen Flächen und die politisch-ökonomisch gezielt eingesetzte Bebauung des Landes mit Nahrungsmitteln für die Lohnarbeiter und Lebensmittel für die kaufkräftigeren Schichten zu Hungersnöten, Emigration, Veränderung der Lebensstile und schließlich zur bio-technischen Alimentation der Weltbevölkerung. Zur Entmündigung immer größerer Teile der Weltbevölkerung – und diese reicht vom Verhungern bis zur Hamburger-Pille. In Irland befiel die Phythophtora infestans – eine Art Cholera – die Kartoffel, die Nahrung der Armen, die für das reiche England Weizen produzierten, zum Großteil als Landarbeiter und kleine Pächter. Zwei Drittel der eigenen Weizenerträge wurden exportiert, ein Drittel verzehrte die irische Oberschicht, die Armen verhungerten (1–2 Millionen), ebensoviele emigrierten nach Amerika.

In den 70er Jahren des 18. Jahrhunderts vernichtete der Rostpilz die gesamte Kaffee-Industrie Ceylons, Indiens, Ostasiens und zum Teil Afrikas – England wurde eine Nation von Teetrinkern. In den 90er Jahren veränderten Baumwollepidemien die Textilindustrie der Welt; 1904 traf die Weizen-Rostepidemie die US-Wirtschaft schwer. Eine erste gezielte Maßnahme war die Entwicklung von Krankheitsresistenz.

Resistenzen benötigt man in jedem Fall, und man fand sie in den Zentren der Vielfalt, bei Landrassen, die der Homogenisierung entgangen waren, oder bei wilden Verwandten der jeweiligen Fruchtarten. Mit der Züchtung von Resistenzen wurde aber auch die chemische Keule entwickelt.

Das aus wilden Pflanzenarten gewonnene genetische Material hatte den amerikanischen Farmern zwischen 1976 und 1980 einen Mehrerlös von rund

340 Millionen Dollar eingebracht. Das wilde Keimplasma, das aus der Dritten Welt stammt, hat der amerikanischen Volkswirtschaft insgesamt bereits Milliarden Dollar eingebracht. Diese wertbildenden Substanzen erhielten die USA ohne Gegenleistung oder Verminderung der Schuldenlast.

Wie gesagt: Die Biotechnologie zeichnet sich als die Industrie der Zukunft ab. Die biotechnologische Nahrungsmittelproduktion – Food without farms – verspricht den USA eine Umsatzsteigerung von zwei auf 50 Milliarden Dollar.

„The Futurist" prophezeit in der Ausgabe von Januar/Februar 1990 eine neue „grüne Revolution", die nicht nur das Problem des Welthungers, sondern auch die ökologischen Probleme lösen würde. Öko-Diktatur als Basis US-amerikanischer Hegemonie?

Das Leitbild biotechnisch produzierter Nahrung für alle droht zu einem Vexierbild zu mißraten: Die Naturvernichtung durch industrielle Produktion ist heute jedermann einsichtig. Die Wachstumskrise detto: Welthunger und Wirtschaftsrezession. Grenzenloses Wachstum der Weltbevölkerung und der Waren/Dienstleistungen. Profitgier und konsumtive Gefräßigkeit scheinen manische Züge anzunehmen. Die Produktion leidet unter permanentem Wiederholungszwang, und die Vernünftler unter den Kritikern oder Alternativen melden – immer unter den Vorzeichen der Apokalypse – Rekurs an. Was da alles an Reformmöglichkeiten angeboten wird. Klingt ja gut und vernünftig. Small is beautifull. Global denken, regional handeln. Die meisten denken und fühlen, jedenfalls im goldenen Westen, so: Rahmenbedingung – unser so hart erwirtschafteter Wohlstand soll uns erhalten bleiben, aber die innerhalb dieses Rahmens kaputten Landschaftsteile müssen saniert werden. Denen stehen etwas großherzigere Menschen gegenüber: „Wir haben", so sagen sie zurecht, „die Dritte Welt seit 500 Jahren ausgebeutet, jetzt müssen wir uns nach dem Rahmen der Armen Welt richten und uns ihnen anpassen (Erklärung von Bern)." Das ist alles liebenswert, vernünftig und auch nur allzumenschlich.

Die meisten vergessen, daß es nur noch eine Weltbedingung gibt, die die Welt ausschließlich bedingt: das Verhältnis von Monopolkapital und Arbeit, von Alimentationsmonopol und Welthunger. Der Hiatus ist das alte Entweder-Oder, Weltrevolution oder Weltuntergang. Viel schlimmer ist die Eskamotierung von Weltherrschaft und globaler Versklavung: Food-Power und Entmündigung. Diejenigen, welche die Weltlage aus der Konsumtion analysieren und daraus Schlüsse der Veränderung ziehen, auch eine gewisse Praxis meinen, perpetuieren den alten Illusionismus. Letzten Endes bleiben sie dem Phänomen der Mode unterworfen (oder dem Tod, was manchmal dasselbe ist).

„Die Mode schreibt das Ritual vor, nach dem der Fetisch Ware verehrt sein will ... Die Mode hat die Witterung für das Aktuelle, wo immer es sich im Dickicht des Einst bewegt. Sie ist der Tigersprung ins Vergangene. Nur findet er in einer Arena statt, in der die herrschende Klasse kommandiert. Derselbe Sprung unter dem freien Himmel der Geschichte ist der dialektische, als den Marx die Revolution begriffen hat." (Benjamin, S. 413 und 503)

Alle Formen des Alltagslebens, die unter dieser Attitüde des Modischen sich ständig neu verkleiden – Design-Food, Brain-Food, Slow-Food, Fast-Food – wie auch immer, alle diese Erscheinungsformen sind Erscheinungen des Kapitals selbst und seiner permanenten Not der Veränderung. Diese Dynamik ist ein *élan mortel*.

Uns bleibt zunächst nichts, als die Analyse dieser Bewegung wieder aufzunehmen, jetzt im Aspekt der Alimentation, beginnend mit der Geschmacksanalyse, sie fortsetzend über alle wissenschaftliche Kategorialität – bis hin zum fernen Ziel des höchsten Lustgewinns. Aber mit der Zielsetzung und der Sklavenmentalität halten wir es nicht: „Unser höchstes gemeinsames Ziel sollte das Recht auf Leben und Gesundheit für uns und unsere Nachkommen sein." (Strohm 1979). Das ist selbstverständlich.

Das höchste gemeinsame Ziel aller Menschen ist die lustvolle und freie Lebensgestaltung: Wollust für alle.

„Und deswegen, sagen wir, ist die Lust Anfang und Ende des glücklichen Lebens. Denn diese erkannten wir als erstes und angeborenes Gut, und von ihr gehen wir bei allem Tun und Lassen aus, und auf sie gehen wir zurück, wobei uns dieser Affekt als Richtschnur für die Beurteilung alles Guten dient." (Epikur)

Anmerkungen

1 Nach Ranke-Graves ist der Mythos eine erzählerische Kurzschrift, das Stenogramm also einer vergangenen kultischen Handlung. Gewiß läßt sich der Prozeß der Verdauung physiologisch verstehen, unter der Voraussetzung, daß der menschliche Leib zum chemophysikalischen Körper pervertiert worden ist. So ist es nun auch – seit der Positivismus das Denken und Handeln beherrscht. Die Frage des Lehrers an einen seiner Schüler – „Hast Du den Ovid verdaut?" – hätte nur noch den eindimensionalen Sinn, der sich aus der Analyse des Schülerkotes ergäbe. Da indes die Verdauung nicht nur Stoffwechsel zwischen zwei bedürftigen Naturen ist, sondern der „freie Austausch" zweier souveräner Subjekte mit dem Ziel der Beglückung beider, wird sich die Erbärmlichkeit der Phsiokraten nun endlich herumsprechen. Solange eine Gesellschaftsordnung, wie die bürgerliche, ausschließlich ökonomisch determiniert ist, blockiert dieses Defizit jegliches Begreifen. „Die Verdauung entspricht in der Tat einer Besitzergreifung, deren Eindeutigkeit ohne Parallele dasteht und deren Gewißheit gänzlich unangreifbar ist. Die Verdauung ist der Ursprung der stärksten Form von Realismus, der gierigsten Habsucht. Sie ist wahrhaft die Funktion der animistischen Habsucht. Der ganze Komplex der Körperwahrnehmung liegt dem Mythos des Inneren zugrunde. Diese ‚Verinnerlichung' stützt die Postulierung einer ‚Innenwelt'. Der Realist ist ein Esser." (Gaston Bachelard, Die Bildung des wissenschaftlichen Geistes, Frankfurt/M., S. 251)

2 Wie sich unter jeweils herrschenden politischen Machtverhältnissen Geschmack bildet, ist nach meinem Wissen noch nicht untersucht worden. Soviel jedoch scheint vorab festzustehen: die Ideologie der Machthaber teilt das kollektive Geschmacksempfinden in Sybariten und Spartaner. Für letztere ist die Lust Sünde, während den ersteren die freudige Lebensbejahung in allen alltäglichen Formen des profanen und sakralen Ritus alles bedeutet. Über Geschmacksbildung vollzieht sich die Bildung des Menschengeschlechts überhaupt. Wo sie fehlt, gibt es weder Stil noch Manier. Das Geschmacksurteil ist die Präsenz des Gemeinsinns im kulturellen Diskurs.
3 Hier liegt eine der Radikalen (Wurzeln) der Dromokratie begraben. Wie die Herrschaft über den Raum zur Herrschaft über den Menschen beiträgt, beschreibt Paul Virilio in seinen Arbeiten.
4 Hier heißt Zeitlosigkeit nicht Ewigkeit, sondern Fehlen von Zeit überhaupt. Die herrschaftliche Besetzung des Raumes führt zum Verlust von Sinnlichkeit, d.h. Anschauung, wie die Besetzung der Natur durch technische Reproduktion zum Verlust des organischen Leibes geführt hat. Heute hat kein Mensch Zeit – außer die Marginalisierten, die Stadtstreicher, die Arbeitslosen und die verwesenden Massen der Dritten Welt. Aber sie haben nur Zeit zum Sterben. Den einen ist die Zeit eine Last, den anderen ein Mangel. Zeit ist ein Seinszustand, keine Kategorie des Privateigentums. Da alle Ökonomie darauf hinausläuft, Zeit zu gewinnen, bedeutet der allgemeine Zeitverlust das Versagen der politischen Ökonomie heute schlechthin.
5 Die Verdauung beginnt in der Mundhöhle. Jeder Bissen müßte, um ein gesundes Leben zu garantieren, fünfzig Mal gekaut werden. Wer könnte sich heute dazu noch die Zeit nehmen. Die rasende Beschleunigung aller Lebensprozesse ist heute eine ebenso schlimme Plage wie Aids oder Krebs.
6 In Italien hat jede Art von Teigwaren ihre eigene Zubereitungsart, der wiederum ein entsprechender Zusatz, das Kondiment, entspricht. Soll die Pasta das Kondiment aufsaugen, wird sie mager zubereitet, also ohne Ei und Öl. Ist sie bereits ein Gericht für sich, das nur durch einen Akzent verbessert wird, wie z.B. die piemontesischen Tagliari, dann wird sie aus vielen Eiern, Öl, Mehl und mit weniger Wasser geknetet. Für Nicht-Italiener ist diese Tradition nur schwer begreiflich, denn sie kennen nur drei, vier Nudelgerichte; in Italien kennt man über zweitausend.
7 Der Begriff der Natur geht im Begriff der genetischen Vielfalt nicht auf, aber das Verhältnis von natürlichem Reichtum und kultureller Mannigfaltigkeit hat im Ganzen der unterschiedenen Naturen, Mensch und Mitwelt, ihren fundierenden Grund. Alle Gesellschaftsformationen sind an materiellem Reichtum zugrunde gegangen. Sie haben das dynamische Gleichgewicht zwischen diesen beiden Naturen mißachtet und aus dem Lot gebracht. Dieses dynamische Gleichgewicht ist keine vorgegebene universelle Harmonie, es ist die Fülle der menschlichen Möglichkeiten in ihrem Verhältnis zur Mannigfaltigkeit der Natur.
8 Das Verwerflichste, was die bürgerliche Revolution hervorgebracht hat, ist das Prinzip der Gleichmacherei – dies vor allem unter der exklusiven Ägide des Tauschäquivalents. Im Schoße enthält die Revolution von 1789 bereits die faschistische Gleichschaltung von Masse und Macht: Totalität.
9 Kapitalistische Herrschaft zerstört alle Sozialstrukturen, nicht nur in den Kolonien, sondern auch im Mutterland. Heute stehen dem anarchistischen Terror der mafiotischen Gangs, bürokratisch verbrämt Administration genannt, massenhaft

vereinzelte Individuen entgegen, die ihre Form der Opposition noch nicht gefunden haben.

10 Mit der Herrschaft über die Natur verliert die Dominanz über den Menschen auch ihre Gewalt. Naturverlust ist letztlich uneingestanden Machtverlust. Dies zeigt sich heute z.b. in den irrationalen Verausgabungen der Raumfahrt und der thelematischen Kommunikation. Mit der Naturbeherrschung verliert der Mensch die Herrschaft über den Menschen. Er verliert vollständig seine selbst angemaßte Macht über alles, wovon er sich durch Herrschaftprivilegien zu distingieren versuchte.

11 *Fasca* ist das italienische Wort für Tuch, handtuchbreites Land, Binde. Der politische Begriff Faschismus hat hier seinen natürlichen Ursprung, aber auch im Rutenbündel der römischen Lektoren.

12 *Eschatologie* = Heilslehre, Lehre von den letzten Dingen und vom Ziel der Weltgeschichte. Sie ist letztlich die einzige Methode der Vermittlung, der es gelingt, im Dies, Hier und Jetzt das Ganze und seine Teile zu verbinden, daß der Mensch wieder heil, ganz und glücklich werde.

13 Die ungeheure Macht der Werbung zeigt sich nicht nur in dem Werbeetat eines Food-Power-Monopolisten wie McDonald's, der in diesem Jahr soviel Geld für die Anpreisung seines einfältigen Hamburgers ausgeben kann wie die Staaten Schweiz und Österreich für ihren gesamten Staatshaushalt. Jeder Konsument wirbt freiwillig weiter, indem er sich zum Massenträger des Geschmacksurteils gut pervertiert hat. Desgleichen tragen die Leute die Aufschrift des Produzenten ihrer Kleidung spazieren, als gehörten sie ihm (was zum Teil ja auch stimmt). Sie tragen den Namen Armani wie ein Rindvieh das Brandzeichen des Besitzers.

14 Rio de Janeiro, 3.–14. Juni 1992: Bush weigert sich, trotz gegenteiligen Ratschlags seines Verhandlungsführers William Reilly, Chef einer angesehenen US-Umweltagentur, die Konvention von Rio zu unterschreiben, die ohnehin sehr karg ausgefallen war. Der Schutz des Klimas und der Artenvielfalt wurde dem Arbeitskräftepotential und seiner Verwertbarkeit subsumiert, d.h. Natur als ausbeutbare menschliche Arbeitskraft und Natur als Rohstoffträger wurden indirekt kurz – aus dem wertbildenden Akkumulationsprozeß – ausgeschlossen. Der Faschismus von heute ist die Ökodiktatur der Monopolisten – als Simulationsmaschine.

15 Jeder Herrschaftsanspruch ist Totalität! Er versucht, das Ganze als das Unwahre zu denunzieren.

16 *Vernaculum* = das dem Volk zugehörige Kulturgut. Heute spricht man von Volkskunst, von ruraler Lebensform oder von ethnischen Kulturen. Seit die Stadtkultur über das Land herrscht und das Ländliche zum Barbarischen erklärt hat, ist alles Nicht-Städtische Mülldeponie oder Ressource für die Kapitalakkumulation.

17 Siehe unten – die Ausdehnung des Artensterbens auf die menschliche Spezies.

18 Unlängst reiste ich im Zug von Wien nach München. Im Restaurant saß mir eine magersüchtige Frau gegenüber. Ich schimpfte über den Inter-City-Fraß. Sie sagte, sie hoffe, daß die Menschheit sich bald nur noch von Pillen nähren werde wie der Raumfahrer, dann höre die leidige Beschäftigung mit dem Fressen endlich auf, die soviel Zeit und Geld in Anspruch nehme. So hätte die Menschheit endlich mehr Zeit für ihre Hobbies.

19 Pflanzenhaftes Dasein ist das archetypische Seelenleben.

20 Die Kombinationskunst ist das Wesen der Kunst überhaupt: Poesie ist die schöpferische Einbildungskraft der Natur, wie sie im Menschen zu sich kommt.

21 Vgl. Jirak, P., Erotik und Gourmandise, Ein gastrosophischer Diskurs vom menschlichen Glück, Wien 1991.
22 Die Tatsache des Naturverlustes durch Entsinnlichung entsteht nicht von heute auf morgen. Daß die Alimentation der Menschheit in der Gegenwart technisch und nicht organisch-agrikulturell erfolgt, trifft auf die Organamputation des Menschen selbst, sowohl im Produktions- wie im Konsumtionsprozeß: die Taylorisierung der Arbeitskraft, die thelematische Obsession des Kommunikationsprozesses, die dromkratische Beschleunigung des Transportes und schließlich die konsumtive Entmündigung des Verbrauchers erzeugen eine allgemeine Beziehungslosigkeit der Menschen zu ihrer Mitwelt – bei gleichzeitiger Illusionierung eines stets wachsenden Wohlstands.

Dieser Text entstand nach einem Vortrag im Dutweiler-Institut in Zürich (Taste the Differenz, 25.-26. Juni 1992). Er sollte in der Hauspostille des Instituts, IMPULS, in einer anderen, inhaltlich aber gleichwertigen Form erscheinen. Die Redaktion lehnte diese Veröffentlichung mit den Worten ab, diese Argumentation aus der verstaubten linken Ecke habe heute nichts mehr zu sagen. Die MIGRO, die hinter diesem Institut steht, kauft sich heute in Österreich groß auf dem Lebensmittelmarkt ein.

Literatur

Benjamin, W., Schriften, Bd. 1.
Marx, K., Grundrisse der Kritik der politischen Ökonomie.
Mooney, P./Fowler, C., Die Saat des Hungers, Reinbek 1991.
Ranke, J., Der Mensch, Leipzig/Wien 1894.
Strohm, H., Politische Ökologie, Hamburg 1979.

Birge Krondorfer

Antonio Gramsci: Ein Mangel in der feministischen Diskussion? Antiquarisches – Akquiriertes – Aktuelles

Auffallend ist die Ausseinandersetzung so vieler politischer Theoretikerinnen mit dem Autor (Kebir, Showstack, Macciochi, Puntscher Riekmann, Wagner, Borek, Buci-Glücksmann u.a.); auffällig die marginale Beschäftigung von seiten des Feminismus. Ersteres Phänomen hängt vielleicht damit zusammen, daß analog zum beginnenden Augenmerk auf die sogenannten weichen Wissenschaften in den 70/80er Jahren Gramsci als „weicher" Marxist (wieder) entdeckt wurde. Denn er hat im Gegensatz zum dogmatischen deduktiven Marxismus (als historischem)

„die Tatsache erfaßt und reflektiert, daß die Macht und Herrschaftsverhältnisse in der sich fortwährend ausdifferenzierenden bürgerlichen Gesellschaft nicht nur der Logik des Ökonomischen folgen. Gramsci war, wenn man so will, ein großer Vermittlungsarbeiter, darum bemüht, den gescheiterten Objektivismus der Zweiten und Dritten Internationale durch einen sinnlichen Geschichtsmaterialismus zu ersetzen, in dem auch der ‚subjektive Faktor' und die ihn konstituierenden Elemente ihren Platz haben" (Lohmann 1991).

Und eben dieser „subjektive Faktor" als eine neue Art geschichtsphilosophischer Reflexionen kam und kommt dem weiblichen Blick aufs (historisch-gesellschaftliche) Ganze immanent entgegen.

Gefordert und gefördert jedoch wurde die vernachläßigte weibliche Subjektivität (sowohl in der Theoriebildung als auch im zeit/geschichtlichen Frauenalltag) explizit von feministischen Wissenschaftlerinnen, weshalb das Fehlen frauenpolitischer Auseinandersetzungen mit Gramsci wohl eher auf die feministische Abstinenz im deutschsprachigen Raum (bis auf wenige Ausnahmen wie z.B. die Wissenschaftlerinnen um Frigga Haug) in bezug auf marxistisch-leninistische Traditionen überhaupt zurückzuführen ist. Die Gründe dafür, die hier nicht weiter „symptomatisiert" werden sollen, liegen wohl in der leidlichen Debatte um den Haupt- und Nebenwiderspruch begraben, in der die Problematik der Geschlechterdifferenz von der Linken immer als sekundär – und nicht als geschichtsmächtig – abgehandelt wurde.

Gramscis Aussagen zur sogenannten Frauenfrage sind erstens spärlich und zweitens nichts Neues. Sie inkludieren zwar im historischen Zusammenhang eine fortschrittliche Position, gehen aber über die damalige sozialistische Vorstellung von weiblichen Emanzipationsgedanken nicht hinaus:

„Die bedeutenste mit der Sexualität verbundene ethisch-zivilisatorische Frage ist die nach der Herausbildung einer neuen Persönlichkeit der Frau. Solange die Frau nicht nur keine wirkliche Unabhängigkeit gegenüber dem Mann erreicht hat, sondern auch keine neue Art und Weise, sich selbst und ihren Anteil in den sexuellen Beziehungen zu konzipieren, wird die sexuelle Frage voll krankhafter Verzerrungen bleiben und bei jeder Erneuerung von Gesetzeswerken berücksichtigt werden müssen." (Zit. nach Kebir 1983, S. 103)

Das „Klassische" an diesem Argument ist die Verknüpfung des Themas Sexualität mit der Frau: Weiblichkeit steht immer für die sexuelle Differenz in ihrer Benennbarkeit. Das erstaunliche Novum – geschichtlich betrachtet – ist Gramscis frühe Einsicht, daß die Befreiung der Frau nicht unabhängig vom heterosexuellen Sexualleben gedacht werden kann, eine Einsicht, die erst 50 Jahre später ihrer sexualpolitische Realisierung gefunden hat: in einer vorläufigen Unabhängigkeitskonzeption, die sich tendenziell vom Mann als Sexualpartner überhaupt verabschiedet. (Was G. sicherlich nicht gustiert hätte, wenn er zeitgeistig nach Rolf Schwendter – in: Wespennest 83/91, S. 57 – „wohlwollend die künftige Ausrottung sexuell Abweichender erwägt".) Trotz der Einsicht, daß

„die Sexualinstinkte diejenigen sind, welche die größte Unterdrückung durch die sich entwickelnde Gesellschaft erfahren haben ... (weshalb) ... ihre ‚Reglementierung' aufgrund der Widersprüche, die sie hervorruft, und der Perversionen, die sich dazu einstellen, im höchsten Maße ‚unnatürlich' erscheint ... und deshalb auf diesem Gebiet die Aufrufe zu einer ‚Rückkehr zur Natur' besonders häufig" (ebd., S. 101)

sind, formuliert er ein positivistisch anmutendes Plädoyer für „eine neue sexuelle Ethik ... die den neuen Methoden der Produktion und der Arbeit entspricht":

„Es ist nötig, zu einer derartigen Reglementierung und zu einer neuen Ethik zu kommen. Bemerkenswert ist, wie die Industriellen (insbesondere Ford) sich für das Sexualverhalten ihrer Lohnabhängigen und im allgemeinen für die generelle Regelung des Familienlebens interessiert haben. Der äußere Schein des ‚Puritanismus', den dieses Interesse angenommen hat ... darf zu keinem Irrtum verleiten. In Wahrheit kann sich der neue Menschentyp, den die Rationalisierung der Produktion und der Arbeit verlangt, nicht entwickeln, bis nicht der Sexualinstinkt entsprechend reguliert und auch rationalisiert worden ist." (Ebd., S. 103)

In diesem Zusammenhang befremdlich wirkt ebenso seine Interpretation der Psychoanalyse, die er zu den „Aufrufen zu einer Rückkehr zur Natur" rechnet. Die Wahrheit, die Gramsci vermutet, ist jedoch, daß der Puritanismus einerseits nicht äußerlich, sondern den kapitalistischen Produktionsbedingungen konstitutiv inhärent ist, und daß andererseits das Betreiben der Triebe der Menschen letztlich nicht automatisier- und maschinisierbar sein kann. Wie Gramsci richtig bemerkt: „Auf diesem Gebiete besteht eine Obsession" – und gleichsam unangenehm berührt anmerkt: „aus einer solchen Obsession erwachsen Gefahren. Jeder, der gesellschaftliche ‚Pläne' schmiedet, stellt die sexuelle Frage in den Vordergrund und löst sie auf ‚naive Weise'."

Eine zweite Ebene von Gramscis Antwort auf die Frauenfrage ist in dem kurzen Absatz über den Feminismus zu finden. Sie ist im Sinne eines sich selbst als frauenfreundlich bezeichnenden Männerbewußtseins so aktuell wie eh – Stichwort: Feminisierung der Gesellschaft – und so unfeministisch wie je: „Jede historische Bewegung, die Erneuerung anstrebt, ist nur dann reif, wenn nicht nur die alten Leute an ihr teilnehmen, sondern auch die jungen, die reifen und auch die Frauen, so, daß sie sogar einen Widerschein bei den Kindern hat." Frei nach dem flappsigen Motto: Frauen und Kinder halten die Gesellschaft gesünder. Oder, um es analog zu Luce Irigaray zu formulieren: der Platz, der den Frauen in der Geschichte zugewiesen wird, ist derjenige der Reproduktion, d.h. auch der ideologischen Repräsentation, die sie in numerischer Abfolge zu genealogisieren hat.

Eine weitere Ebene zum Thema, die jedoch nur als Notiz hier angemerkt werden soll, ist Gramscis biographisches Verhältnis zu Frauen im allgemeinen und im Persönlichen. „Prüft ihre Worte an ihren Taten", ist zwar eine Möglichkeit der Rekonstruktion von (politischen) Texten, impliziert aber eine unvermittelte Abbildbarkeit jener auf diese, was jeder Transzendierungsmöglichkeit redundant gegenüberträte. Nur soviel sei beschrieben: Laut einer Erinnerung einer Genossin Gramscis war er der einzige in der ganzen Partei,

„der versuchte, Theorie und Praxis der Frauenemanzipation zu vereinen. Bei den Genossen zu Hause war immer dasselbe zu konstatieren: der Ehemann arbeitete für die Partei, und die Ehefrau machte die Arbeiten im Haus. Aber wenn er zu den Genossen nach Hause kam, ging er in die Küche und half der Frau. Er trocknete Teller ab – zur großen Bestürzung des Genossen, der ihn eingeladen hatte und der weit davon entfernt war, überhaupt daran zu denken, seiner Frau die Teller abzutrocknen ... Wenn Gramsci sagte, nicht einverstanden zu sein, daß die Genossen gewöhnlich noch nicht einmal mit ihren Frauen diskutierten, antwortete man ihm, daß ‚sie ja doch nichts verstehe'. Er aber hat nie gemeint, daß eine Hausfrau nichts verstehen würde. Deshalb wollte er immer, daß die Frau dabei war, wenn er mit dem Mann sprach. Und er richtete Fragen an sie, womit er versuchte, sie in die Konversation einzubeziehen." (Kebir 1990, S. 149f.)

Seine Privatbeziehungen scheinen sich hauptsächlich um die Schwestern Schucht zu ranken. Deren eine, Julia, die jüngste und hübscheste, wurde seine Frau und Mutter seiner Kinder und landete letztlich in der Psychiatrie. Kennengelernt hatte er sie durch deren älteste Schwester Eugenia, die Intellektuelle, bei einer seiner Reisen in die Sowjetunion. Bei gleicher Gelegenheit lernte er Tanja kennen, die sich in mütterlicher Weise die gesamte Gefängniszeit bis zu seinem Tod um ihn kümmerte und die man als die – in welchem Sinn auch immer – eigentliche Geliebte bezeichnen könnte. Sie war es auch, die die Gefängnishefte rettete und in die Sowjetunion schmuggelte. Diese Rekonstruktion der affektiven Biographie – die, um mit Shulamit

Firestone zu sprechen, die verschwiegenen Ressourcen, die Art und Weise emotionaler Energien, die Frauen essentiel zum männlichen Denken beitragen und die den verleugneten Zusammenhang von Privatem und Öffentlichem, Liebe und Revolution, sexuell-emotionellen Bedürfnissen und politischer Militanz darstellen – wird in dem Artikel „Gramsci notwithstandig, or the left hand of history" (de Lauretis 1987) erörtert. Dieser Beitrag befaßt sich mit einem 1975 von Feministinnen der italienischen Zeitschrift EFFE aufgeführten Theaterstück mit dem Titel: „Verachte Gramsci". Der von den Italienerinnen aufgewiesene und in der marxistischen Geschichtsschreibung unterschlagene Kontext von Beziehungsebenen und politischer Motivation als Bewegungselemente revolutionärer Kämpfe wird von Gramsci selbst einmal angesprochen:

„Wie oft habe ich mich gefragt, ob es möglich ist, sich mit der Masse zu verbinden, ohne jemals jemanden geliebt zu haben ... ob man ein Kollektiv lieben kann, wenn man nicht einzelne Menschen tief geliebt hat ... Würde dies nicht meine Qualitäten als Revolutionär unfruchtbar machen, würde es sie nicht zu einem puren intellektuellen Faktum reduzieren, einer reinen mathematischen Kalkulation?"

Dieses Zitat verweist u.a auf das, was seine Theorie für eine Auseinandersetzung mit gesellschaftsverändernder Politk – insofern man dies im Sinn hat – in feministischer Anschauung lohnen machen könnte: seine deduktive Gesellschaftsanalyse, die mit induktiven Handlungsmöglichkeiten verbunden wird. Berühmte Stichworte: Zivilgesellschaft, Hegemonie, organische Intellektuelle.

Nachdem gegenwärtig allerorten behauptet wird, die Linke sowie die (autonome) Frauenbewegung lägen als sub/kulturelle Widerstandsbewegungen in der Agonie, könnte es wieder wichtig werden, sich gegenseitig zwar nicht zu kooptieren, aber vielleicht zu „synoptieren". Was nicht die Re/Fundierung eines (im Sinne der herkömmlichen Haupt- und Nebenwiderspruchsdebatte) linkslastigen Feminismus bedeuten kann, ist doch die Geschlechterdifferenz als Hegemonie des einen (Mann) über die andere (Frau) universell sub/ordinierende Implikation der Konstitution der Gewalt des Zusammenhangs. Feminismus in dieser Be/Deutung läßt sich weder rechts noch links häkeln, ist doch das Strickmuster von Institutionen und Organisationen jeglicher Couleur männlich – hierarchisch (Vater-Sohn) und heterarchisch (brüderlich) – begründet. Dieses Fundament phallischer Ordnung ist nicht zuletzt auch durch postmoderne Denker entstrickt – ich erinnere nur an Lacan, Lyotard, Derrida, Baudrillard – und von feministischer Theoriebildung aufgegriffen und weiterentwickelt worden – was in hiesigem Kontext erwähnenswert ist, wenn allenthalben aus linken Mündern pejorativ verlautbart wird, daß die postmodernen Theorien mit dem ihnen zugeschriebenen Beliebigkeitstopos sich jeglichen politischen Bewußtseins enthalten. Vielleicht obliegt dieses Urteil der Bedrohung, d.h. Sicherheitsgarantieverlust durch Auflösung eines zentralistischen Denkens bzw. eines transzendentalpolitischen Subjekts, das „objektiv" aufgeklärt nicht nur den unbeweglichen Beweger alles Bösen zu erkennen schien, sondern daraus abgeleitet zum Beweger alles Guten sich gerierte. Dabei wurde z.b. eben unterschlagen, daß „es ein altes, immer noch nicht eingelöstes Programm (wäre) ... den Begriff der ‚symbolischen Ordnung' Lacans mit jenem der ‚Hegemonie' Gramscis systematisch zu konfrontieren". (Schwendter 1991, S. 58). Ähnliche Auseinandersetzung gelte m.E. den eben genannten Autoren sowie Castoriadis' Begriff des Imaginären (vgl. den Beitrag von Alice Pechriggl i.d.B.), Erdheims Produktion von Unbewußtheit, Foucaults Machtbegriff, Batailles Souveränitäts-, Ökonomie- und Faschismusanalyse, Ecos Kulturkritik, Deleuzes Rhizomtheorie, Negt/Kluges Arbeitsbegriff, um nur einige und die männlichen Auguren zu erwähnen. Sie alle gehen, verkürzt gesagt, nicht mehr davon aus, daß ideelle Paradigmen zur Konstruktion eines neuen Zentrums herhalten können, weder in den Analysen, Entzifferungen der gesellschaftlichen Sphären und der staatlichen Strukturen, noch in den politischen Strategien. Oder, wie es Christine Gledhill (in: „Pleasurable Negotiations") formuliert:

„Anstelle einer ‚dominanten Ideologie' – mit ihrer Unterstellung einer entweder konspirativen Aufbürdung oder einer unbewußten Anfrage, Manipulation – unterstreicht das Konzept der Hegemonie von Gramsci das Modell der Begebung. Wenn man Gramsci zustimmt, daß ideologische Macht in der bürgerlichen Gesellschaft genauso eine Sache von Überzeugungen wie von Zwang ist, so ist sie niemals ein für allemal gesichert, sondern muß kontinuierlich in einem konstanten Hin und Her zwischen konkurrierenden Gruppierungen reetabliert werden. Hegemonie beschreibt das immer schwankende, immer verhandelnd zu bewältigende Spiel der ideologischen, sozialen und politischen Gewalten, durch die die Macht erhalten und bestritten wird." (Gledhill 1988)

Gramsci wendet sich gegen einen „mechanisch verstandenen Standpunkt äußerer Objektivität" (Kramer 1980, S. 150). Für den Marxismus darf „das Sein nicht vom Denken, der Mensch nicht von der Natur, die Tätigkeit nicht von der Materie, das Subjekt nicht vom Objekt losgelöst werden; führt man diese Trennung ein, so verfällt man entweder in eine der vielen Formen von Religion oder in sinnlose Abstraktion" (ebd., S. 150). Ob damit ein subjektiver Idealismus prolongiert bzw. einer Philosophie der Identität von Subjekt und Objekt in einer schlecht verstandenen Rezeption Hegelscher Dialektik das Wort gesprochen wird, ist zu bezweifeln, denn Gramsci wendet sich gegen eine versöhnlerische Konzeption von Geschichte, die eine dualistische Konstruktion zur Voraussetzung hätte und die sich dann nicht als eine wechselseitige Vermittlung von Innen und Außen selbst-verstehen könnte. D.h. er setzt letztlich auf einen Begriff vom Menschen als einem Wesen, das sich selbst im historischen Prozeß erst konstituiert; und nicht, wie später beispielsweise Althusser annehmen wird (und damit, wenn man so will, marxistisch fundiert die postmoderne Strukturalismusdebatte mit einläutete), auf die Kategorie eines „Prozesses ohne Subjekt und Ziel". Gramsci vertritt hingegen innerhalb der modernen marxistischen Theorieentwicklung die Tradition des idealistischen dialektischen Denkens und des europäischen Humanismus, aber ohne transzendentale und theologische Residuen (vgl. Metscher 1980, S. 257).

Nun stellt diese An/Einsicht nicht gerade eine überwältigend neue Lektüre der humanistischen Moderne dar, aber im Zusammenhang der Theologisierung der Ökonomie im Marxismus mußte das natürlich ein Problem sein. Da „wollte" denn auch Gramscis Verständnis der *società civile* als Bereich der kulturellen Hegemonie ins klassenkampfgeübte Auge springen. Er meinte damit bekanntlich jene institutionellen Formen des sogenannten Überbaus, in welchen kulturelle Bildungsprozesse, die die Subjektkonstitution der „subalternen Klassen" generieren, stattfinden. Es ist jener Bereich, der das Bewußtsein der Vielen als Konsens zu den herrschenden Produktionsverhältnissen „moralisch" legitimiert, stabilisiert: die Organisation des Alltagsbewußtseins durch die „sittlichen" Sphären der Gesellschaft und des Staates. Nach Gramsci ist daher der Kampf um Emanzipation einer gegen die durch diese Institutionen vermittelten Ideologien, der mit einer Selbstkritik des Alltagverstandes beginnt – im Gegensatz zu einem unmittelbaren, auf Gegengewalt und Gegenzwang beruhenden Kampf gegen die Staatsmacht. Die Beherrschten schaffen sich eine „zweite Kultur" wie Gewerkschaften, politische Parteien, eigene Medien, Kunst etc. unter „Anleitung" ihrer sogenannten organischen Intellektuellen und deren kollektiver institutioneller Verkörperung der Kommunistischen Partei.

„Mit ,società civile' bezeichnet Gramsci die Gesamtheit der ideologisch-kulturellen Beziehungen. In der società civile werden alle jene formell vom Staat (società politica) getrennten und insofern ‚privaten' Institutionen und Organisationen wirksam, die das ideologische und kulturelle Selbstverständnis einer Gesellschaft prägen und dadurch die Hegemonie der herrschenden Klasse und den gesellschaftlichen Konsensus garantieren. Die società civile vermittelt zwischen ökonomischer Basis und dem Staat im engeren Sinne." (Priester 1977, S. 516)

Ein gegenwartsplastisches Beispiel von dem, was hier kritisch gemeint sein könnte, zeitigt folgender Ausschnitt aus Marguerites Duras' Aussage zum Fernsehen:

„Immer noch also nimmt sie täglich zu, überall. Die Fernsehkrankheit ... Schon sehr lange hört und sieht man sie. Sie kommen zu euch ins Haus, sie zeigen sich uns. Man schaltet den Fernseher an und schon sind sie da, man schaltet aus. Man schaltet erneut diesen schäbigen Apparat an, schon wieder einer. Man sieht ihre Köpfe in Lebensgröße, sie recken den Hals, sehen euch an, dann stellt man sie sich als Hindernis vor und schaltet aus. Sie lächeln uns zu, alle mit dem gleichen Lächeln, das tiefes Einverständnis ausdrücken soll. Sie halten euch die Einheitsrede, die ebenfalls selbstverständlich sein soll, alle mit der gleichen umwerfenden Überzeugungskraft, den gleichen Posen, dem gleichen Zoom ... Die Lüge – alle, das sieht man, lügen, wie sie atmen, alle, das sieht man, man sieht es schon gar nicht mehr, so sehr sieht man es. Sie kommen dorthin, um zu lügen. Wenn sie noch mehr lügen müssen als gewöhnlich, weisen sie das Fernsehen an, sie aufzusuchen, damit sie sich zeigen ... Es gibt diejenigen, die im Amt sind, und es gibt ihre Kommentatoren, die, die ihnen den Dreck wegräumen ... Aber was für eine merkwürdige Wirkung sie haben auf das, was sie sagen. Dort, wo sie sprechen, gibt es keine Bücher mehr, gibt es keine Filme mehr, niemanden, keine Lokalnachrichten. Es gibt nur noch die Repräsentation. Das ist mysteriös. Es liegt vielleicht nicht mehr an ihnen allein, sondern an dem Apparat, schwer zu glauben, daß alles, was sie ansprechen, von Bedeutungslosigkeit befallen wird. Und doch schiebt sich, sobald sie erscheinen, ein Filter zwischen ihr Bild und uns, die wir zuschauen. Als ob sich eine Farbveränderung vollzöge und der Empfänger zum Grau, zur Graukrankheit überwechselte." (Duras 1987, S. 47f.)

Grau ist auch alle Theorie (mit und ohne Hegemonie), könnte einer hier einfallen, oder Hegels Diktum der Philosophie, die ihr grau in grau malt – als Chronometer a posteriori der „Reife der Wirklichkeit, (in der) das Ideale dem Realen gegenüber erscheint und jenes sich dieselbe Welt, in ihrer Substanz erfaßt, in Gestalt eines intellektuellen Reichs erbaut" (Hegel 1970, S. 28). Dieses Begreifen der – wie er es nennt – Sittlichkeit, die sich ein Rechtsstaat als vernünftige Wirklichkeit und wirkliche Vernunft gibt und die die Realisierung, das heißt Aufhebung von abstraktem Recht und Moralität bedeutet, umfaßt die bürgerliche Gesellschaft als Vermittlung dieser Sittlichkeit selbst zwischen Privatem und Staat: „Die sittliche Substanz ist ... a) natürlicher Geist, – die Familie, b) in ihrer Entzweiung und Erscheinung; – die bürgerliche Gesellschaft, c) der Staat, als die in der freien Selbständigkeit des besonderen Willens ebenso allgemeine und objektive Freiheit ..." (Ebd. S. 87f.) Die Sittlichkeit selbst ist

„die Einheit des subjektiven und des objektiven an und für sich seienden Guten ... und in ihr ist dem Begriffe nach die Versöhnung geschehen. Denn wenn die Moralität die Form des Willens überhaupt nach der Seite der Subjektivität ist, so ist die Sittlichkeit nicht bloß die subjektive Form und die Selbstbestimmung des Willens, sondern das, ihren Begriff, nämlich die Freiheit zum Inhalte zu haben" (ebd. S. 290).

Das deutet einerseits eine Analogie zu Gramscis Konzeption der *società civile* als Vermittlungssphäre zwischen Einzelnem und Allgemeinem an – wenngleich aber nicht als das Gute bzw. das Versöhnte, sondern als Kampfplatz, als „Bewegungs- und Stellungskrieg".

„Heißt das, daß man die Formel umkehrend sagen muß: die Politik ist die Fortsetzung des Krieges mit anderen Mitteln? Wenn man die Trennung zwischen Krieg und Politik unbedingt aufrecht erhalten will, sollte man vielleicht eher sagen, daß die Vielfältigkeit von Kräfteverhältnissen – teilweise und niemals vollständig – entweder in der Form des ‚Krieges' oder in der Form der ‚Politik' codiert werden kann; wir hätten es also mit zwei verschiedenen Strategien zur Integration ungleichgewichtiger, heterogener, instabiler, gespannter Kräfteverhältnisse zu tun – zwei Strategien, die jederzeit umschlagen können ... Die Machtbeziehungen verhalten sich zu anderen Typen von Verhältnissen (ökonomischen Prozessen, Erkenntnisrelationen, sexuellen Beziehungen) nicht als etwas Äußeres, sondern sind ihnen immanent. Sie sind einerseits die unmittelbaren Auswirkungen von Teilungen, Ungleichheiten und Ungleichgewichten, die in jenen Verhältnissen zustande kommen, und andererseits sind sie die inneren Bedingungen jener Differenzierungen. Die Machtbeziehungen bilden nicht den Überbau, der nur eine hemmende oder aufrechterhaltende Rolle spielt – wo sie eine Rolle spielen, wirken sie unmittelbar hervorbringend. Die Macht kommt von unten, d.h. sie beruht nicht auf der Matrix einer globalen Zweiteilung, die Beherrscher und Beherrschte einander entgegensetzt und von oben nach unten auf immer beschränktere Gruppen und bis in die letzten Tiefen des Gesellschaftskörpers ausstrahlt. Man muß eher davon ausgehen, daß die vielfältigen Kraftverhältnisse, die sich in den Produktionsapppataren, in den Familien, in den einzelnen Gruppen und Institutionen ausbilden und auswirken, als Basis für weitreichende und den gesamten Gesellschaftskörper durchlaufende Spaltungen dienen. Diese bilden dann eine große Kraftlinie, die die lokalen Konfrontationen durchkreuzt und verbindet – aber umgekehrt bei diesen auch Neuverteilungen, Angleichungen, Homogenisierungen, Serialisierungen und Konvergenzen herbeiführen kann. Die großen Herrschaftssysteme sind Hegemonie-Effekte, die auf der Intensität all jener Konfrontationen aufruhen." (Foucault 1977, S. 114ff.)

Mit dieser den Hegemoniebegriff wieder aufnehmenden Dechiffrierung gesellschaftlicher Machtverhältnisse kommt Foucault Gramsci näher als jede dichotomische Klassifizierung marxistischer Konvenienz. Die machtproduzierende Relation von Macht in sexuellen Verhältnissen ist in feministischer Hinsicht diesen nicht nur inhärent, sondern Träger und Agens jener „Ungleichgewichte", die durch die geschlechtliche Differenz selbst die „Bedingungen jener Differenzierung" voraussetzt und determiniert – exakter gesagt: „die Bedingungen *jeder* Differenzierung als das Gesetz, die Ordnung des Politischen produzierend und erhaltend." Alles steht für den männlichen Imperialismus bereit: das leere Zentrum, wo die STIMME sich Gehör verschafft (ob die GOTTES oder des VOLKES ist hier unwichtig, wichtig ist die Großschreibung), um das Zentrum herum der Kreis der homosexuellen Krieger, die ihre Dialoge halten, das Weibliche (Frauen, Kinder, Metöken, Sklaven), das aus dem Corpus socians verstoßen wird und die Eigenschaften aufweist, mit denen dieser Corpus nichts zu tun haben will: Wildheit, Empfindlichkeit, Rohes und Gekochtes, Impulsivität, Hysterie, Schweigen, ekstatischer Tanz, Lüge, dämonische Schönheit, Schmuck, Geilheit und Hexerei, Schwäche. Sich selbst begreift der männliche Corpus als aktiv, tätig, wie Hegel, Freud; alle sagen: wir müssen jenes ferne Objekt ergreifen, das menschlich zu sein scheint, es aber in Wirklichkeit nicht ist, sondern erst menschlich werden muß. Der männliche Imperialismus ist kriegerisch und pädagogisch, was ein und dasselbe ist: er glaubt die Initiative zu haben. Die Frauen (und alles, was weiblich ist) werden reaktiv oder passiv genannt, sie warten auf die Tat des Sinns, um erregt, befruchtet, kultiviert, aufgehoben zu werden.... Mit dem Kapital verwirklicht sich angeblich das Ideal der Männer, sich selbst zu vermehren: MADAME LA TERRE verschwindet, MESSIEURS LE PERE-CAPITAL und LE FILS-TRAVAIL glauben, sie genügen, damit sich der *Corpus sociandum* reproduzieren kann, sozusagen ohne fremdes Zutun. Im männlichen Zyklus verschwinden die Frauen, sie sind als Arbeiterinnen in die Warenproduktion integriert: als Mütter in die Reproduktion der Ware Arbeitskraft, unmittelbar als Waren (Cover-girls, Prostituierte der Massenmedien, human relations-Hostessen) oder schließlich als Managerinnen des Kapitals (Führungspositionen). (Lyotard 1977, S. 58ff.)

„Die Politik als Fortsetzung des Krieges mit anderen Mitteln" wäre also eine des institutionalisierten Geschlechterkampfes zugunsten der Männer. Wenn Mario Erdheims Analyse (in: Die gesellschaftliche Produktion von Unbewußtheit) zutrifft, daß Herrschaft die institutionalisierte Fiktion ist, die die durch die Entmündigungsprozesse entstehenden Aggressionen ebenso absichert wie den Narzißmus der Herrschenden, und wenn der Feststellung von Jürgen Habermas zuzustimmen ist, daß

„in unser Institutionssystem, wie bisher in jedes andere, eine strukturelle Gewalt eingebaut ist, die Versuchen der Erweiterung partizipatorischer Demokratie entgegensteht" und daß „diese latente Gewalt sich auf die stille Wirksamkeit von Legitimationen, auf eine systematische, aber unauffällige Einschränkung willensbildender Kommunikation stützt, wodurch bestimmte Themen öffentlicher Behandlung und bestimmte Materien überhaupt der Entscheidung entzogen werden" (Erdheim 1984, S. 386)

– dann läßt sich das Ausmaß weiblicher Subordination erahnen, ist man bereit, Hegemonie als männliche Vorherrschaft zu bennenen.

Die Frage – nicht nur unter dieser Perspektive – nach Identität und Differenz von Staat und Gesellschaft als *sensus communis* stellt sich – auch in Hinblick auf eine zunehmende Synopse beider Megastrukturen – nicht immer weniger, sondern immer mehr. Jedenfalls ist alles – auch im feministischen Diskurs, der erst langsam beginnt, den Vater Staat zu denken – vorschnell *die* Öffentlichkeit (Gesellschaft und Staat als *die* Politik) als nicht mehr zu formulierender Gegensatz zum Privaten/Persönlichen, sei es traditionell die Familie, sei es avantgardistisch, in politischer wie ästhetischer Bedeutung, die Subkultur. Unter dem Begriff der symbolischen Ordnung als phallisch-väterlichem Gesetz (Lacan, Irigaray) wird der gesamtöffentliche Kontext ebenso verstanden wie die individuell-psychische Struktur. Ob unterm weiblichen Blick noch einmal eine differenzierte Reflexion von staatlich-rechtlicher und gesellschaftlich-medialisierter Sphäre möglich/nötig ist, steht noch zur Disposition. Jedenfalls ist eine frauenpolitische Moralität/Mentalität dann „hegem/on/ialisiert" – in der Deutung eines konsensualen Habitus, der als Kompromiß sich an männlichen Meßlatten mißt –, wenn unter dem Ziel der Gleichheit eigene Wertfindungen/schätzungnen nicht in den Sinn kommen. Auf der autonom-feministischen Seite wird hingegen oft vergessen, daß es schwierig bis unmöglich ist, sich als kulturell-determiniertes Zeichen mit einem eigenen Gewissen, auch als autonomes Wissen des Eigenen auszustatten und dann das Ganze als das Falsche zu desavouieren. Darin scheint sie kritischer Theorie verpflichteter, als sie annimmt, und entbehrt der Vorstellung von „organischer Intellektualität" als Potential der Aktualisierung der Vermittlung von historisch-hierarchischen Unterschieden und der Gegenwart als mentale Sensibilisierung. Gramscis zeitgenössische Vorstellung der Führungsqualitäten und -aufgaben der Intellektuellen bei der Bildung der zweiten Kultur – verbunden mit der Partei als wissende Instanz – ist für radikal-feministische Augen und Ohren dabei völlig obsolet und mit dem Ende der „großen Erzählungen der Meisterdenker" auch im doppelten Sinn des Wortes hinfällig geworden. Die mit dem Begriff des „Organischen" idealiter verbundene Reflexion der anthropologisch/politischen Einheit – nicht nur als der Begriff der Sache selbst, sondern auch als Begreifen der Sache als eine des männlichen Selbst – wird oft noch als äußerlicher Zusammenhang gedacht. Da steht noch einiges aus – im Denken der Konstitution des Politischen.

Ob nun die Zivilgesellschaft (zivilisierte Gesellschaft?) als Mangelerscheinung in der Substanz (im Osten) oder als Versöhnung in der Verpackung (Medialisierung im Westen) anzusehen ist – unversöhnbar ist die darin schwindsüchtig aufgehobene, aber nicht aufhebbare weibliche Subjektivität.

„Einem Paria steht ... die Kultur als Horrorlandschaft gegenüber, die ihm, blickt er in sie hinein, seine ‚Monstruosität' und Fremdheit widerspiegelt und immer neu einprägt. Die Frau findet sich in der öffentlichen Kultur als passives Objekt oder als männliche Un-Frau, ihren Körper als entfremdetes Instrument der Lust oder als auszugrenzendes Gefäß der Unreinheit wieder. Aber es sind nicht nur die äußeren, objektiven Verhältnisse, die es einer Frau fast unmöglich machen, sich in den öffentlichen Bereichen der Gesellschaft einen Platz anzuzeigen, von dem aus sie Kultur schaffen, Geschichte machen könnte; es sind auch die verinnerlichten Widersprüche, die einsozialisierten psychischen Strukturen, die sie lähmen und ihr Verhältnis zur Macht brechen." (Nadig 1984, S. 98)

In einer männlich-homologen Kultur befindet sich die Frau immer als Entfremdete, d.h. auch in ihrer Fremdheit fremd. Die buchstäblich hom(m)osoziale Ordnung bestimmt nicht nur, was als anderes zu gelten hat, sondern was die Bestimmung des anderen ist:

„Dies ist der Weg, auf dem der Mann/Mensch die Parabel des Selbst durchläuft: Er findet und erkennt sich als das Besondere seiner Universalisierung wieder. Der Frau hingegen geschieht es, daß sie sich nur als das Besondere vor-findet, als das endlich andere, das im universalen Neutrum Mensch/Mann enthalten ist." (Cavarero 1989, S. 67)

Oder um mit Julia Kristeva die Frage nach dem universalisierten Zusammenhang von Identität und Fremdheit, Ein- und Ausschluß zu stellen – auch als eine Problematik von weltweiter Hegemonie (Stichwort: die Ambivalenz des Schlagworts der multikulturellen Gesellschaften). Sie bezieht die folgenden Aussagen zwar nicht direkt auf die Geschlechter – wobei sie jedoch prinzipiell die „ersten Fremden, als die fremden Frauen" konstatiert.

„In diesem Kontext von Kohabitation, dem falschen Schein von Gegensätzen, wird die schwere Rolle des ‚Fremden an sich' neutralisiert. Tatsächlich pflanzt die Kultur ... in jeden die Beachtung eines Wertes *und* seines Gegenteils, des gleichen *und* des anderen, des Identischen *und* des ihm Fremden ein. Da die Verkehrung der Werte die subtile Norm der sich ihrer Umkehrbarkeiten bewußten Kultur darstellt, scheint niemand bereit, die einwertige Rolle der Fremden, sei sie positiv (als Enthüller der verborgenen Bedeutungen) oder negativ (als Eindringling, der den Konsensus zerstört) ganz allein auf sich zu nehmen. Der romantische oder bedrohliche Ernst der Fremdheit an sich löst sich auf im Glitzern der polymorphen Kultur, die jeden in seine eigene Andersartigkeit oder Entfremdung verweist. Aber eine solche Kultur assimiliert den Fremden auch nicht; sie löst sein Wesen auf, indem sie die klaren Grenzen zwischen gleichen und anderen auflöst." (Kristeva 1990, S. 162)

Ist der Begriff der Klassenhegemonie auf die der männlichen Vorherrschaft, unter der Vorraussetzung, daß sie der „Phall" ist, „überlegbar", so ist es notwendig, sich der unsäglichen Problematik zu stellen, ob es einerseits überhaupt ein Entkommen aus den universalisierten institutionell geronnenen männlichen Phantasmen (jenseits eines ökonomischen Auskommens als minimalisierter Forderung) gibt und andererseits, ob sich das Bild einer reinen Umkehrung der Herrschaft (jenseits der berühmt-berüchtigten softmännlichen Phantasie einer Feminisierung der Gesellschaft zur Rettung derselben) nicht in der Logik der Gleichen verfängt bzw. im doppelten Sinn des Wortes „verhalten" würde. Wenn bei der Theoretisierung von Weiblichkeit und der weiblich-feministischen Theoriebildung (wie z.B. bei der Autorin Eva Meyer), die hier nur angedeutet werden kann, Weiblichkeit als das Verfahren der Sprache, der Sinnkonstitution selbst fungiert, sozusagen unter Einschluß ausgeschlossen ist, so gibt es keine Evidenz einer Positionierung, schon gar nicht einer Gegenposition. Frauen, in der Ambivalenz von „fait social und Autonomie" metaphorisch Kunstwerken vergleichbar (Adorno), leben im Widerspruch von hergestelltem Gesellschafts- und Sozialkörper und Resten partikulärer Eigenständigkeit. Jegliche weibliche

Selbstgesetzgebung hätte somit eine je und immer schon fremde Bestimmtheit zur Voraussetzung des Eigenen.

Gramsci schien (sich) noch die ungebrochene Entität des Wunsches (nach Veränderung) vorzustellen ebenso wie einen natürlichen Gerechtigkeitssinn anzunehmen, d.h. eine Identität von Wissen und Wille des Guten und seiner Herbeiführbarkeit – Hegemonie ohne Hegemon (W.F. Haug)?

Ich möchte hier mit dem „Frevel" enden, ein Originalzitat von ihm in den entsprechenden Wortwendungen zu verändern, um deutlich zu machen, was hätte gesagt werden können (sollen):

„Der Mann ist vor allem Natur, d.h. ein historisches Produkt, nicht Geist. Anders wäre der Grund nicht erklärbar, weshalb sich bei der ständigen Existenz von ausgebeuteten Frauen und Ausbeutern, Schöpfern von Reichtum einerseits und dessen egoistischen Verbrauchern andererseits, die Frauenbewegung noch nicht verwirklicht hat. So haben die Frauen nur allmählich, eine Schicht nach der anderen, ein Bewußtsein ihres eigenen Wertes erlangt ..."[1]

Vielleicht bleibt für den weiblichen Teil der allseits beschworenen Menschheit dann nur der Satz: „Aber das Eigene muß so gut gelernt sein wie das Fremde." (Hölderlin)

Anmerkungen

1 Das Originalzitat von A. Gramsci (zit. nach Kebir, S., Gramsci, Marxismus und Kultur, Klappentext) lautet: „Der Mensch ist vor allem Geist, d.h. ein historisches Produkt, nicht Natur. Anders wäre der Grund nicht erklärbar, weshalb sich bei der ständigen Existenz von Ausgebeuteten und Ausbeutern, Schöpfern von Reichtum einerseits und dessen egoistischen Verbrauchern andererseits, der Sozialismus noch nicht verwirklicht hat. So hat die Menschheit nur allmählich, eine Schicht nach der anderen, ein Bewußtsein ihres eigenen Wertes erlangt ..."

Literatur

Alle Gramsci-Zitate, wenn nicht anders ausgewiesen, nach Sabine Kebir, in: Gramsci, Marxismus und Kultur. Ideologie, Alltag, Literatur, Hamburg 1983.

Cavarero, A., Ansätze zu einer Theorie der Geschlechterdifferenz, in: Diotima Philosophinnengruppe aus Verona, Der Mensch ist zwei – Das Denken der Geschlechterdifferenz, Wien 1989.
Duras, M., Die grünen Augen – Texte zum Kino, München 1987.
Erdheim, M., Die gesellschaftliche Produktion von Unbewußtheit. Eine Einführung in den psychoanalytischen Prozeß, Frankfurt/M., 1984.
Foucault, M., Der Wille zum Wissen. Sexualität und Wahrheit, Bd.1, Frankfurt 1977.
Gente, P. (Hg.), Aisthesis, Wahrnehmung heute oder Perspektiven einer anderen Ästhetik, Leipzig 1990.
Gledhill, Ch., Pleasurable Negotiations, in: Deidre-Priham, E., Female Spectators Looking at Film and Television, London 1988, S. 64–90 (Übersetzung B.K.).

Habermas, J., in: Erdheim, M., Die gesellschaftliche Produktion von Unbewußtheit. Eine Einführung in den psychoanalytischen Prozeß, Frankfurt 1984.
Hegel, G.W.F., Grundlinien der Philosophie des Rechts – Theorie Werkausgabe, Frankfurt 1970.
Holz, H.H./Sandkühler, H.J. (Hg.), Betr.: Gramsci, Philosophie und revolutionäre Politik in Italien – Studien zur Dialektik, Köln 1980.
Kebir, S. (Hg.), Gramsci, Marxismus und Kultur. Ideologie, Alltag, Literatur, Hamburg 1983.
Dies., Liebste Julia! Liebste Tania! Antonios Briefe aus dem Gefängnis an Frau und Schwägerin, in: Hirschfeld, U./Rügmer, W. (Hg.), Utopie und Zivilgesellschaft. Rekonstruktionen, Thesen und Informationen zu Antonio Gramsci, Berlin 1990, S. 113–119.
Dies., Zwischen Emazipation und Puritanismus. Gramsci zur Geschlechterfrage, in: Hirschfeld, U./Rügmer, W. (Hg.), Utopie und Zivilgesellschaft. Rekonstruktionen, Thesen und Informationen zu Antonio Gramsci, Berlin 1990, S. 149–156.
Kramer, A., Gramscis Interpretation des Marxismus, in: Holz, H.H./Sandkühler, H.J. (Hg.), Betr.: Gramsci, Philosophie und revolutionäre Politik in Italien – Studien zur Dialektik, Köln 1980, S. 148–186.
Dies., in: Hirschfeld, U./Rügmer, W. (Hg.), Utopie und Zivilgesellschaft. Rekonstruktionen, Thesen und Informationen zu Antonio Gramsci, Berlin 1990.
Kristeva, J., Fremde sind wir uns selbst, Frankfurt 1990.
de Lauretis, T., Gramsci notwithstanding, or the left hand of history, in: Technologies of Gender. Essays on Theory, Film, Fiction, Indianapolis 1987, S. 84–95.
Lohmann, H.M., in: Die Zeit 41, 3.10.1991.
Lyotard, J.F., Patchwork der Minderheiten, Berlin 1977, S. 58ff.
Metscher, T., Historizismus, Humanismus und konkrete Subjektivität. Überlegungen zu Antonio Gramscis Beitrag zu einer marxistischen Theorie der Ideologie und Kultur, in: Holz, H.H./Sandkühler, H.J. (Hg.), Betr.: Gramsci, Philosophie und revolutionäre Politik in Italien – Studien zur Dialektik, Köln 1980, S. 254–257.
Nadig, M., Frauen in der Kultur – Macht und Ohnmacht, in: Gehrke u.a. (Hg.), FrauenMacht – Zeitschrift für Vernunftkritik, Tübingen 1984.
Priester, K., in: argument 104, Hamburg 1977.
Schwendter, R., Zu Aspekten der Hegemonie in den 90er Jahren, in: Wespennest 83/1991, S. 56–59.

Alice Pechriggl

Politische Eintracht, zivile Vielfalt, privater Zwiespalt: die Sphären der Gesellschaft und ihre Geschlechtlichkeit

Bei der Behandlung dieses Themas, das ich mit einigen Seitenblicken auf Gramsci gewählt habe, überkreuzen sich ständig zwei Fragestellungen. Bei aller Betonung dessen, daß die eine nicht ohne die andere denkbar ist, sind sie jedoch nie auf einen Nenner zu bringen: die Geschlechterverhältnisse einerseits, die Organisation der Gesellschaft im weiteren Sinne andererseits. Es mag dadurch zuweilen der Eindruck der Unkoordiniertheit erweckt werden, weil ich versuchte, die vielfältigen Verschränkungen nicht um der Klarheit willen analytisch aufzulösen. Ich denke dennoch, daß eine gewisse Ordnung das Verständnis erleichtert.

Was nun Gramscis Beschäftigung mit der Geschlechterdifferenz betrifft, so reduzieren die spärlichen Ansätze in den Gefängnisheften die Frage weitgehend auf diejenige der Sexualität. Und wenn Gramsci im Zuge seiner politischen Tätigkeit als Führer der KP Italiens den Frauen zur Reflexion ihrer Bedingtheit und zum Entwurf einer „neuen weiblichen Persönlichkeit" publizistische Räume eröffnete, dann wohl nicht zuletzt deshalb, weil er davon ausging, daß ohne einen solchen weiblichen Selbstentwurf die Frage der Sexualität mit „krankhaften Zügen" besetzt bliebe.[1] Dennoch war für ihn das revolutionäre Subjekt Arbeiterklasse implizit stets ein männliches. So heißt es beispielsweise in der Begründung einer Arbeiterdisziplin, die als Gegenmacht zur Disziplin der Bourgeoisie veranschlagt wurde: „Die Macht des Eigentümers ist unbegrenzt, sie ist Macht auf Leben und Tod über den Arbeiter, über die Frau des Arbeiters, über die Kinder des Arbeiters."[2] Die Frau als Appendix des Arbeiters erlangt ihre epochale Bedeutung nicht wie dieser nur in Funktion der jeweils herrschenden Produktionsverhältnisse, sondern über eine zusätzliche Vermittlung in Funktion ihrer sexuellen und sonstigen Dienstbarkeit für den Arbeiter:

„Im Arbeiter neuen Typs wird sich in anderer Form das wiederholen, was sich in den Bauerndörfern zuträgt. Die relative Fixiertheit der bäuerlichen Eheverbindungen ist eng verbunden mit dem ländlichen Arbeitssystem. Der Bauer, der nach einem langen Mühsalstag nach Hause kommt, will die Venerem facilem parabilemque des Horaz: Er ist nicht in Stimmung, eine Glücksfrau (*donna di fortuna*) zu umschnurren; er liebt seine Frau, die sicher und unfehlbar ist, die keine Mätzchen macht, und die nicht die Komödie von der Verführung und der Schändung vorspielt, um besessen zu werden."[3]

Diese Vorstellungen entsprechen eben jener Sexualmoral der Bourgeoisie in Person des braven Bürgers, die Gramsci in anderer Hinsicht kritisiert.

(Und zwar anläßlich der Kritik einer Aufführung von Ibsens Nora.) Sie beruhen auf einer romantisierten und zugleich funktionalistischen Wahrnehmung der Sexualität, deren nichtfunktionelle Darstellung und Ausübung zum babylonischen Laster erklärt wird, das uns hinabzieht. Dieses Laster sieht Gramsci als „archetypische", ja „prähistorische" Frau in der Schauspielerin Lyda Borelli allegorisch personifiziert.[4] An diversen Stellen finden wir Gramsci als Verfechter einer sexuellen Zwangsmoral, die kritisiert zu haben die psychoanalytische Literatur (die er im übrigen kaum zu kennen schien) von ihm verurteilt wird.

Was nun die Sphären der Gesellschaft und ihre Geschlechtlichkeit betrifft, so sei vorausgeschickt, daß ich bei der Behandlung dieses Themas immer auch schon von der Relevanz der imaginären Bedeutungen ausgehe, die eine Gesellschaft bezüglich ihrer Organisation sowie der Organisation der Geschlechterverhältnisse hervorbringt. Daß das dadurch konstituierte Imaginäre ein männliches ist, kann deshalb gesagt werden, weil die Räume und Institutionen, in denen die Sinn- und Bedeutungsschöpfung stattfindet, von Männern monopolisiert werden. Doch sobald wir die Relevanz der Vorstellungen, des Imaginären oder dessen, was bei Hegel die Bildung im weitesten Sinne ausmacht, in Betracht ziehen, ohne von der Logik einer organischen Vernunfttotalität auszugehen, verschieben sich die Perspektiven maßgeblich. Eine funktionalistische Sichtweise gesellschaftlicher Phänomene wird dann ebenso unhaltbar wie deren Subsumierung unter die Produktionsverhältnisse. Eine solche erweist sich vielmehr selbst als die spezifische Sichtweise einer Gesellschaft, die „in letzter Instanz" alles aufs ökonomische Maß reduzieren will (und sei es die Ökonomie der Sippenerhaltung hinsichtlich der Sexualität). Inwieweit Gramsci dieser Sichtweise weitgehend selbst auch noch im Hinblick auf eine stärkere Betonung des Kulturellen aufsaß, wird nicht zuletzt an der Behandlung der Geschlechterverhältnisse deutlich.

Wenn ich die Sphären der Gesellschaft auf das Wirken der Geschlechterverhältnisse in ihnen hinterfrage, dann gehe ich davon aus, daß die bloße Zweiteilung von privat und öffentlich oder von persönlich und politisch nicht ausreicht, ja daß diese vielmehr zu immer wiederkehrenden Verwirrungen führt. Wie sowohl Carole Pateman und in der Folge Anne Phillips als auch Cornelius Castoriadis festhielten, muß im Zuge dieser Zweiteilung stets eine Sphäre unterschlagen bzw. subsumiert werden. Im Falle Gramscis gilt dies für die private Sphäre im engeren Sinn, nämlich die Familie, oder, um die griechische Terminologie zu verwenden, für den *oikos*.

Gramsci setzt auf der einen Seite die *società civile*, die ich nicht mit Zivilgesellschaft, sondern mit bürgerliche Gesellschaft übersetze.[5] In erster Linie beruht diese Übersetzung auf der ausdrücklichen, wenn auch inhaltlich nicht ganz übereinstimmenden Bezugnahme Gramscis auf Hegel. Diese *società civile* wird zuweilen auch als privat bezeichnet und subsumiert derart die Familie. (Hierin liegt einer der markantesten Unterschiede zu Hegels Konzeption der bürgerlichen Gesellschaft, die zwischen Familie und Staat angesiedelt ist.) Angesichts dieser Ineinssetzung trifft auch auf Gramsci der Vorwurf einer theoretischen Ausklammerung der Frauen als in den *oikos* verbannte zu.[6] Demgegenüber setzt er auf der anderen Seite die *società politica*, die auch als Staat bezeichnet wird. (In dieser Gegenüberstellung liegt der zweite relevante Grund dafür, die *società civile* nicht mit der Zivilgesellschaft gleichzusetzen: Diese betrifft sehr wohl auch die Sphäre der Politik und erschöpft sich nicht in Abgrenzung zum Staat, sondern wirkt auf diesen ein.)[7]

Diese Zweiteilung unterscheidet nun zwar die beiden Bereiche der Öffentlichkeit, welche oft verwechselt werden, nämlich den der bloßen Publizität und den der Politik. Das Problem, das sich mit Gramscis Konzeption der *società politica* jedoch stellt, ist die Gleichsetzung von Politik und Staat als von den gesellschaftlichen Individuen abgekoppeltem Apparat, der bekanntlich fast ausschließlich Verwaltung erledigt und innerhalb dessen nur zu einem minimalen Anteil politische Entscheidungen getroffen werden. Zum einen wird durch diese Gleichsetzung das demokratische Wesen der Politik verleugnet, die es als solche eben erst seit dem Auftauchen der athenischen Demokratie gibt. Zudem wird die Demokratie überhaupt unter dem Vorwand der Überbauphänomenalität zur bloßen Staatsmacht im Dienste der herrschenden Klasse erklärt, die allein in Funktion der Basis effektiv ist. Mit dieser Konzeption der Politik geht diejenige einer fixierten Trennung von Beherrschenden und Beherrschten einher, die im Falle der Klassentheorie durch den geradezu rhetorischen Handstreich des organischen Selbst aufgelöst zu werden beansprucht wird. So ist die von den Eliten der gegnerischen Klasse ausgeübte Herrschaft Heteronomie als Zwang oder Hegemonie. Dagegen wird die von den Eliten der eigenen Klasse ausgeübte Hegemonie – oder gar der Zwang – Führung genannt und als Autonomie verkauft, handelt es sich doch um das kollektive Selbst (*autos*) der Klasse, die nur erst zu ihrem selbstbewußten Fürsichsein gelangen muß, das dann für alle gelten kann.[8] Die Frauen der Arbeiter stellen hierbei wohl die unterste Retrogarde (den Hintern?) der Klasse dar, die der ganz und gar platonisch konzipierte *capo* (Haupt) – sprich Philosophenfürst – anführt.[9] Die Politik ist diesen Theorien zufolge nur solange notwendig, wie die Rationalität der Gesellschaft in der harmonisierten Verwirklichung aller Gegensätze erreicht und der Staat obsolet geworden ist. Diesem Verschwinden des Staates als vom Volk getrennter Herrschaftsinstanz liegt also keineswegs die Vorstellung von einer radikaldemokratischen Politik zugrunde, sondern der Glaube an das Vernunftgebilde einer sittlichen Substanz. Eine solche bedürfte als von ihren Gegensätzen dialektisch erlöster Politik nicht mehr, weil diese Macht bedeutet, die wiederum nur in noch antagonistischen Gesellschaften vonnöten zu sein scheint. Es handelt sich dabei um einen Glauben, der in der kollektiven Autonomie nicht die gemeinsam und stets konflikthaft neu zu erfindende Selbstbestimmung sieht, sondern die historische Anundfürsichwerdung eines Selbst-Wesens, das von den dynamischsten Mitgliedern am Hauptsächlichsten verwirklicht wird: den männlichen. (Es ist hier leider nicht der Raum, auf die nahezu unbewegliche Rolle des Weiblichen im Perpetuum mobile der Geschichtsdialektik einzugehen, die sich mit der materialistischen Version noch einmal radikalisiert, weil hier von einer ersten Natur ausgegangen wird, was bei Hegels Behandlung des Geschlechterverhältnisses nicht der Fall ist.)

Was nun die Dreiteilung betrifft, so könnte mit Castoriadis auf diejenige Bezug genommen werden, welche den *oikos* (Haus) als die private Sphäre, die *agora* (Marktplatz) als privat/öffentliche und die *ekklesia* (Volksversammlung) als demokratisch öffentlich/öffentliche veranschlagt.[10] (Im Falle einer nicht demokratischen öffentlichen Sphäre steht diese immer auch im Zeichen der *arcana imperii* (der geheimen Mächte), was selbstverständlich der Öffentlichkeit Abbruch tut.)[11]

Mit der Frage nach der „Geschlechtlichkeit der Sphären" meine ich kein biologisch-symbolisches Merkmal, das deren Seinsweise ein für allemal bestimmen würde. Auch geht es nicht einzig darum, wer mit welcher Ausschließlichkeit welche Sphäre besetzt. Vielmehr gehe ich von der Monopolisierung der Sphäre der Politik durch Männer aus. Sie ist es, welche weitgehend die vorhin erwähnte Konstituierung eines Imaginären bedingt, und nicht etwa eine mancherorts implizierte männliche politische Substanz. Durch dieses Imaginäre werden Frauen in diesen Räumen gerade als Allegorien, als Idealitätsverkörperungen für männlich bestimmte und männlich zu realisierende Werte stellvertretend dargestellt, ohne sich selbst effektiv und *in persona* darstellen zu können. Dies umsomehr, als dieser Raum der Politik im Sinne vertreterischer Professionalisierung von der *agora*, in der Frauen eher präsent sind, abgekoppelt ist. Dadurch hebt er sich von dieser Mittelsphäre zwischen privat und politisch mit seinem eigenen, nahezu abgeschlossenen Imaginären ab. Die darin männlich instituierten Bedeutungen und Werte sind jedoch nicht nur durch den Ausschluß der Frauen als solche zustandegekommen; sie perpetuieren umgekehrt weiterhin diesen Ausschluß, indem sie die Kriterien bestimmen, nach denen politische und genereller gesellschaftliche Geltung und Relevanz beurteilt werden. Dieses Imaginäre ist keinesweges als bloße Bilderwelt zu verstehen – scheinhafte Bilder sind in diesem Falle am ehesten die von den Weibern, also die nicht metaphorisch gemeinten Weibsbilder, die dennoch allzuoft als Metaphern fungieren. In dieser Sphäre tabuisiert eine Pars pro toto-Ideologie der Einheit und des brüderlichen Konsenses den Ausschluß, der sich über die diversen sozialen und ökonomischen Auschlußmechanismen aufrechterhält. (Davon betroffen sind im weiteren Sinne auch alle von der Macht distanzierten und diese nur erleidenden Gruppen.) Zum anderen – und zwar ganz im Sinne der unumkehrbaren und fixierten Vertretung – kommen den Frauen die sie rhetorisch instrumentalisierenden Inszenierungen allegorischer Weiblichkeit immer schon zuvor. Dies dürfte sich mit der Hereinnahme einiger Vorzeigepolitikerinnen und der Betonung des Vorteils sogenannter weiblicher Qualitäten wohl nur solange ändern, bis diese empathischen Sorgequalitäten einmal mehr von Männern zur eigenen Erhöhung integriert sein werden.

Wenngleich es nun immer noch eine relativ freie *agora* gibt, die im Zuge totalitärer und somit sich privatisierender Herrschaft verschwindet, ist diese *agora* heute zunehmend individualistisch atomisiert. Diese Atomisierung hat unter anderem ihre Wurzeln in der Einheitsmanie der Einzelheit – d.i. die Ideologie des transzendentalen Individuums, welche dem Liberalismus zugrundeliegt. Was an sogenannten *inputs* von der *agora* aus in die institutionalisierten Entscheidungsgremien eingeht, wird von Bobbio zwar als quantitativ zuviel bezeichnet, um mit entsprechenden *outputs* beantwortet zu werden. Diese *inputs* sind meiner Ansicht nach jedoch hauptsächlich konsumistischer Art und alles andere als eine öffentliche Meinung, die sich politisch Ausdruck geben will, geschweige denn als Teilhabe der Betroffenen an der Machtausübung zu verstehen ist. (Schließlich ist es ja auch bezeichnend, daß die sogenannten Meinungsumfragen zur Popularität eines Waschmittels denselben Charakter haben wie die zur Popularität einer Partei.) Die Bemessung dieses von Bobbio konstatierten „Zuviel" setzt voraus, daß ein politisches Regime sich bereits als Supermarkt innerhalb der kapitalistischen Logik dar- und vorstellt.

Um von hier zur Beantwortung der Frage nach den geschlechtsspezifischen Herrschaftsverhältnissen zu kommen, würde dann nur der kleine Umweg über die unverhältnismäßige Aufteilung des Reichtums zwischen den Geschlechtern genügen – jener Reichtum, der ein solch ausschließlich ökonomisches Gefüge bekanntlich bestimmt. Doch die Dinge liegen zum Glück noch nicht (oder sollte gesagt werden: nicht mehr?) so einfach. Und die Tatsache, daß noch nicht alle im Konsumsumpf versunken sind (d.i. im „incognito ergo consum" oder im bewußtlosen Zusammensein, das in der Zerstreuung mündet), verweist darauf, daß möglicherweise auch solche noch existieren, die sich in der *agora* im Hinblick auf kollektive Veränderung versammeln und dort nicht nur Waren, sondern auch Meinungen austauschen. Womit wir nun explizit bei der Durchlässigkeit der Sphären wären. Denn in eben diesem Übergang vom bloßen Austausch zur Versammlung geschieht das Politischwerden. Es ist daher nicht sosehr der je eigene Raum, der die unterschiedlichen Seinsweisen von *oikos*, *agora* und *ekklesia* bestimmt, sondern die Art und Weise des Zusammentreffens von Menschen und die Qualität der Wirkung dessen. Um auf die Ärmlichkeit so mancher politologischer *black-box*-Terminologien zurückzukommen: ein *input* ist politisch gesehen innerhalb einer Demokratie nur dann nicht zugleich ein *output*, d.h. ein Ergebnis politischer, sprich kollektiver und realitätsverändernder Entscheidung, wenn wir Demokratie immer schon als Widersinn akzeptiert haben, d.h. als unidirektionelle Machtausübung einiger weniger über die große Mehrheit. Nur dann nämlich wird die Machtausübungsinstanz – also der Apparat – mit etwas angefüllt, das er umsetzen soll. Es besteht allerdings ein irreduzibler Unterschied zwischen einem *output* in der *agora* und einem in der *ekklesia*. Ein *output* in der *agora* (die Veröffentlichung einer Meinungsumfrage beispielsweise) kann nun zu einem informationellen *input* für die *ekklesia* werden, niemals zu einem *output* derselben. Der ganze Unterschied ist jener der Macht, die in diesem Falle von der Straße über das Meinungsforschungsinstitut an die Regierung nicht abgegeben wird, weil sie dort längst nicht mehr ist, sondern bestenfalls bestätigt wird.

Der Übergang von *agora* zu *ekklesia* erscheint im Bezug zu den Geschlechterverhältnissen besonders interessant. Die erwähnte Monopolisierung der politischen Sphäre durch Männer, die zudem durch die Tabuisierung des Konflikts und der Unterschiede nochmals vereinheitlicht ist, findet in der *agora* ihren Gegensatz durch Vielfalt und zuweilen auch Konflikthaftigkeit. Von dieser gingen denn auch stets die Revolutionen aus, im Zuge derer Frauen mit einem Schlag am politischen Leben teilnahmen, das nun nicht mehr bloß männliches Gipfeltreffen war, sondern radikal demokratisch all jene einbezog, die sich in der *agora* befanden. Dieser Einbruch der Frauen in die sonst männlich besetzte Sphäre der Politik war denn auch immer nur deshalb möglich, weil diese Sphäre in ihrer alten Form zusammenbrach und damit auch nicht mehr an die darin herrschenden Bedeutungen, Rituale, Werte und Aus- bzw. Einschlußkriterien gebunden war. Doch so schnell wie die Frauen in die vorerst noch Macht ausübenden Sektionen (die Bezirksräte) der Revolution Einzug hielten, so schnell waren sie wieder aus der neu gegründeten Verfassungsgebenden Versammlung ausgeschlossen. Diese beanspruchte unter der Herrschaft der Jakobiner zunehmend die gesamte Macht im Lande und schaffte auch bald die Sektionen ab. In ihr waren Frauen von vornherein nur als Zuschauerinnen zugelassen, was ihnen dann auch bald verboten wurde. Die Kurzlebigkeit dieser Einbruchsmomente ist zum einen darauf zurückzuführen, daß Frauen nicht zugleich auch mit der allgemeinen Gesellschaftsordnung ihren eigenen Status explizit in Frage stellten. Sie fielen somit im Zuge der Instituierung einer neuen Ordnung dem Verbleib der alten Geschlechterverhältnisse sowie dem gesamten damit verknüpften und weitgehend männlich bestimmten Imaginären neuerlich zum Opfer. Diese Ambiguität des Neuerlich, das hauptsächlich Wiederholung ist, hat sich von der griechischen *stasis* (dem Bürgerkrieg) bis zur russischen Revolution wie ein roter Faden durch die diskontinuierliche Geschichte des Frauenausschlußes gezogen. Und auch gegenwärtig ist die Teilnahme von Frauen am politischen Geschehen dort am höchsten, wo es enklavenhaft, vorübergehend und abseits der gesellschaftlich eingesetzten Geschlechterverhältnisse oder lokal und im

Bezug zu den Kindern und dem Haushalt geschieht.[12] Erst seit dem Beginn der Frauenbewegungen, das heißt mit der expliziten Destituierung der bestehenden Geschlechterherrschaftsverhältnisse, zeichnet sich die erste Revolution des Imaginären und damit des Alltagslebens ab. Ebenso bedarf die Zurückdrängung der Frauen in die ihnen per instituierter Natur zugewiesenen Räume seither größerer Anstrengungen als zuvor.

Oikos: Die Permeabilität der Sphären bezeichnet, daß es stets Intersektionen gibt. Alles, was im *oikos* geschieht oder diesen ausmacht, ist potentiell Gegenstand öffentlicher Diskussion, ja politischer Beratung und Entscheidung, und es kann sogar gesagt werden, daß vieles, was einst wesentlich dem *oikos* – sprich Haushalt – angehörte, nunmehr in andere Sphären übergewechselt ist: die Ökonomie beispielsweise macht den zwingenden Hauptgegenstand aller zur Zeit herrschenden Politik aus, die – sofern sie nicht direkt Wirtschaftspolitik ist – von dieser weitgehend bestimmt, d.h. begrenzt wird. Doch anstelle dessen, daß die Ökonomie Ursache und Zweck der Politik sei, insofern diese mehr zu sein hätte denn Staatshaushalt, könnte der nunmehr (im Gegensatz zur Antike) öffentlich-gesellschaftliche Bereich, in dem produziert wird, sowohl Ort der *ekklesia* als auch Ort der *agora* sein. Dies würde klarerweise eine Aufhebung der politisch sich auswirkenden herrschenden Besitzverhältnisse voraussetzen.

Wenn nicht alles, was in den letzten Jahrzehnten verändert wurde, wieder rückgängig gemacht wird, dann ist bald auch die Frau nicht mehr die in dem *oikos* eingeschlossene Hauptfigur desselben. Doch während die Frauen zwar über die Verdoppelung ihrer Funktionalisierung als Wurfmaschine und als Billigarbeitskraft aus dem Hause zu gehen begannen, bleiben sie immer noch weitgehend an das Ökonomische gefesselt. Und die Ökonomisierung der Politik trug nicht gerade dazu bei, daß die Frauen in dieser Sphäre nun einen größeren Anteil an der Entscheidungsmacht erlangt hätten. Während zwar das Wahlrecht in den sogenannten demokratischen Ländern auch auf die Frauen ausgeweitet wurde, ist der sogenannte *demos* (das Volk), der tatsächlich die Herrschaft ausübt, ohne tatsächlich das Volk zu sein, wieder nur auf eine Handvoll Männerbünde reduziert. Er ist das geblieben, als was Vidal-Naquet die athenische Demokratie bezeichnet: „ein Männerclub".

Diese Beschränkung des unabsetzbaren Pseudo-demos geht nicht nur einher mit einer Beschränkung der Politik auf die Staatsangelegenheiten. Zudem fällt dabei die Bildung unter die Rubrik der Eliten- und Arbeitskraftheranbildung sowie unter diejenige der Weltanschauung. Schließlich betrifft sie auch das Bild, das die Bürokraten und ihre Berater (vielmehr als die Bürokratinnen und Beraterinnen) von sich als dem Staat an die Welt abgeben zu müssen meinen.

Diese Reduktion der Politik verdeckt die Tatsache, daß in allen Bereichen des gesellschaftlichen Lebens permanent und gewissermaßen im Privaten

Entscheidungen getroffen werden, die eine Kollektivität betreffen und die insofern eigentlich von dieser zu treffen wären. Das bezieht sich sowohl auf die betriebliche Ebene als auch auf die lokale des Wohnens oder auf die allgemeine und zugleich private der Kinderaufzucht. Es wurden nun mehrere Kritiken gegen die Ansätze der direkten Demokratie vorgebracht, welche eben davon ausgeht, daß jede gemeinschaftliche Angelegenheit Gegenstand nicht nur politischer, sondern auch radikal demokratischer Entscheidungen sein müßte. Ich erwähne hier nur die Kritik am Konzept der selbstverwalteten Produktionssphäre.[13] In diesem Konzept hätten – so die KritikerInnen – die durch Gebären und Kinderaufzucht immer wieder aus dem Arbeitsprozeß ausgegliederten Frauen an demokratischer Mitbestimmung einzubüßen. Dasselbe gälte für alle anderen Versammlungen, welche mit einer direkten Demokratie verbunden wären und an denen teilzunehmen die Frauen aus eben denselben Gründen weitgehend gehindert seien. Es erhellt sogleich, daß dies in keinster Weise ein feministisches Argument gegen radikale Demokratie zu sein vermag: Statt daß Frauen dadurch an ihrer Bürgerinnenschaft gehindert würden, wären solche Versammlungen doch vielmehr eine weit wirksamere Voraussetzung für eine zunehmende Integration der Kinderfrage in die gemeinsamen Anliegen als die bloßen Gesetzgebungen, die am alltäglichen Umgang sowie am Imaginären nichts ändern, ja dessen Veränderung bis zu einem gewissen Grad immer schon voraussetzen. Diese Kritik scheint mir jedenfalls von einer Sichtweise auszugehen, welche die Frauen statisch betrachtet und eher die Ausklammerung der Geschlechterverhältnisse in von Männern formulierten Entwürfen direkter Demokratie angeht als diese Demokratieform selbst. Es ist auch nicht einzusehen, warum – wie Agnes Heller postuliert – „ohne repräsentative Regierung das Patriarchat nicht überwunden werden kann." Ihre Begründung, daß „die direkte Demokratie ... auf Verwandtschaftsverhältnissen und auf Verwurzelungen im selben Boden (Blut und Boden)" beruhe, geht nicht nur an den Gründungsbedingungen der Athenischen Demokratie vorbei (die die Demokratie instituierende radikale Reform des *Kleisthenes* bricht gerade mit dieser patronymischen Tradition der auf väterlicher Verwandtschaft basierenden Bürgerschaft); sie fixiert zudem jegliche neuere Form noch zu erfindender direkter Demokratie auf diese historisch bedingte und abgeschlossene Form in Athen.[14] Zudem ist nicht einsichtig, warum der Selbstentwurf der Frauen, der doch als wirksamster Weg zum Ende patriarchaler Fremdbestimmung anzusehen ist, von einer Regierung bewerkstelligt werden soll. Eine solche Behauptung jedenfalls impliziert ein Absehen von den radikaldemokratischen Wurzeln sowie von den partizipatorischen Handlungsweisen der neuen Frauenbewegung. Ebenso impliziert sie die Annahme, daß das Patriarchat eine reine Staatsangelegenheit sei, die durch eben diesen Staat, insbesondere innerhalb seiner männerbündischen Strukturen, abzuschaffen wäre. Oder glaubt Heller etwa an die Allmacht der Gesetze – und das in einer Zeit ihrer immer weniger zu durchschauenden Proliferation? Wie dem auch sei, es gibt keine allgemein und rational bestimmbare Verfassung, die der Sache der Frauen am angemessensten wäre. Der Slogan der neuen Frauenbewegung „das Persönliche ist politisch" stellte am explizitesten die Verbindung zwischen den Sphären her. Er sorgte aber umgekehrt auch oft für identifizierende Verwirrung.

Die Thematisierung der Herrschaftsausübung in der Privatheit der vier Wände war und ist einer der wichtigsten Aspekte dieser Verbindung. Denn was die Fremdbestimmung von Frauen durch Männer betrifft, so berührt diese keineswegs nur den Ausschluß der Frauen aus den Räumen staatlicher und ökonomischer Verwaltung und Entscheidung, auch nicht nur die Ungleichheit der Gehälter und die geschlechtsspezifische Arbeitsteilung. Diese Frage steht in einem direkten Bedeutungszusammenhang mit einem sexuellen Imaginären, das sich sowohl aus der teleologischen Fixiertheit auf das Abspritzen und aus der ehelichen Disponibilität der Frauen als auch aus bestimmten Reproduktions-, Aussterb- bzw. Ursprungsphantasmen speist. Diese wirken bis ins Imaginäre der vermeintlich geschlechtsneutralen Ontologie. Die Vorstellung, daß der Intimbereich Sexualität einer ist, in dem zuweilen wohl die roheste Art von männlicher Herrschaft ausgeübt wird, hat unter anderem als Gegenidee die Vergesellschaftung der Sexualität hervorgerufen. Trotz vielerlei Anstrengungen ist jedoch bis heute der Traum von der Kollektivierung der Geschlechtsakte auf einige vereinzelte Matratzenlager beschränkt geblieben. Die Idee, durch Kollektivierung der Sexualität die in ihr ausgeübte Herrschaft aufzuheben, erscheint in vieler Hinsicht als trügerisch. Es mag damit zwar der an den Alleinbesitz gebundene Despotismus durchbrochen werden, nicht aber der Despotismus schlechthin. Es sei nur an den des Otto Mühl erinnert, der inmitten der Kollektivierung bestens gedieh. Auch die Tatsache der in vielen Gesellschaften gängigen Initiationsriten in Form kollektiver Vergewaltigung läßt einige Skepsis angesichts solcher Lösungsvorstellungen aufkommen.[15] Sie bleiben zudem in der Besitzlogik gefangen und subsumieren auch die Sexualität sowie die Erotik unter die Kategorie des Habens. Die Warenerotik, die mit der Verarmung der Erotik Hand in Hand geht, ist nur die alltägliche Realisierung dieser Konsumierungsidiotie (*idiota* heißt bekanntlich der Einzelne). Schließlich werden hiermit zwei Ebenen in eins gesetzt, die von ihrer Seinsweise her bis dato andersartig und daher nicht subsumierbar sind: Kollektivierung als Besitzaufteilung einerseits, Sexualität und Erotik als unveräußerbarer Zustand bzw. als Erleben. Dies soll keineswegs in die Breschen der Moralapostel schlagen. Auch ist die Vorstellung kollektiv ausgelebter Sexualität keineswegs eine Erfindung einiger Verrückter, sondern oftmals gesellschaftlich instituiert.

Wovon diese Gleichsetzung absieht, ist der imaginäre Bedeutungsgehalt dieser beiden Bereiche, der nicht nur in unseren Gesellschaften griechisch-abendländischer Tradition andersartig ist. (So zieht sich beispielsweise die

Gleichnamigkeit von Scham und Schamteilen von der griechischen Sprache – *hê aidôs* – bis ins Deutsche durch.) Dies mag, wenn wir einen Moment hinter unsere hebräisch-christliche Zwangsmoral zurückgehen, mit allen möglichen Vorstellungen der Innerlichkeit, ihrer Verbindung zur Verletzbarkeit, das heißt also auch zur körperlich-psychischen Integrität zusammenhängen. Nicht zufällig ist die Verbindung von Psyche und *soma* (Körper) im sexuellen Erleben, im Drogenrausch sowie im psychotischen Ausagieren am stärksten, weil die Sozialisierung der Psyche dann in den Hintergrund tritt.

Die Zweiheit, sei es die erste von Mutter (oder sonst wem) und Kind oder die (gleich oder verschieden)geschlechtlicher Liebe, scheint nicht bloß eine kleinbürgerliche Institution zu sein. Gesellschaftlich instituiert sind allemal die Formen dieser Zweiheit. Und diese Instituierung ist es, die Gegenstand politischer Auseinandersetzung werden kann, insbesondere dann, wenn durch diese Institution Herrschaft, Ausschluß und Diskriminierung ausgeübt wird und damit der politische Bereich der Macht berührt wird. In diesem Sinne ist also der Satz zu verstehen, daß das Persönliche politisch ist. Wenn auch im Zuge der Orgie die Intimität öffentlich wird, so geschieht das innerhalb eines eigenen imaginär-wirklichen Raumes, den die Gesellschaft oder die betreffende Gruppe dafür schafft. Niemals aber wird die Orgie als Volksversammlung (*ekklesia*) fungieren, in der die Gemeinschaft ihre Entscheidungen trifft. Und es ist auch kein Zufall, daß auf Frauen in der *ekklesia* ebenso reagiert wurde, wie Verfechter der Oligarchie auf die Vorstellung einer Ansammlung von mehr als 20 Menschen reagierten: nämlich mit dem Vorwurf, daß dabei nur Wahnsinn entstehen könne.[16] Ob diese Angst vor der Vielheit mit der Angst vor der Vielfalt zusammenhängt, sei dahingestellt. Die Tatsache jedenfalls, daß Entscheidungen immer zwischen Möglichkeiten scheiden, das heißt ausscheiden, ist sicher nicht der einzige Grund für das Streben nach dem Einheits- und Eintrachtsideal im Raum der Politik, das fast immer mit Ausschlußverfahren einhergeht. Es ginge jedenfalls darum, diese Vereinigungswut in jeder Hinsicht zu brechen und der konfliktuellen Pluralität auf allen Ebenen des gesellschaftlichen Lebens demokratischen Raum zu eröffnen.

Das Imaginäre ist also in allen Sphären konstitutiv und nicht nur in der *società civile*, wo Gramsci die Bildung und das Ethische ansiedelt. Wenngleich die Geschlechterverhältnisse in allen Sphären relevant sind, erweisen sie sich in jener des *oikos* als unumgänglich. Zwischen der Tatsache, daß Gramsci die Geschlechterverhältnisse für seine Gesellschaftsanalyse nicht in Betracht zog, und seinem Absehen vom *oikos* besteht sicherlich ein Zusammenhang. Doch vielmehr noch besteht einer zwischen dieser Auslassung und einer logisch-funktionalistischen Betrachtungsweise der Gesellschaft. Eine Betrachtungsweise, aus der heraus Gramsci zwar nicht müde wird, die Wichtigkeit der Praxis zu betonen, die aber auch damit noch unter dem Gebot der letztendlichen Rationalisierbarkeit steht. Und es ist dieses Gebot, das die Einbeziehung von geschlechtsspezifischen phantasmatischen Körperinterpretationen sowie deren Eingehen in die Konstituierung und Instituierung von Welt unmöglich macht. Schließlich sei erwähnt, daß jede Denkschranke aufzubrechen ist, sofern etwas als infragezustellender Gegenstand betrachtet und intendiert wird. Und das waren die Geschlechterverhältnisse eben nicht für Gramsci. Mag sein, daß diesem Umstand gerade soviel überschüssige Bedeutung beigemessen wird wie Gramsci selbst. Das zu entscheiden bleibt allerdings den LeserInnen überlassen, auch wenn es dafür letztlich kein Maß gibt, sondern nur die Lust an der Auseinandersetzung.

Anmerkungen

1 Gramsci, A., Quaderni del carcere, edizione critica, Turin 1974, S. 2149f. (Übers. A.P.)
2 Gramsci, A., Ordine nuovo, zitiert nach: Salvadori, M., Gramsci e il problema storico della Democrazia, S. 93, Turin 1983.
3 Gramsci, A., Note sul Machiavelli, in: Quaderni, Turin 1949, S. 332.
4 Siehe hierzu: Gramsci, A., „Am Anfang war die Sexualität", in: Avanti 16.2.1917, Litteratura e vita nazionale, Quaderni, Turin 1949, S. 272–274, dt.: Ders., Gedanken zur Kultur, Leipzig 1987, Reclam, S. 210–212.
5 Siehe hierzu den neu aufgelegten Artikel von Norberto Bobbio aus 1967, „La società civile in Gramsci", in: Saggi su Gramsci, Mailand 1990.
6 Phillips, A., Engendering Democracy, Cambridge 1991, S. 28f.
7 „Weder fungiert diese Idee (der Zivilgesellschaft A.P.) als Gegenbild zu einem vorsozialen Naturzustand wie bei manchen Klassikern, noch bezeichnet sie den anti- oder nichtstaatlichen Bereich der bürgerlichen Gesellschaft wie etwa bei Hegel." Frankenberg, G., „Als Zivilgesellschaft ins 21. Jahrhundert?", in: Universitas, Nr. 1/1992.
8 Ich verweise diesbezüglich auf das bereits zitierte Buch von Massimo Salvadori, insbesondere auf die Ausführungen, die sich mit Gramscis zunehmend ablehnender Haltung gegenüber den Arbeiterräten und deren Selbstverwaltung befassen.
9 „In einem Ganzen, das wie ein Organismus konzipiert ist (man denke nur an die Lehrfabel des Menenius Agrippa, in der die Patrizier der Magen sind und die Plebs die Glieder) sind die Teile per definitionem nicht untereinander gleich, und die major pars zieht die Gesamtheit des zivilen Körpers nach sich." Loraux, N., „La majorité, le tout et la moitié. Sur l'arithmétique athénienne du vote", in: Le genre humain 22, Paris 1990.
10 Castoriadis, C., „Fait et à faire", in: Autonomie et autotransformation de la société, S. 501.
11 Siehe hierzu: Bobbio, N., Die Zukunft der Demokratie, Berlin 1988, viertes Kapitel
12 Randall, V., Women and Politics, London 1984.
13 Phillips, A., op. cit., S. 45ff.

14 Heller, A., „Von Castoriadis zu Aristoteles, von Aristoteles zu Kant, von Kant zu uns", in: Pechriggl, A./Reitter, K. (Hg.), Die Institution des Imaginären, Wien 1991, S. 185. Bezüglich der Reform des Kleisthenes siehe: Pierre Lévêque, Pierre Vidal-Naquet, Clisthène l'Athénien, Paris 1964.
15 Ad kollektive Vergewaltigung siehe: Tabet, P., „Fertilité naturelle, reproduction forcée", in: Nicole Claude-Mathieu, L'araisonnement des femmes, Paris 1985, S. 61–147.
16 Siehe hierzu bezüglich der Bacchantinnen in der französischen Revolution: Pechriggl, A., „Zur Bewegung der Frauen zwischen instituierendem Zerplatzen und Platznehmen in einer Stätte, die immer noch fremd ist", in: Die Revolution hat (nicht) stattgefunden, Tübingen 1989, S. 80–87.

Gerda Ambros

Gerüst und Bau

Zu Heterogenität und Homogenität in der Schreibweise Antonio Gramscis

„Beim menschlichen Körper", so Gramsci, „kann man gewiß nicht sagen, daß die Haut (und auch der geschichtlich vorherrschende Schönheitstyp) bloße Illusionen und das Skelett und die Anatomie die einzige Wirklichkeit seien" (Ph.d.P., S. 281). So versteht sich von selbst, „daß der Mann (und umso weniger die Frau) (nicht) ohne sie leben könnten". „Führt man die Metapher weiter, so könnte man sagen, daß nicht das Skelett (...) jemanden dazu bringt, sich in eine Frau zu verlieben. Aber man begreift, daß das Skelett zur Grazie der Bewegungen beiträgt."

Gramsci weiß es: „Die Bilder und Metaphern (...) geben einen Hinweis." Die „notwendige und vitale Verknüpfung zwischen Basis und Überbau" ist es, der „historische Block", an dem man nach Gramscis Vorbild die Grenzen der Metapher überprüfen müßte.

Darwinistischen Konzepten steht seine Denkweise fern, wenn auch der Metapher des Organismus an einzelnen Stellen zur Sexualität (vgl. bspw. H1, S. 134) die Unterscheidung von Gesundem und Krankem folgt. Die Ästhetik (*aisthesis*=Wahrnehmung) des weiblichen Körpers tritt als Modell der „ideologischen Formen" auf, von denen Marx spricht. Gegen ihren „Scheincharakter" betont Gramsci „die Notwendigkeit und die Gültigkeit der ‚Erscheinungen'" (Ph.d.P., S. 292). Ist aber der Organismus das Modell, so muß er sich dem Urteil seiner Organizität stellen. Die Erscheinungen, *phaenomena*, stünden nicht, wie Croce meint, der Basis als einem *noumenon* gegenüber. Ihre Differenzierung aber setzt erneut am Diskrimen „mechanisch", „zufällig"/„organisch" an und reiht es in die Linie der Zeit als „regressiv"/„progressiv", „minderwertig"/„höherwertig".

Wenn das Bild des (weiblichen) Körpers in die Beschreibung des männlichen Bezugs zur Frau übergeht, zeigt sich das metaphorische Versatzstück als Unterscheidungsmarke vergangener oder zukünftiger, verfehlter oder gelingender Hegemonie.

Einer „engen Psychologie" (Ph.d.P., S. 32), der Doppelgestalt von „spontaneistischem" Selbstverständnis und Absorption durch die bestehende Wirklichkeit, hier des bürgerlichen Staates, setzt Gramsci die „autonomen" Formen/Institutionen, „Verkörperungen" (Ph.d.P., S. 31) der Geschichte entgegen, die den „dem Leben und der geschichtlichen Entwicklung" des Proletariats „immanenten" Gesetzen gehorchen müßten, „aus den Erfahrungen (seiner) Vergesellschaftung" (Ph.d.P., S. 33) hervorgehend. Das wäre ein Staat, verkörpert „in einer grundlegend neuen Schöpfung" (Ph.d.P., S. 32).

Vor ihr schreckt diese „gewisse rein psychologische Haltung" (SPR, S. 73f.) zurück, die die Vorgabe der Anatomie-Gestalt-Metapher „überlagert". Diese theoretisch „schwach" fundierte Haltung, eine polemische Leidenschaft des männlichen Subjekts, ist es, die den „Scheincharakter des Überbaus" behauptet. „Als bloßer, unbeständiger ‚Augenschein'" ist er nicht nur prinzipiell gegen den Realitätswert des „Geistigen" ausgespielt. Vielmehr ist es eine bestimmte politisch-kulturelle Organisation, die diesem skeptischen oder gleichgültigen Blick wie die flüchtigen Affären der Mode erscheint.

Am Illusionsverdacht stellt sich der Vergleich zu einer Haltung „gegenüber der Frau und der Liebe" (SPR, S. 74) ein, die die Wahl des Überbaus ins rechte Licht stellt: Am hübschen Mädchen hätte „der praktische Mann ihren Knochenbau und die Breite ihres Beckens bewertet und versucht, ihre Mutter und Großmutter kennenzulernen, um zu erfahren, welchen Prozeß anlagebedingter Deformation" es „durchmachen" werde, während der „satanische", pessimistische Jüngling, sie „mit ‚sezierenden' Augen angesehen", sie sich schon als einen „Sack voller Fäulnis", als gestorben und beerdigt vorgestellt hätte.

Solche pubertäre Desillusionierung aber würde „vom Leben überwunden und eine ganz bestimmte Frau", meint Gramsci, „wird solche Gedanken nicht mehr entstehen lassen". Eine ganz bestimmte, entsprechende, organische, könnte man ergänzen, um es mit dem „Liebenswerten" zu verbinden, die den zweifach mechanischen Blick in das Maß des authentischen Ausdrucks überführt. Denn jener verschwindet sofort, „wenn man ‚den Staat' erobert hat, und der Überbau der der eigenen geistig moralischen Welt ist".

Der „fremde" Überbau tritt im barocken Umschlag von Schönheit in Fäulnis ins Bild. Der Ekel vor fleischlich Vergänglichem zeichnet die postpubertär Gleichgültigen in ihrer gleichsam kollektiven Verwerfung des Weiblichen. Aber dieser „instinktiven" Trennung gesellt sich die Furcht vor dem Handeln zu und verweist noch einmal auf die Furcht vor IHR im allgemeinen, solange sie ihre Fremdheit behauptet, bevor sie gemeint oder, wie Gramsci sportlich darlegt, „erobert" werden kann.

Seine Analyse der Spaltung der Frau zwischen reproduktiver Ökonomie und dem männlichen Sport mit einem ästhetischen Spielzeug (vgl. H1, S. 133f.) hat ihre Parallele in Spontaneismus und Determinismus. Jener gleicht der „Entfesselung", „die auf jede Krise der Unterdrückung folgt", und tritt an die Stelle des Ekels gegen den „fremden" Überbau (Gramsci spricht darüber im Kontext der Aufhebung der Prostitution). So hat er nur das Flüchtige und die Vergeudung der Kräfte für sich, ist bloßer Augenschein des Anderen. Der Reduktion aufs Vorhersagbare ökonomisch-naturgesetzlicher Prosa aber kommt umgekehrt nicht allein das Kalkül der Mechanik und ihr Fatalismus zu. In einer Polemik gegen Trotzki wird solcher Vorausberechnung auch ein Handeln attestiert, das den Produktcharakter historischer „Wahrheit", die hergestellte Zukunft und ein Handeln, das dem Modell des Herstellens verpflichtet ist, im Bild der Vergewaltigung zeigt: Am „geschändeten" Mädchen wird ihre zukünftige Mutterschaft prognostiziert (vgl. Ph.d.P., S. 346).

Dennoch verweist das System der Oppositionen Gramsci schon hinterrücks auf die Seite der Reproduktion, noch bevor er von der „Gefährlichkeit" der „Besessenheit" von der „sexuellen Frage" spricht (Ph.d.P., S. 387). Gegen die unproduktive Verausgabung steht seine Repressionshypothese: Keine produktive Arbeit ohne Regulation der Triebe. Im Schema von Nützlichkeit und Gesundheit erscheint ihre Reduktionsform am Fordismus (Ph.d.P., S. 383), der „Phase psychophysischer Anpassung" an Rationalisierung, mit dem stets wiederkehrenden Motiv der Herrschaft übers „Tierische". Dieser Herrschaft ist, abgesehen von der familialen Entsorgung des Mannes, bloß Selbstdisziplin, aber noch keine „superstrukturelle Blüte" entsprungen. Solche aber liegt im Horizont jeder „kritischen Erwartung" (Ph.d.P., S. 31). In ihren Horizont sind auch die „gesellschaftlich ‚vagabundierenden' Intellektuellen" (SPR, S. 75) gestellt. Dem unproduktiven Nomadentum winkt schon das Versprechen des Eigenen als des wirklichen Überbaus, wie bei der „bestimmten", „eigenen" Frau „in einem sicheren Hafen zu ankern".

Die „Grazie" des Überbaus transportiert sein Ideal als „eine in die Tat umgesetzte sittliche Welt", eine Ehe, „die durch die innige Verbindung zweier Seelen vollendet wird" (P, S. 312). Auch die „innige Verbindung", die organische Aufhebung des Mechanischen, steht noch im Traditionsfeld der Liebe als im Anderen Bei-sich-sein (Hegel). Bloßes Außer-sich-sein ist verworfen als Mechanik oder flüchtiger Impuls. Der „liebenswürdige" Bau erst steht in der Hoffnung auf Neues, das dauert. Dem analog „lieben" die Arbeiter den *ordine nuovo*, weil er im Fabriksrat einen „Selbstausdruck" (Ph.d.P., S. 75) der Klasse formuliert und sich von seinem Anfang als „Disorganismus" (Ph.d.P., S. 74) befreit hat.

Liest man noch einmal die Metapher des zufälligen, energetisch flüchtigen oder mechanischen Bezugs zu einem fremden Überbau als zu verwerfende Verbindung mit dem anderen Geschlecht, so zeigt sich: das Andere muß im Projekt des Eigenen allererst konstruiert werden, in seiner Homogenität, deren erste Bedingung Naturbeherrschung bleibt.

Insbesondere die Mentalität des Bauern transformiert sich demnach erst in der Industrialisierung oder, beschleunigt, in der disziplinierenden Erfahrung des Krieges. Denn er „lebte immer außerhalb der Gesetze, ohne rechtliche Persönlichkeit, ohne moralische Individualität: er blieb ein anarchisches Element, das unabhängige Atom eines chaotischen Tumults" (Ph.d.P., S. 36).

Nur das Verhältnis zum anderen Geschlecht ignoriert, wie Gramsci andernorts bemerkt, die Grenzen der Lebensumstände (Stadt-Land) und ihrer „Psychologie". Das wird deutlich, wenn nun statt der „geringen Zahl von Urgefühlen" – denn den Bauern blieben „ihre wirklichen Gefühle (...) dunkel" – Noras Gatte in der „heuchlerischen Maskarade des Tieres Mann" (P, S. 311) erscheint, wie sein Bezug zum Anderen als bloß „Muskeln, Nerven und Haut". Gramscis Entlarvung Ibsenscher Lebenslügen aber richtet sich mehr mit Verachtung als mit Ekel gegen die „Kokotte" hier, gegen die „Heuchelei" von Selbstverzicht und mütterlichem „Wohltätigkeitsopfer" (P, S. 313) dort, im Blick auf jene, die „etwas mehr produzieren als nur ein neues Leben und wollüstige Zuckungen sexueller Lust" (P, S. 314). Damit ist die „Freiheit der Galanterie" (P, S. 313) verworfen, anders als bei Kant, der in ihr noch eine Art der weiblichen Kultur entdeckt, dem „Kleid des Sittlichen" verwandt.

Anstelle solchen Kleides setzt Gramsci den „Schutz" der „weiblichen unabhängigen Persönlichkeit". Denn auch sie, so scheint es, bedarf der „Korsettstangen" (Ph.d.P., S. 144) der (Selbst)Organisierung, gilt es doch, alle entfesselten Kräfte zu umfassen. Nur, daß jetzt die Übertragung der Frau als „eigener" Überbau ausgespart bleibt.

Die „eigenständige menschliche Kreatur, die ein eigenes Bewußtsein, die ihre eigenen inneren Bedürfnisse hat, die eine ihr eigene menschliche Persönlichkeit und die Würde eines unabhängigen Wesens hat" (P, S. 312), sieht man vorerst nur im Stadium der Trennung, wenn sie die Fremdbestimmung verläßt, „um allein zu sich selbst zu finden" (P, S. 311). Auch bleibt hier ausgespart, daß Gleichgültigkeit und Zweifel, die „bestimmte Überbauerscheinungen" (SPR, S. 73) treffen, nur bedeuten, „daß eine bestimmte Basis zum Untergang verurteilt ist" (SPR, S. 74).

Mit Nora, der weiblichen Protagonistin, tritt „das unvermeidliche Aufeinanderprallen zweier Innenwelten, zweier Weltanschauungen, zweier moralischer Daseinsweisen" (P, S. 311) in den Vordergrund. Die Weiblichkeitsmetapher einer neuen „eigenen" Hegemonie aber verschwindet in der Rückbindung an die Zukunft in der Reflexion der Liebe. Der in Aussicht gestellte Subjektbegriff ist die Selbstergreifung der Persönlichkeit, die „Inbesitznahme" als gleichsam organische Rüstung. Dennoch erscheint Nora wie eine „unbewaffnete Prophetin" auch vor dem Hintergrund, daß Gramsci sonst „jeden politischen Kampf" als „militärisch unterlegt" (H1, S. 179) begreift.

Es sind die „sozialbiologischen Analogien", von Sorel (G, S. 313) des Unitarismus verdächtigt, die dem *bon sens* entspringen. Hier kreuzen sich die Chancen der lebendigen Sprache mit der didaktischen Verkürzung und ihrer Nähe zur Demagogie. Das Aufblitzen einer neuen Sicht, deren kräftige Metaphorik überzeugt, selbst wenn ein „Fossil", ein Versatzstück des Alten, in neuem Kontext erscheint, und jene Wiederholung des Selbstverständlichen, dessen unbefragte Evidenz den Alltagsverstand bloß von hier nach dort überträgt: vom Körper auf die Körperschaften bis hin zu jener Erneuerung, die den homogenisierten Körper der Nation, die Homogenität einer Nationalsprache projektiert, wie schließlich zum Projekt eines neuen Staatstyps in Gramscis Darstellung des demokratischen als organischen Zentralismus.

Die zwei Metaphern, der weibliche Organismus im Horizont einer organischen als geschichtlicher Physiognomik und der männliche Bezug zur Frau im Horizont einer gelingenden hegemonialen Ehe als „höherer Form", wie das als geschlechtsneutral vorgestellte Ideal der „organischen" Persönlichkeit, folgen dem Leitfaden der lebendig wirklichen Synthesis. Sie sind mehr als Didaktik, die „auf Metaphern zurückgreift, die in ihrer Volkstümlichkeit manchmal ‚grobschlächtig' und ‚derb' sind" (SPR, S. 72).

Die Übertragung wiederholt den fundamentalen Blickwechsel des politischen Denkens in den Kategorien von Arbeit und Leben, von Produktion und Reproduktion und der Selbstschöpfung der Gattung. Setzt die Herr-Knecht-Dialektik mit der „Furcht" des Herrn noch am alten Bild des Sklaven ein, der Überleben gegen Freiheit tauscht, so erscheint die „Macht über Leben und Tod" (Ph.d.P., S. 65) nicht mehr in der Auszeichnung des Souveräns, sondern am Eigentümer der Produktionsmittel, ganz im Bild der familialen Despotie im *oikos*, im Haus, dessen Dunkel traditionsgemäß die Differenz zur Helle des öffentlichen Raums und seiner Ausblendungen markiert. Nicht mehr im Inneren des *oikos*, sondern im Dunkel der Fabrik wirkt ein „unterirdischer" Prozeß und folgt nun der Geburtsmetapher in der Form der Selbstgeburt.

Wie Marx vom „Schoß" der alten Gesellschaft spricht, so Gramsci „über die ‚Keime' einer proletarischen Zivilisation" (Ph.d.P., S. 80), die den Körper, in dem sie vorerst nur „latent" existieren, „sprengen" und das „Gerüst" der bürgerlichen Gesellschaft zum Einsturz bringen. Diesem zweifachen Bild entsprechend, wird die „Latenz", die ans Licht kommt, die Verdeckung des Kriegs wie des Lebensprozesses entlarven. Das Urteil künftiger Organizität aber ist auf diese „Latenz" verwiesen.

Michel Foucault (F1) hat das Denken der „inneren" Entwicklung an den Studien über die Sprachen, das Leben und die Arbeit skizziert,– und exakt gegen das Tableau der „äußerlichen" Merkmale, wie es Linné noch versammelt, führt Gramsci die Anatomie ins Feld (vgl. Ph.d.P., S. 280). Am Motiv der Verborgenheit aber sondiert Foucault seit dem 16. Jahrhundert einen Bruch mit der Geschichte der Souveränität. Eine Gegengeschichte erscheint als „Appell: wir haben keine Kontinuität hinter uns (...). Wir kommen aus dem Schatten" (F2, S. 35). In Notizen zur russischen Literatur (P) spricht Gramsci davon, daß jene, denen der Blick auf die äußere Welt genommen ist, sich nun auf sich selbst besinnen. Den Gesang von Leid und Unterdrückung stellt er in die Tradition der Prophetie Israels, des Rufs nach Gerechtigkeit und Erlösung.

Wenn Foucault diese zweite Redeweise beschreibt, die unser geschichtliches Denken bestimmt, dann spricht er vorerst vom „Gesang der Rassen" (F2, S. 53). In der groben Skizze einer ersten Selbstbesinnung der „Unterlegenen" und „Exilierten", derer, die im Schatten einer fremden Souveränität existieren, die nun den Schein ihrer Neutralität entlarven wie sie die Konstruktionen ihrer Selbstbegründung als bloße Maske eines fortwährenden und verdeckten Kriegs entziffern. Diese Gegengeschichte führt über die Binarität der Rassen zu jener der Klassen wie zur Entstehung des Rassismus in der fatalen Recodierung zum biologisch-medizinischen Begriff der Rasse. Nach Foucault „können (wir) also zwei große Morphologien, zwei große politische Funktionsweisen des historischen Diskurses annehmen: einerseits die römische Historie der Souveränität, andererseits die biblische Historie der Knechtschaft und der Exile" (F2, S. 45).

Während Hannah Arendt (A) das Erscheinen der Massen und des Elends auf den Straßen der Revolution wie die Erfahrung ihres Scheiterns als Erfahrungssubstrat der Geschichtsphilosophie versteht, die von den Bewegungsgesetzen des Lebensprozesses und seiner Notwendigkeit spricht, sieht Foucault in ihr die Rückführung der Gegengeschichte in jene der Souveränität. Gramscis Bezug auf Machiavelli, sein Anspruch, die „politische Wissenschaft" in die „Philosophie der Praxis" zu integrieren, steht genau an dieser Schnittstelle. Nicht einfach mit der Figur der Parteilichkeit der Protagonisten der Geschichte und somit des zukünftigen Allgemeinen als Hegemonie, sondern spezifischer in der Relation von geschichtlicher Prozessualität und Gründung des Neuen. Denn nach Machiavelli ist nichts wesentlicher und zugleich „so schwer zu vollbringen, nichts so ungesichert im Erfolg, und nichts so gefährlich auch nur zu unternehmen, als eine neue Ordnung der Dinge" (M, S. 22).

Die Interpretation des „Principe" von Machiavelli als „anthropomorphe", „lebendige", „plastische" Darstellung (Ph.d.P., S. 283) des Kollektivwillens steht selbst in der Tradition jenes kollektiven Subjekts, das als *volonté générale* die Frage seiner Repräsentation aufwirft. Ihr erster Laizismus zeigt sich in weiblicher Gestalt an Robespierres Inszenierung der Göttin der Vernunft. Gramsci aber steht der Tradition dieses Imaginären fern. Wenn es um den „Platz des Königs" geht, weist er jeden Fetisch der Repräsentation zurück als Absorption von Transzendenz in ihrer bürokratisch erstarrten wie ihrer personalisierten, „charismatischen" Gestalt. Der „Mythos" des „Principe" stellt sich gegen den „bürokratischen Zentralismus", gegen die „politische" Partei als bloß „mythologischer Metapher" (Ph.d.P., S. 327).

Gramscis Denken nimmt stets von den Varianten einer immanenten Prozessualität seinen Ausgang: vom „Kollektivwillen in der elementaren, primitiven Phase seiner bloßen Entstehung" „durch Unterscheidung (,Spaltung') oder auch durch Gewalt" (Ph.d.P., S. 284). Dennoch wird er „hinter der Spontaneität ein(en) pure(n) Mechanismus, hinter der Freiheit (Willkür, *élan vital*) ein Höchstmaß an Determinismus" vermuten (Ph.d.P., S. 285).

Beide aber stehen in Machiavellis „doppelter Perspektive" (Ph.d.P., S. 319), deren Integration ins Modell der Hebammenkunst der Geschichtsphilosophie nicht allein in der Marxschen Formel von der Gewalt als Geburtshelferin der Geschichte aufgeht, sondern „Gewalt und Zivilisation", Gründen und Erhalten des Neuen in die radikale Kluft von Niedrigstem und Höchstem, stellt. Gramsci verwirft das Konzept ihres bloß zeitlichen Nacheinanders nicht einfach mit dem Hinweis auf dialektisches Umschlagen, das, politisch gesprochen, eher als Lösung der Spontaneität, als „geschichtlicher Mystizismus" (Ph.d.P., S. 344) erscheint. Im Blick auf die Positivität der Gründung formuliert er den Fall, „daß je ‚unmittelbarer', elementarer, die erste ‚Perspektive', desto komplexer, höher ‚entfernter' (nicht zeitlich, sondern als dialektisches Verhältnis) die zweite sein muß" (Ph.d.P., S. 319). Damit bleibt das Doppel von (Willens-)Kraft und Mechanik permanenter „Anhaltspunkt" (Ph.d.P., S. 365) aller Organisation. Zugleich aber wird die „Geburtshelferin" sich verdoppeln. Politische Mäeutik nimmt die Stelle der Legitimität und Legalität ein, wenn die Setzung des neuen Rechts nicht einfach in der Wiederaneignung der Gewalt und dem Erinnern ihrer Grundlegung aufgehen soll.

Machiavellis *virtù* und *fortuna* kehren wieder „innerhalb einer Philosophie der Praxis" (Ph.d.P., S. 290). Der Vorrang des Vermögens zu handeln und zu urteilen wird als „politische Kunst" (Ph.d.P., S. 356) genau in dem Augenblick betont, als die Materialschlachten des „Stellungskriegs" jede Rede von Kriegskunst und Kriegsglück verstummen lassen. Dementsprechend ist der „Bewegungskrieg" und mit ihm die Glorifizierung der Gewalt als solcher distanziert. Sie kommt vielmehr der „Negativität" des Sorelschen Mythos vom proletarischen Generalstreik zu, wie schließlich dem Konzept der „permanenten Revolution".

An der militärischen Schreibweise des „Principe", in dem vom Belagerungskrieg abgeraten wird, verankert sich bei Gramsci ein scheinbar genau konträres Motiv: der Vorrang des Kampfes um Hegemonie in der Metapher des Stellungs- gegen den Bewegungskrieg. Darin gibt nicht bloß die Analyse einer bürgerlichen Gesellschaft den Ausschlag, deren Stärke und Hegemonie als komplexes Grabensystem (vgl.Ph.d.P., S. 347) von permanenten Befestigungen aufscheint, sondern der Anspruch der Gründung einer neuen Staatsform selbst. Ihm wird Organisches zum Maß der Positivität einer Gründung, die Dauer beansprucht.

Die stets wiederholte Frage nach der Stabilität des Neuen aber beruft sich nicht mehr allein auf die von Machiavelli so betonte Zustimmung und das Vertrauen des Volkes. Denn es geht nicht darum, „den Konsensus herzustellen und die Hegemonie über subalterne Klassen auszuüben" (Ph.d.P., S.

280). Auch das Solidaritätsgefühl, das Zentrum des einmütigen Kollektivwillens, wird als unzureichend erklärt: denn „Intensität und Kraft des Solidaritätsgefühls können nicht als Stütze des historischen Willens für die Zeit der revolutionären Schöpfung und der Gründung der neuen Gesellschaft (...) angenommen werden" (Ph.d.P., S. 81). Nach den Analysen Hannah Arendts (A), die nicht minder an der Beständigkeit solcher Einmütigkeit zweifelt, bedarf aber der einige Wille schon bei Rousseau nicht allein des äußeren Feindes, sondern auch des inneren, den er in jedem einzelnen als dem Allgemeininteresse widerstreitendes Eigeninteresse aufspürt.

Dem analog spricht Gramsci vom inneren Feind, der „verinnerlichten" Dialektik des Klassenkampfs, als Argument für andere „Stützen". Hier kommt es ganz auf die Lesart an: ob der innere Feind schon in den Horizont stalinistischer Säuberungen gestellt ist, wie Gramscis Reden von Kontrolle und Verschmelzung, vom Übergang in die Administration und vom „starken und gefürchteten Staat" (Ph.d.P, S. 86) nahelegen, oder ob er zum Kriterium für die „Elemente zur Entwicklung der Freiheit" (Ph.d.P., S. 82) wird.

In Absetzung von der Gewerkschaft als Disziplinarorgan der Solidarität – denn auch ihr attestiert er eine „Krise der Souveränität" – nimmt Gramsci den „unterirdischen" Prozeß als „Anhaltspunkt" und sieht jene „Elemente" in der Selbstorganisation der Fabrikräte als der „Verkörperung" des *élan vital*. Der Halt ist aber ebenso das „industrielle Schema" (Ph.d.P., S. 66), das gegen den Irrtum und die Flüchtigkeit der Leidenschaften (vgl. Ph.d.P., S. 273, 293) ihre „Permanenz" garantiert und ihre „Reflexion" ermöglicht, wenn das Rätesystem an der Struktur der Arbeitsteilung ansetzt. So ist nicht das *noumenon* der Basis, sondern sie als Doppelgestalt von Kraft und mechanisch berechenbarem Schema die Basis des einzig authentischen „Selbstausdrucks". Unter fremder „ökonomischer und politischer" Hegemonie „vollzieht sich die Entwicklung des revolutionären Prozesses unterirdisch, im Dunkel der Fabrik und im Dunkel des Bewußtseins der revolutionären Massen" (Ph.d.P., S. 65). Erst in der „Begründung der Arbeiterfabrikräte" sieht Gramsci den Einschnitt einer „neuen Ära": „der revolutionäre Prozeß (tritt) zutage, tritt in die kontrollierbare, dokumentierbare Phase" (Ph.d.P., S. 66).

Dementsprechend ist die Philosophie der Praxis „Ausdruck der subalternen Klassen, die sich selbst zur Kunst des Regierens erziehen wollen" (Ph.d.P., S. 280). In diesem Ideal gegenseitiger Erziehung kehrt erst die Problematik des inneren „Feindes" wieder, der mit der Gefahr des „Selbstbetrugs" auch die Masken der Heuchelei wieder ins Spiel bringt – und sei es als unfreiwilliger *pseudos*.

Mit der Durchstreichung der Transzendenz des Staats- und des Rechtsbegriffs stellt sich das Voraussetzungsproblem der (Selbst-)Gesetzgebung. Der Gesetzgeber bei Rousseau verschwindet in seiner Wolke. Selbst Machiavelli, der wie niemand sonst die Trennung von Glauben, Kirche und

Politik fordert, bringt in der Frage der Gesetzgebung die göttliche Inspiration ins Spiel.

Wie später für Hans Jürgen Krahl (K) ist die reine Konstitution, nach Gramsci der Staatsbegriff beamteter Intellektueller, bloß ein Ding an sich. Daß jedes Recht in Gewalt und Interesse gründet, durchstreicht jeden Anspruch auf seine „Souveränität" und „Autorität". So ist es der Leitfaden der Immanenz, der das Recht zum „zweckgebundenen Werkzeug" (vgl. Ph.d.P., S. 357) werden läßt, um es der immanenten Unterscheidbarkeit von Wille und Willkür zu überlassen. Als Kriterium der Unterscheidung zum „bürokratischen Zentralismus" als bloßem „Polizeiorgan" (Ph.d.P., S. 307) nennt Gramsci die beschließende Gesetzgebung des „demokratischen" und die Einsicht, daß politische Fragen „–in kulturelle Formen verkleidet – als solche unlösbar" werden (Ph.d.P. 301). Stellt sich diese Sicht gegen den Kurzschluß verwirklichter Kohärenz, so erlaubt sie dennoch dem „modernen Principe", den „Platz einer Gottheit oder des kategorischen Imperativs" (Ph.d.P., S. 288) einzunehmen. Zwar stellt Gramsci die Frage nach dem „Ursprung der Macht" (Ph.d.P., S. 373), als „demokratischer" ist er aber an die „Homogenität" eines Kollektivs gebunden (und setzt sich damit analog zur nationalen Homogenisierung, zum Sieg der Einheit der Nation gegen die Konstitution der Republik). Der „aktive und direkte Konsensus", dessen Anfang im Bild der Orchesterprobe (Ph.d.P., S. 366) aufscheint, ist auf Einstimmung und „Assimilation" (Ph.d.P., S. 365, 319) gestimmt. Auch „das Prinzip einer in Permanenz tagenden Konstituente" (Ph.d.P., S. 357) scheint so letztlich auf die Gesinnung, auf den „guten Willen" und den Verdacht des „Verrats" (Ph.d.P., S. 374) zurückgeworfen. Darin wiederholt sich jene Figur der französischen Revolution, die nach Hannah Arendt mit der Entlarvung der Masken einer sich unparteilich gebenden Souveränität auch die *persona*, die Rechtsperson hinwegfegt. Machiavellis Distanzierung der „Moralität" in politischen Fragen, die eher noch mit Kants Konzept einer guten Verfassung selbst für ein Volk von Teufeln zusammenstimmt, ist dort desavouiert, wo ein elastischer Rechtsbegriff (Hegels „Ranke" des Rechts) im Konzept der „Erziehung" aufgeht. „Verhaltensmuster", „Denkweisen", „Moralität" werden zur Sache einer Pädagogik, die nichts „rechtlich Indifferentes" (Ph.d.P., S. 355) mehr kennt. Der Übergang vom Gesetz zur Norm ist die Konsequenz eines „Gesetzgebers", der, wie Gramsci zitiert, „die Gesamtheit von Glauben, Gefühlen, Interessen und Vernunftschlüssen des Kollektivs innerhalb einer bestimmten geschichtlichen Periode" ist. Als Hinweis darauf, wie die Politisierung der „Notwendigkeit" sich mit jener der gesamten Lebenswelt verknüpft (Gramsci bedauert ihre Unübersichtlichkeit, faßt sie aber ähnlich wie Foucault als Vielfalt von Diskursformationen in einer Mikrophysik der Macht), ist er nicht nur gegen die Ausblendungen des Konstitutionalismus und des bürgerlichen Rechtsbegriffs, sondern ebenso gegen die Reduktion des marxistischen Politikbegriffs gesetzt. Das Konzept der Hegemonie rechnet mit dieser Vielfalt und kann auch von daher kritisiert werden, daß der Grundsatz der Politisierung des scheinbar Privaten gerade an der Geschlechterdifferenz noch hegemoniale Ausblendungen betreibt, wie schon die Metaphorik zeigt. Beruft man sich heute auf Gramsci im Sinne der Subkulturen oder der Multikulturalität, so bleibt aber die Ambivalenz geforderter „Übersetzung". Das Problem bleibt auf der Ebene staatsbürgerlicher Rechte und (positiver) Diskriminierung virulent, die sowohl an Gleichheit wie gegen Assimilationszwang orientiert sein kann und zur Frage nach geschlechtsspezifischen und kulturspezifischen Rechtskonzeptionen führt. Sichtbar wird es vorrangig im Erziehungsbereich. Gramscis „Staat als ,Erzieher'" (Ph.d.P., S. 358) ist nicht nur darin problematisch, daß er als „Werkzeug der ,Rationalisierung', Beschleunigung und Taylorisierung" erscheint. Das Hegemoniekonzept beruht stets auf dem Doppel von Ein- und Ausschließung, gerade wenn es im Anspruch gelungener Integration im Hinblick auf einen „gewissen Typus der Zivilisation" (Ph.d.P., S. 357) steht. Eine „öffentliche Meinung", die „sühnend eingreift" (Ph.d.P., S. 358), steht selbst bei wohlmeinendster Unterstellung ihrer kritischen Urteilsfindung im Horizont einer rächenden Moralität.

Die „elastische Formel" (Ph.d.P., S. 351) eines „Zentralismus in Bewegung" ist ganz der Induktion, als anderes Wort für die Hebammenkunst, überantwortet. Dieser Vorrang der Induktion stellt Kants Urteilskraft gegen die Deduktionen historischer Wahrheit und zeigt diesen Gegenzug Gramscis, der auch über Machiavellis Kunst zu urteilen und zu handeln führt.

Dennoch bleibt Induktion nur der Anhaltspunkt naturrechtlicher Legitimität und authentischer Homogenisierung. Im Vertrauen auf den „Übergang" (Ph.d.P., S. 370) zwischen moderner Theorie und „gesundem Menschenverstand", „Alltagsverstand", „der traditionellen volkshaften Weltanschauung", dem, „was gemeinhin Instinkt genannt wird", bestimmt Gramsci auch die „schöpferische Philosophie". Der Kontakt, die „Verbindung mit dem Praktischen oder ihm impliziten Leben" wird zur „Quelle" einer sich verwirklichenden Wahrheit (vgl. Ph.d.P., S. 135). Das Nichtidentische steht im Versprechen der Organizität, auch wenn die Übergänge ihrer Didaktik fließend sind und idealtypisch der Lehrer als „organischer Intellektueller" zum Schüler der noch subalternen Basis wird. Selbstreflexion aber bedarf der „Korsettstangen" (Ph.d.P., S. 144) aufsteigender Eliten, die den „Übergang" scheinbar wie einen Herstellungsprozeß betreiben, wenn es darum geht, „dem amorphen Massenelement Persönlichkeit zu verleihen".

In der zweifachen Gestalt des „Kohärent-Machens" als dynamisiertem Organisations- und Wahrheitstyp ist die Figur der „Aufhebung" zentral, das „Zufällige" und „Fremde" (vgl. Ph.d.P., S. 370) fällt über die Kante der Geschichte. In jedem Schritt vorher aber bleibt die ganze Frage nach der Fassung des Heterogenen ins „organische" Gerüst virulent.

Gramscis Mäeutik des „impliziten Lebens", der „aus der wirklichen Tätigkeit eines jeden Menschen hervorgehenden, in seinem Handeln implizit enthaltenen" Weltanschauung (Ph.d.P, S. 132), ist an der Kategorie des „Ausdrucks" orientiert. Gerade in den Reflexionen zur Sprache, zum Alltagsverstand, zur Folklore aber ist diese Kategorie lebendiger Einheit durch jene der „Kombination" gebrochen. Auch das historische Urteil ist zur „Übersetzung" aufgerufen, denn „die Wirklichkeit ist reich an den bizarrsten Kombinationen; und es ist der Theoretiker, der an dieser Bizarrheit den Beweis seiner Theorie nachzeichnen (...) muß" (Ph.d.P., S. 371).

Wie schon in der Rede von „Freiheit und Notwendigkeit", öffnet eine Nebenordnung das Terrain: denn „die Sprache ist etwas Lebendiges, aber gleichzeitig auch ein Museum voller Fossilien des Lebens und der Kulturen" (SPR, S. 75). Stets ist der Anspruch auf „wirkliche" Kohärenz das Motiv einer Verzögerung. Gegen die in der „Latenz" verankerte Konzeption des Fortschritts ist die Nebenordnung nicht einfach Trennungslinie zu einer „absterbenden" Vergangenheit und ihrer „Überwindung", sondern ebenso Hinweis auf Komplexität. Sie ist Pendant zum „Höherwertigen" der „immer rauhen und steinigen Anfänge einer neuen Welt" (Ph.d.P., S. 146), und gewinnt einen Spielraum der Unterscheidung. Durchlaufen wir ihn noch einmal am Alltagsverstand und an den Sprachen selbst.

Sprachen werden als „komplexe, nuancenreiche Organismen" (SPR, S. 44) beschrieben. Bei ihnen ist „der Ausdruck nie endgültig (...), weil sich die gedanklichen Beziehungen stets verändern, das Schönheitsideal in ständiger Wandlung begriffen ist" (SPR, S. 45). Zugleich betont Gramsci den Wert der Grammatik, die der homogenisierten Nationalsprache den Rücken stärkt und ihre Übersetzbarkeit garantiert. Das organische Gerüst stellt sich gegen den faschistischen Sprachstrom (Gentile) wie gegen die voluntaristische Idee der Universalsprache Esperanto. Dem Kosmopolitismus wird auch der „gerechte Krieg" der neuen sozialen Schicht entgegengesetzt: sie „bringt in die Sprache (...) neue Gebrauchsweisen ein und sprengt die festen Schemata" (SPR, S. 53). Aber Gerüst und Individuierung, der Reichtum der Sprache, bedingen sich. Je fester das Gerüst, desto mehr Grazie? – Wenn Grazie eine Metapher des Komplexen und seiner „Beweglichkeit" ist, die sich mit der Artikulation, den „expressiven Möglichkeiten" (SPR, S. 45) verknüpft. Darin kann auch das „wiederbelebte" Fossil zum Impuls des Neuen werden, in einem nicht mehr bloß „bizarr zusammengesetzten" Kontext geläutert.

So bestimmt sich die Differenz zum Minoritären der Dialekte, die Impulse geben können, aber selten nur die Chance haben, selbst zu sprachlicher Hegemonie aufzusteigen. Organizität bemißt sich hier auch an der „Resistenz" des Regionalen, das den Widerstreit anzeigt gegen „progressive" Assimilation und im Doppelbild der „Folklore" erscheint. Postmoderne, polemisch gesehen, wäre historistische Erneuerung, für die Gramscis Begriff der Folklore zutreffen mag, blendet man den Gegensatz zur „modernen Kultur" oder vielmehr die Unberührtheit der Folklore von „modernen Denkströmungen" aus. Denn sie ist „vielfältig in dem Sinne, daß sie ein mechanisches Nebeneinander etlicher Weltauffassungen ist, wenn nicht gerade ein Museum von Bruchstücken aller Welt- und Lebensauffassungen, die in der Geschichte aufeinander folgten" (H1, S. 149). Selbst Gleichzeitiges wird ihr noch zur Spolie fürs „Mosaik der Tradition".

Aber nicht nur der Historismus des Alltags, der Schein seines zeitlosen Tableaus kommt dabei in den Blick. Folklore verweist auch auf die Gleichzeitigkeit molekularer Verknüpfungen, auf das Zufällige des Wirklichen, das sich dem schnellen Urteil nach Progression oder Regression entzieht, vielmehr selbst als Bezugsfeld der Urteilsfindung im Spiel bleibt. So sind es die „bizarren Kombinationen" des „Alltagsverstands", die bei Gramsci stets den Index bestehender Wirklichkeit tragen. „Kombination" wird gleichsam zur Kategorie ihrer Feinmechanik wie der Vielfalt ihrer Verknüpfungen.

Dagegen folgen Grammatizität und Artikulation der Anatomie-Gestalt-Metapher im „Anhaltspunkt" von Mechanik und Kraft. Im Innersten der anatomischen Metapher tauschen sich Genesis und Struktur. Die Feinmechanik und Kombinatorik, das Gewebe der Ungleichzeitigkeit, aber zeigt sich nicht bloß als Borniertheit und Fossil oder als am alten Mütterchen zitierte Neigung zum Hexenaberglauben. Sie weist ebenso auf die *semiosis* gesellschaftlicher Mikrologien, die den Widerspruch von „passiv aufgeprägter", „bizarr zusammengesetzter" und „gespaltener" „Persönlichkeit" hier, ihrer „organischen" Inbesitznahme als Position des souveränen Subjekts dort, unterläuft. Denn am Heterogenen der Sprache und des Alltagsverstands kann sich handelndes Denken orientieren, wenn es mit dem Ideal der Kohärenz auch jenes der Souveränität in Frage stellt. Übersetzbarkeit ist dann, wie Gramsci weiß, auf die Nuancen verwiesen. Daß sie sich ins Handeln einschreiben, daß Zusammenhandeln nichts mit Souveränität zu tun hat, wäre eine ins Offene der Zugehörigkeit gestellte Frage.

Literatur

M: Machiavelli, N., Der Fürst. ‚Il Principe', übers. und hrsg. von Rudolf Zorn, Stuttgart 1978. In dieser Ausgabe lautet das Zitat: „Man muß sich nämlich darüber im klaren sein, daß es kein schwierigeres Wagnis, keinen zweifelhafteren Erfolg und keinen gefährlicheren Versuch gibt, als sich zum Leiter eines Staats aufzuwerfen und eine neue Ordnung der Dinge einzuführen ...". Die im Text verwendete Übersetzung ist von Hannah Arendt, in: Fragwürdige Traditionsbestände im politischen Denken der Gegenwart, aus dem Englischen übers. v. Charlotte Beradt, Frankfurt/M. 1957, S. 168.
A: Arendt, H., Über die Revolution, München 1965.
F1: Foucault, M., Die Ordnung der Dinge. Eine Archäologie der Humanwissenschaften, aus dem Französischen übers. v. Ulrich Köppen, Frankfurt/M. 1974.

F2: Foucault, M., Vom Licht des Krieges zur Geburt der Geschichte, aus dem Französischen übers. und hrsg. v. Walter Seitter, Berlin 1986.
H1: Gramsci, A., Gefängnishefte. Bd. 1, Heft 1, Hamburg 1991.
K: Krahl, H.J., Konstitution und Klassenkampf. Zur historischen Dialektik von bürgerlicher Emanzipation und proletarischer Revolution, Frankfurt/M. 1971.
S: Sorel, G., Über die Gewalt (Réflexions sur la violence), mit einem Vorwort v. Gottfried Salomon (Frankfurt/M.) und einem Nachwort v. Edouard Berth (Paris), aus dem Französischen übers. v. Dr. Ludwig Oppenheimer, Innsbruck 1928. Sorel spricht hier von den Redegewohnheiten des *bon sens*, die dazu beitragen, „unitarische Vorurteile" zu verbreiten.
SPR: Gramsci, A., Notizen zur Sprache und Kultur, Leipzig 1984.
P: Gramsci, A., Zu Politik, Geschichte und Kultur, Frankfurt/M. 198.
Ph.d.P: Gramsci, A., Philosophie der Praxis. Eine Auswahl, Frankfurt/M. 1967.

Johanna Borek

Der Verstand und die Gefühle

Eine Träumerei

Für Jaro

In den Briefen, die Gramsci aus dem Gefängnis an seine Schwägerin Tania Schucht schreibt, ist ungeschieden die Rede von Großem und Kleinem. Von weit angelegten Arbeitsprojekten und von den materiellen Arbeitsbedingungen im Gefängnis; von den unendlichen Schwierigkeiten, die zu überwinden sind, ehe er überhaupt schreiben, sich Aufzeichnungen machen darf; von zu lesenden Zeitschriften und Büchern und den Problemen, sie zu bekommen; von der Zeiteinteilung im Gefängnis; von den Medikamenten, die er braucht; vom Essen und von den Zigaretten der Marken Giubek oder Macedonia-Esportazione, um die er Tania bittet. Ungeschieden von Großem und Kleinem, doch immer mit größter Präzision spricht Gramsci mit der Intention, Tania die Elemente zu liefern, die es ihr ermöglichen sollen, sich seine Existenz, seine Lebensbedingungen im Gefängnis möglichst präzis vorstellen zu können: die konkreten Elemente einer unendlich verwickelten Realität, eines *mondo terribilmente complicato*, wozu auch die Realität des Körpers und seiner Zustände zählt und die Realität des Innen.

Auf die Analyse und Darstellung dieser seiner Realität wendet Gramsci dieselbe Methode an wie diejenige, in den Gefängnisheften auf die Analyse des *mondo terribilmente complicato* außerhalb des Gefängnisses, auf die Analyse der Vorgeschichte des faschistischen Italien und der gescheiterten italienischen Arbeiterbewegung. Es ist eine Methode des genauen Lesens, in dem das Große vom Kleinen nicht hierarchisch geschieden wird, eine Methode, die der Philosophie des Benedetto Croce ebenso große Aufmerksamkeit schenkt wie Formen der populären Kultur. Es ist eine Methode, die Gramsci – in seinen Briefen aus dem Gefängnis wie in den „Gefängnisheften" – *filologia vivente*, lebendige Philologie, nennt.

„Tuttavia non sono demoralizzato", heißt es in einem Brief an Tania Schucht vom 2. Januar 1933, „anzi, la mia volontà trae alimento proprio dal *realismo* con cui *analizzo* gli *elementi della mia esistenza e resistenza.*" – „Ich gebe mich nicht geschlagen, trotz allem, und ich beziehe meine Kraft gerade aus dem Realismus, mit dem ich die Elemente meiner Existenz und meines Widerstands analysiere." (Gramsci 1975, S. 726)[1]

Hier liest der Philologe, der den Text der Wirklichkeit sonst, in den „Gefängnisheften", Großes und Kleines nicht unterscheidend, zu entschlüsseln sucht, seine eigene Wirklichkeit – und dasselbe fordert er von der Leserin seiner Briefe, der er alle *konkreten Elemente* an die Hand zu geben bemüht ist, die ihr diese philologische Tätigkeit ermöglichen sollen.

Doch die Leserin erweist sich als störrisch. Sie liest nicht genau. Sie verweigert die ihr zugemutete philologische Tätigkeit.

Sie ist, so findet Gramsci, beim Lesen *frettolosa, vaga, imprecisa*: Sie huscht eilig, vag und ungenau über den Text von Gramscis Wirklichkeit hinweg, liest nicht, was da steht, und sieht nicht, was da ist. Ihre Lektüre ist, so findet Gramsci, *generica* und *astratta* – beliebig, allgemein, abstrakt. Sie setzt, anstatt der von Gramsci geforderten *immaginazione precisa*, statt der genauen Imagination des Philologen, eine verwaschene, unkonturierte, uferlos sich verlierende ein. Die Oppositionspaare heißen *parole generiche, speranze generiche, affermazioni generiche (e convenzionali)* – beliebig-abstrakte Worte und Hoffnungen, beliebig-abstrakte, konventionelle Behauptungen – gegen *fatti concreti*, konkrete Tatsachen: Sie heißen *elementi di confusione* – Elemente, die Verwirrung stiften – gegen *elementi di chiarezza* – Elemente, die Klarheit schaffen.

Tanias ungenaue Lektüre, ihre ungenaue Imagination haben Konsequenzen für ihr Handeln, das falsch wird, obwohl sie so gerne das Richtige täte. Sie schickt Gramsci Dinge, von denen sie meint, daß er sie braucht, vergißt auf andere, um die er sie bittet:

„Du kannst Dir nicht vorstellen", schreibt er ihr am 6. August 1928, „was ein Gefängnis ist, und so gelingt es Dir auch nicht, Dir einen genauen Begriff von meiner Realität zu machen. Du denkst, ich wäre in einem Pensionat oder dergleichen. Aber in Wirklichkeit habe ich hier kein Anrecht auf irgendetwas Eigenes außer Wäsche und Bücher. Auf sonst nichts, verstehst Du? Auf keinen Anzug, keinen Mantel usw. usw. Nichts aus Metall, nicht einmal eine Dose Vaseline. Du darfst mir absolut nichts schicken, worum ich Dich nicht gebeten habe, darfst nichts für mich unternehmen, ehe ich Dir gesagt habe, daß es mir auch recht ist. Ausnahmslos nichts. Sonst machst Du mir das Leben im Gefängnis nicht leichter, sondern schwerer. Tu statt dessen das, worum ich Dich bitte: 1. Die Buchhandlung schickt mir immer noch nicht regelmäßig die Zeitschriften. 2. Statt einer deutschen Grammatik für Italiener hast Du mir eine italienische Grammatik für Deutsche geschickt (ja, so ist es.) (...) 4. Ich weiß nicht, ob Du wegen den Büchern, die ich in Mailand gelassen habe, schon dem Advokaten Ariis geschrieben hast. Schluß damit. Auch Du solltest Dich über das, was ich schreibe, nicht allzu sehr ärgern; ich weiß schon, daß Du alles nur getan hast, weil Du meintest, es wäre zu meinem Besten." (Ebd., S. 228)

Was aber aus dem ungenauen Lesen, dem ungenauen Imaginieren entsteht und dem falschen Handeln die Richtung weist, ist ein ungenaues Fühlen, sind vage, sind falsche Gefühle. Nicht *daß* sie fühlt, ihm helfen, „sein Bestes" will, wirft Gramsci seiner Schwägerin vor, sondern daß sie sentimental, daß sie gefühlvoll fühlt. Hier wird ein Gefühl attackiert, das sich als Produkt von gesellschaftlicher Arbeitsteilung auf der Ebene der Geschlechterrollenverteilung in Opposition zum Verstand setzt; das Herz, das den Weg zum Kopf nimmer findet, weil im *social body* dieser Weg durch eine geschlechterspezifische Demarkationslinie versperrt ist. Ein kalter männlicher Kopf krönt den Gesellschaftsleib, in dem ein warmes weibliches Herz schlägt.

Auf Tania Schuchts Gegenvorwurf, er, Gramsci, fühle falsch, antwortet Gramsci durch Überschreiten der geschlechterspezifischen Demarkationslinie:

„Ich verstehe nicht, was es heißen soll, daß ‚mein Fühlen den Umständen nicht angemessen ist'. Aber es handelt sich gar nicht um Fühlen (sentire) in der unmittelbaren Bedeutung des Wortes, sondern um etwas, das einen sehr weiten Raum (una larga prospettiva) einbezieht, in dem es schwierig ist, Gefühl (sentimento) und Verstand (ragione) auseinanderzuhalten." (Ebd., S. 702, 21.11.1932)

Anti-rousseauistisch ist der Versuch, Denken und Fühlen dergestalt aneinander zu binden. Er hat philosophiegeschichtliche Tradition, ist Teil eines Stückes aufklärerischer materialistischer Theorie – die Gramsci, der Aufklärer und Materialist, sonderbarerweise kaum zur Kenntnis nimmt, die ihn nicht interessiert: der Theorie des Sensualismus französischer und italienischer Denker des 18. Jahrhunderts, die englische empiristische Ansätze entschlossen weiterdenken, wie Condillac, Diderot oder Pietro Verri. Bündig koppelten sie die Operationen des Verstands (zu denen die Imagination und das Gedächtnis genauso gehören wie das Urteilen) an die Erfahrungen der Sinne, ließen jene genetisch aus diesen sich entwickeln. Die (cartesianische) Demarkationslinie, die Körper und Geist, *res extensa* und *res cogitans*, in einander unversöhnlich fremde Sphären schied, ist damit aufgehoben, ein Horizont aufgerissen, an dem auch die *schmale Wandergestalt des Gefühls* Verstand annehmen kann, indem sie ihre Sinne sättigt. Eine *larga prospettiva*, ein Möglichkeits-Raum ist entworfen, in dem Verstand und Gefühl nicht mehr getrennten Haushalt führen müßten, wo das Gefühl den Haushalt, auf den Rousseau – hierin weit tragendes, begierig vernommenes Sprachrohr des kollektiven Imaginären – es beschränkt hat, verlassen könnte, um öffentlich zu werden.

Ein Horizont, eine *prospettiva*, ein Möglichkeits-Raum nur, den die sensualistischen Denker hier für den Menschen vorstellbar machen. Für den Menschen. Für alle Menschen gleich? Natürlich – oder besser: im Prinzip schon. Denn dort, wo die anthropologischen Überlegungen der Sensualisten geschlechterspezifisch werden, wo sie explizit unterscheiden zwischen männlichen Menschen und weiblichen Menschen, wird die Kategorie Geschlecht/Genus bestimmend für eine grundsätzliche Differenz: Nur für die Frau ist Geschlecht/Sexus konstitutiv, nicht für den Mann. Noch ehe der Mann als Mensch denkt, fühlt er schon als Mensch; die Frau fühlt je schon spezifisch als Frau, nicht als Mensch, denkt nicht als Mensch, sondern denkt als Frau.

Die sensualistische Überwindung des Cartesianismus, die Rückeroberung von Körper und Erfahrung für die Imagination und das Denken, treibt Egalitätsdiskurse dort, wo sie versucht werden (wie passioniert bei Diderot), in die Enge. Schwierigkeiten, *gender troubles*, tun sich auf, die etwa der Descartes-Schüler Poulain de la Barre nicht hatte. Hatte er des Meisters Diktum vom Verstand als der bestverteilten Sache der Welt nicht mehr nur auf die Menschen im allgemeinen, sondern auf die Menschen als Männer und Frauen angewandt, hatte er den Verstand zur geschlechtsneutralen Instanz erklärt, so war ihm das möglich auf der vorgegebenen erkenntnistheoretischen Basis, die Körper und Geist aussichtslos voneinander trennte und eine Verbindung zwischen beiden so schlechterdings ausschloß wie jede einschränkende Abhängigkeit. Eine avancierte Position auf einem obsoleten Theorie-Boden. Stiftet der *Verstand, der kein Geschlecht hat*, auch Gleichheit zwischen den Geschlechtern, so zieht er die Demarkationslinie, die das Denken vor dem Fühlen und das Fühlen vor dem Denken bewahrt, nicht durch den Gesellschaftsleib, wohl aber durch den Leib der einzelnen.

Wirft Gramsci seiner Schwägerin Tania Schucht vor, daß sie eine Frau ist? Wünscht er sich eine Leserin, deren *Verstand kein Geschlecht* hat?

„Man kann von niemandem verlangen", schreibt er ihr am 25. April 1927, „sich neue Dinge vorzustellen; man kann aber sehr wohl verlangen (...), daß jemand seine Einbildungskraft dazu einsetzt, mit den Elementen, die er kennt, eine ganze, lebendige Wirklichkeit aufzubauen (...) Bei Dir (wie bei den Frauen im allgemeinen) arbeitet die Einbildungskraft in eine einzige Richtung, die ich (ich sehe Dich zusammenzucken) ... die von Tierschützern, Vegetariern, Krankenschwestern nennen würde (...) [Die Frauen, Anm. J.B.] stellen sich das Leben der anderen (auch der eigenen Kinder) einzig und allein unter dem Gesichtspunkt des animalischen Schmerzes vor, sind aber unfähig, sich mit Hilfe der Einbildungskraft das ganze Leben eines anderen Menschen in seiner Komplexität und in allen seinen Aspekten zu rekonstruieren. (Bedenke, daß ich hier etwas feststelle, ohne darüber zu urteilen; noch würde ich es wagen, daraus Folgerungen für die Zukunft abzuleiten; ich beschreibe das, was heute der Fall ist) ... Du weißt, daß ich mich hier im Gefängnis in einem beschränkten Raum befinde, in dem mir viele Dinge fehlen ‚müssen'; Du denkst ans Bad, an das Ungeziefer, an die Wäsche usw. Würde ich Dir schreiben, daß mir beispielsweise eine bestimmte Zahnpasta fehlt, wärst Du sicherlich imstande, in ganz Rom herumzulaufen, Mittag- und Abendessen auszulassen, Dir das Fieber zu holen; davon bin ich überzeugt. Aber Du schreibst mir und kündigst mir einen Brief von Giulia an; dann schreibst Du mir wieder und kündigst mir noch einen an; dann bekomme ich einen Brief von Dir (und ich freue mich sehr über Deine Briefe), aber ich bekomme nicht die Briefe von Giulia, und ich habe sie noch immer nicht bekommen. Das bedeutet, daß Du Dir nicht vorstellen kannst, wie ich hier im Gefängnis lebe. Du stellst Dir nicht vor, daß ich, nachdem Du mir den Brief angekündigt hast, Tag für Tag darauf warte und Tag für Tag enttäuscht bin, und das eine jede Minute einer jeden Stunde eines jeden Tages ..." (Ebd., S. 83f.)

Zahnpasta gegen die vorenthaltenen Briefe von Giulia, Gramscis in Moskau lebender Frau. Tania hat wieder einmal flüchtig und ungenau gelesen, Gramsci beweist es ihr ausführlich und drastisch. Und einmal, ein einziges Mal, sagt er statt „Du" „die Frauen" – „Du und die Frauen im allgemeinen" –, und schon kippt der Diskurs und wertet die Werte um. Im allgemeinen Befund über die Frauen wird aus dem Vorwurf zu großer Abstraktheit der Vorwurf allzu großer Konkretheit des bloß animalischen Instinkts. Dieser, nicht mehr die *affermazioni generiche,* werden nun konventionell genannt. Doch nochmals kippt der Text, und der einhellig scheinende (hierarchisierende) Differenzdiskurs wird an einen geschichtlichen Ort gebunden. Nachträglich wird der allgemeine Befund zur historischen Bestandsaufnahme – „descrivo ciò che c'è oggi – ich beschreibe, was heute der Fall ist."

Ob das Korrektiv greift? Denkbar wäre, daß Geschichte noch tiefer reicht, als Gramsci es anzunehmen bereit ist, noch die Triebe formt, die er animalisch nennt. Denkbar wäre allerdings auch ein *unaufgelöster Rest* als das Andere der Geschichte, welcher Geschichte erst in Gang setzt und weder in den kulturellen Praktiken noch im kollektiven Imaginären aufgeht. Doch ob als anthropologische Invariante oder, in der Korrektur, als gesellschaftlich vermittelte Konvention, als veränderliche und veränderbare historische Mentalität: Die allzu große Konkretheit des bloß Animalischen wird „den Frauen" generalisierend als Merkmal des Geschlechts/Genus attestiert.

Wie genau eigentlich liest der Philologe Gramsci, der die mannigfaltigen Texte der Wirklichkeit mit verständigem Gefühl, mit einem *sentimento intelligente* zu entziffern versucht, die Wirklichkeit seiner Schwägerin Tania (einer Frau)?[2] Wie genau kann er seine eigene (die eines Mannes) lesen? "(...) es handelt sich gar nicht um ‚Fühlen' in der unmittelbaren Bedeutung des Wortes, sondern um etwas, das einen sehr weiten Raum einbezieht, in dem es schwierig ist, Gefühl und Verstand auseinanderzuhalten", hatte er über sich selbst der Schwägerin geschrieben. Und er fährt fort:

„Sicher handelt es sich um ein Fühlen, aber das, was dem Gefühl vorausgeht, sind nicht emotionale Triebe (impulsi emozionali) oder instinktive Leidenschaften (passioni istintive), sondern ein langes, gelassenes, nüchternes Nachdenken (una lunga meditazione fatta con tutta calma e freddezza)." (Ebd., S. 702)

Die Demarkationslinie durch den eigenen Leib wird gezogen, jenseits von ihr bleiben Triebe, Instinkte, Leidenschaften, jenseits bleibt ein Irrationales, Dunkles, der Geschichte (vielleicht) sich Entziehendes, jenseits bleibt das Geschlecht/Sexus, bleibt mit ihm das Geschlecht/Genus. Jenseits bleibt, was Pasolini in den „Ceneri di Gramsci" als Part der *buie viscere,* der dunklen Eingeweide, gegen das luzide Gefühl *skandalös sich widersprechend* einfordert.[3]

Jenseits der Demarkationslinie durch den eigenen Leib bleiben Elemente der Wirklichkeit, die Gramsci nicht mitlesen will, die er ausklammert. Die

– freilich! – der kleine sardische Bub, der sich einen Buckel erhungert, um in die Schule gehen zu können; die der einer eisernen Disziplin sich unterwerfende Revolutionär und Theoretiker der Kommunistischen Partei; die der als Sechsunddreißigjähriger für den Rest seines Lebens der Gefängnisdisziplin Unterworfene ausklammern mußte, wollte er nicht nur überleben, sondern mit dem Verstand zusammen ein Gefühl sich erhalten. Der blinde Fleck, der den philologischen Blick trübt und ihn über die dunklen Elemente der Wirklichkeit hinweglesen läßt: er ist das Wundmal eines beschädigten Lebens. Wie, zuletzt, auch der fragmentarische Charakter von Gramscis „Gefängnisheften" nicht nur Ausdruck eines gegen die geschlossenen philosophischen Entwürfe gerichteten anti-systematischen Denkens ist, das das Große vom Kleinen nicht hierarchisch scheidet, sondern zugleich auf der Ebene des Textes die Verstümmelung reproduziert, die ihrem Autor vom Zwangssystem des Faschismus angetan wurde. Das macht ihre Unabgeschlossenheit ambivalent. Offen sind die „Gefängnishefte" wohl – offen aber auch als Wunden.

Anmerkungen

1 Antonio Gramsci, „Lettere dal carcere", hg. von Sergio Caprioglio und Elsa Fubini, Turin 1975, S. 726 (Übersetzung dieses und aller folgenden Zitate aus den „Lettere" J.B.).
2 Die faktischen Elemente, die Gramsci in seiner Gefängnisisolation, die auch eine politische Isolation war, notgedrungen entgehen mußten, beschreibt Aldo Natoli in „Antigone e il prigioniero. Tania Schucht lotta per la vita di Gramsci", Rom 1990.
3 „Lo scandalo del contraddirmi, dell'essere/con te e contro te; con te nel cuore,/in luce, contro te nelle buie viscere – der Schmach des Widerspruchs, des Für-/und Wider-dich-Seins zugleich; für dich/im hellen Herzen, im dunklen Gedärm wider dich." (Pier Paolo Pasolini, „Gramsci's Asche", Übersetzung von Toni und Sabine Kienlechner, München 1980, S. 92f.).

Birgit Wagner

Die Methode ist ein Politikum

Thesen zu Gramscis „lebendiger Philologie"

Ich wandle einen bekannten Lenin-Titel ab und frage nicht: *Was tun?*, sondern zunächst: *Wie denken?* Diese Frage, so behaupte ich, ist keine akademische, sondern ein Politikum, und genau das kann man, wenn man will, von Gramsci lernen. Bei genauem Zusehen, bei genauem Hinsehen auf seine Texte läßt sich erkennen, daß es sich bei der „Methodenwahl", die sowohl die Entscheidung für eine bestimmte epistemologische Position als auch das, was Adorno einmal „denkpraktische Anweisung" (Adorno 1981, S. 24) genannt hat, impliziert, daß es sich bei der Methodenwahl um jene politische Grundentscheidung handelt, die inhaltliche Positionen formt und hervortreibt, andere hingegen von vornherein ausschließt. Über „Methodisches" nachzudenken, wie das Joseph Buttigieg in so inspirierender Weise getan hat (Buttigieg 1990), mag zunächst nach einer thematischen Reduktion aussehen, in Wahrheit eröffnet es ein ganzes Bündel relevanter Fragestellungen.

Das Nachdenken über die Methode verstehe ich also als politischen Akt – als Basis für eine Praxis, die darin bestehen soll, Elemente, Spuren, Keime von Gramscis Denkweise in den *senso comune*, in unser aller Alltagsverstand einzuschleusen. Die theoretische Reflexion, sagt Gramsci, darf nicht zu einer „Dienerin der Praxis" (Q 1386) werden, sie ist nichts „Hinzugefügtes" oder „Komplementäres" (ebd.), sondern schafft ebenso originär Realitäten wie die Praxis selbst. Und sie ist kein eingezäunter Tummelplatz für Spezialisten, sondern eine Sache, die alle angeht.

Was man gemeinhin die Aktualität von Gramscis Denken zu nennen pflegt, gründet gerade im methodischen Kern seiner Theoriebildung, und in ihm ist auch der Grund dafür zu suchen, daß so viele Menschen unterschiedlichster Herkunft, Sozialisierung und Erfahrung von der Lektüre Gramscis profitieren können, obwohl er überwiegend von einer spezifisch italienischen und auch schon weit zurückliegenden Realität spricht. Diese Aktualität seines Denkens bedarf keiner „banalen Aktualisierungen", vor denen sein Biograph Giuseppe Fiori jüngst zu Recht gewarnt hat (in: Emigrazione 8/9, Aug.-Sept. 1991). „Aktualisierungen" sind in der Geschichte der internationalen Gramsci-Rezeption immer Instrumentalisierungen einzelner absolut gesetzter Theoreme gewesen, die sich als solche für diesen oder jenen politischen Bedarf angeboten haben und anbieten. Einer solchen Instrumentalisierbarkeit entzieht sich Gramscis Methode, die ich nun im folgenden durch eine kommentierte Lektüre des elften Gefängnisheftes von einer impliziten zu einer expliziten machen möchte.

Das elfte Heft trägt den Titel „Einführung in das Studium der Philosophie" und ist in der Ausarbeitung sehr weit gediehen, d.h. es ist im Vergleich zu anderen Heften weniger fragmentarisch und tendenziell eher schon Ergebnis eines Reflexionsprozesses als eine Dokumentation desselben. Gleichwohl ist es aber keineswegs „fertig" im Sinn von „abgeschlossen". Auch handelt es sich im Grunde nicht um eine „Einführung in das Studium der Philosophie" als vielmehr um die Frage, *wie* man denn eine solche schreiben könne und solle. Die Fragestellung selbst verdankt Gramsci einem kritischen und selbstkritischen Impuls: er, der sein aktives Leben lang mit der Schulung von Genossen beschäftigt war und noch die Zeit seiner Verbannung auf der Insel Ustica zur Einrichtung einer Gefängnisschule genützt hatte, liest nun, in der Einsamkeit der Zelle, Nikolai Bucharins „Gemeinverständliches Lehrbuch" des historischen Materialismus, einen prominenten und in der jungen Sowjetunion einflußreichen Versuch, eine Philosophie populär zu machen. Ein mißlungener Versuch, wie Gramsci urteilt, wobei er gerade durch die Kritik an Bucharin zu den avanciertesten Punkten seiner eigenen Theoriebildung gelangt. Zu diesen gehört die bekannte Formel von der *lebendigen Philologie* (filologia vivente) im Paragraph 25, zu der ich einige Thesen formulieren möchte und die so etwas wie eine kritische Hermeneutik, eine Hermeneutik mit politischer Relevanz sein könnte.

Einer der möglichen Ausgangspunkte dieser Lektüre ist die „Warnung" (avvertenza), die Gramsci dem elften Heft voranschickt, in dem er schreibt:

„Die Aufzeichnungen dieses Heftes, so wie die der anderen Hefte, sind flott dahingeschrieben, als rasches Gedächtnisprotokoll. Sie sind alle genauestens zu überarbeiten und zu kontrollieren, weil sie mit Gewißheit Unrichtiges, unkorrekte Assoziationen und chronologische Irrtümer enthalten. Da mir bei ihrer Niederschrift die Bücher, von denen die Rede ist, nicht zur Verfügung standen, ist es möglich, daß sie nach der Überprüfung gründlich korrigiert werden müssen, weil genau das Gegenteil von dem, was geschrieben wurde, sich als wahr erweist." (Q 1365)

Nun ist diese „Warnung" offensichtlich auf verschiedenen Bedeutungsebenen wirksam. Zunächst sollte man gewiß einfach an ihren „wortwörtlichen" Sinn denken, den „unvermeidbaren" Sinn, wie ihn Umberto Eco in einem rezenten Buch über die Grenzen hermeneutischer Verstehensprozesse genannt hat. Wer die Bücher der Autoren, über die er schreibt, nicht zur Hand hat, der muß mit Irrtümern rechnen, sie einkalkulieren. Auf einer anderen Bedeutungsebene ist die „Warnung" ein Akt der Selbstzensur. Gramsci versucht, seine eigene Glaubwürdigkeit sowohl vor den Gefängnisautoritäten als auch vor den Autoritäten der Internationale zu schmälern, indem er zu verstehen gibt: Ich schreibe ja nur auf, was ich gerade so denke, ich kann mich auch irren, ja es ist eigentlich sehr wahrscheinlich, daß ich mich irre.

Aber die Bedeutung dieser überaus vieldeutigen „Warnung" geht weit über solche professionellen und politischen Kautelen hinaus. Wenn jemand sagt: genau das Gegenteil von dem, was ich geschrieben habe, könnte sich als wahr erweisen, dann denkt er damit die *radikale Vorläufigkeit des Denkens*. Er ist ein Odysseus, der auf seinen theoretischen Irrfahrten dem verführerischen Wohlgesang der Gewißheiten Widerstand leistet, jener Gewißheiten, die immer wieder zu „banalen Aktualisierungen", d.h. zu Instrumentalisierungen, Anlaß geben.

Irrfahrten können sehr wohl ein Ziel haben: Ithaka, und Gramscis Parcours des Vorläufigen hat nichts mit Standpunktlosigkeit zu tun, sehr wohl aber mit jener konsequenten Historisierung aller Lebensphänomene, die seine Aufzeichnungen als Leitfaden durchzieht. Die radikale Vorläufigkeit des Denkens ist vom Standpunkt der Textwissenschaften als hermeneutische Tugend erkennbar: als Öffnung der *écriture* auf die Zukunft hin.

In einem gewissen Sinn ist das gesamte elfte Heft, die „Einführung in das Studium der Philosophie", nichts anderes als eine *Theoretisierung des Irrtums*. Gramscis Ausgangspunkt sind dabei die Irrtümer der anderen, speziell die Bucharins, dem er auf verschiedenen Ebenen Vorwürfe macht, die von der Monierung sachlicher Irrtümer bis hin zum Vorwurf eines prinzipiellen Mißverständnisses des historischen Materialismus reichen. Vor allem aber mißfällt Gramsci Bucharins didaktische Vorgangsweise, die Popularisieren mit autoritären Beglaubigungs- und Beruhigungsstrategien verwechselt und die die Möglichkeit des Irrtums durch einen katechismusähnlichen Affirmationsstil zu bannen glaubt, dem Leser also Kritik nicht zutraut. Gramsci denkt aber nicht nur über Bucharins Irrtümer nach, sondern räumt prinzipiell die Möglichkeit des eigenen Irrtums ein, gibt dieser Möglichkeit Raum in seinem Denken. Seinem Diskurs – und ganz allgemein dem theoretischen Diskurs – verleiht er damit die Qualität des Mutmaßlichen, Wahrscheinlichen, Vorläufigen. Ich denke, daß diese so überraschend moderne Qualität von Gramscis Denken auf ihre Stunde hat warten müssen, und daß sie uns heute, im Lichte neuerer Texttheorien, als Qualität „erscheint", daß sie uns anders erscheint als Gramscis Zeitgenossen.

Freilich kann sich Gramsci als ein Philosoph der Praxis nicht mit einer kritischen Hermeneutik, mit einer Textwissenschaft zufriedengeben. Was er sucht, ist eine theoretische Fundierung des politischen Handelns, eine Denkform, die zu einem hegemonialen Faktor wird und politisches Gewicht erlangt.

Daher spricht er von der Fähigkeit zur Selbstkritik, zur kritischen Analyse der eigenen historischen Situation nicht als individueller Tugend, sondern als einer kollektiven Geisteshaltung, die ein hegemonialer Faktor werden soll. So lautet das politische Programm, das Gramsci im ersten Paragraphen des elften Heftes formuliert, und das ist das Ziel seiner „Einführung in die Geschichte der Philosophie", die eine Philosophie der Praxis ist. Bezeichnenderweise ist sein Ausgangspunkt wieder ein kritischer, nämlich die Kritik an einer punktuellen, doch merkwürdigen Konvergenz der Standpunkte zwischen dem Marxisten Antonio Labriola und dem Faschisten Giovanni Gentile. Zusammenfassen ließe sich diese Kritik folgendermaßen: beide Denker hielten es nicht für opportun, kritische Fähigkeiten ins Volk zu tragen und reservierten sie lieber für den Gebrauch einer zur Führung bestimmten Elite. Gramsci nennt diese Position einen „tendenziösen Verzicht auf die Erziehung des Volkes" (Q 1367). Dieser Bildungspolitik stellt er eine andere gegenüber, die auf die Erreichung einer „höheren Kulturstufe" („*grado superiore di civiltà*", ebd.) abzielt. Eine höhere Kulturstufe erreicht eine Gesellschaft dann, wenn die Fähigkeit zum kritischen Denken zum Alltagsverstand (senso comune) gehört, wenn das politische Handeln von Selbstkritik durchsetzt wird und wenn Machtausübung ständig von Führenden und Geführten reflektiert wird. Eine solche Gesellschaft hätte dann auch eine „vorläufige" Auffassung von ihrer eigenen Verfaßtheit und ihren Werten.

Das ist Utopie. In der Realität finden Machtkämpfe u.a. im Bereich der Durchsetzung von Wertesystemen statt, die Verbindlichkeit beanspruchen. Dies galt, wie wir wissen, in besonderem Maß für den stalinistischen Typus von Gesellschaft, und den hat Gramsci wohl im Auge, wenn er schreibt: „Deshalb passiert es auch, daß sogar die Philosophie der Praxis eine Ideologie im schlechten Sinn, d.h. ein dogmatisches System absoluter und ewiger Wahrheiten, werden will" (Q 1489). Der radikal Vorläufige mißtraut sowohl dem System und seinem geschlossenen Kausalzusammenhang als auch überzeitlichen Wertsetzungen. Allerdings: die „Philosophie in ihrer Geschichtlichkeit begreifen", sagt Gramsci an anderer Stelle, „ist als Denkvorgang ein wenig mühsam und schwierig" (Q 1402). Unterzieht man sich aber dieser Mühe, werden ewige Wahrheiten zu historischen und ahistorische Systeme zu Produkten bestimmter Wissenskonfigurationen. Die Philosophie in ihrer Geschichtlichkeit begreifen heißt sie in Bewegung zu sehen und sie in Bewegung zu bringen, als ein offenes, unabgeschlossenes, d.h. auch entwicklungsbedürftiges und entwicklungsfähiges Denken. Dies widerspricht dem Alltagsverstand, der auf dem Weg des geringsten Widerstands nach autorisierten Gewißheiten Ausschau hält.

Gramsci hat nicht vor, seinem Leser diese Ware zu liefern. In einem vielfach suggestiven Abschnitt seiner Kritik des „Gemeinverständlichen Lehrbuchs" von Bucharin liest man, daß die kritische Denk-„form" wichtiger sei als der politisch „richtige" „Inhalt". Anlaß dafür ist Gramscis Feststellung, daß die materialistische Auffassung von der Priorität des Seins vor dem Bewußtsein dem Alltagsverstand auf unreflektierte Weise selbstverständlich ist, was Bucharin dazu veranlaßt, dieses im wörtlichen Sinn Vor-Urteil des *senso comune* als Beweis gelten zu lassen:

„Im Alltagsverstand überwiegen ‚realistische', materialistische Elemente, d.h. das unmittelbare Produkt der bloßen Sinneswahrnehmung, was im übrigen dem religiösen Element nicht widerspricht, im Gegenteil; diese Elemente sind aber ‚abergläubisch', unreflektiert. Gerade deswegen stellt das ‚Gemeinverständliche Lehrbuch' eine Gefahr dar: weil es oft diese unreflektierten Elemente bestärkt (...) statt sie von einem wissenschaftlichen Standpunkt aus zu kritisieren." (Q 1397)

Es nützt also nichts, wenn man auch die „richtigsten" Meinungen bestärkt, wenn sie auf nicht durchschauten Irrtümern beruhen. Wir bewegen uns damit noch immer im Bereich einer Theoretisierung des Irrtums: *Irrtum* und *Kritik* bilden dabei ein dialektisches Paar. Kritik als Fähigkeit wird allen zugemutet: Gramsci traut eben dem „gemeinen Verstand" mehr zu, als es der Autor des „Gemeinverständlichen Lehrbuches" kann und will. Freilich weiß er auch, daß die von ihm vorgeschlagene Denkform „ein wenig mühsam und schwierig" ist. Diese „Mühen" und „Schwierigkeiten" hält Gramsci für prinzipiell zumutbar. Ein selten zitierter Abschnitt der Gefängnishefte spricht davon, daß die Mühsal des Lernens und Studierens nicht wegzudisputieren sei und die Jugendlichen und alle sonstigen Lernenden sich in ihr einzuüben hätten, einzuüben im Sinne des Erlernens einer intellektuellen, zugleich auch körperlichen Selbstdisziplin (vgl. Heft 12, § 2). Gramsci, der seinerseits ein exemplarisch Lernender war, kennt die Bedingungen, die notwendig sind, um dem Alltagsverstand neue Einsichten und – vor allem – neue Denkformen – zuzuführen. Man braucht dazu Zeit, Geduld und Intelligenz, und man braucht *Leidenschaft* (passione) – Leidenschaft im Sinn von Engagement und solidarischer Einfühlung. Die passione ist dann auch der Schlüssel zum Verständnis des Paragraphen 25 des elften Heftes, der den eingangs angekündigten Vorschlag einer *lebendigen Philologie* enthält.

Diese Philologie ist eine Hermeneutik, die auf einer doppelten Basis beruht: einerseits auf dem dialektischen Paar *Irrtum* und *Kritik*, also der Prozeßhaftigkeit der Erkenntnis, andererseits auf der *Erfahrung*, also dem Ernstnehmen eines qualitativen lebensweltlichen Wissens. „Die Erfahrung, auf der die Philosophie der Praxis beruht, kann nicht schematisiert werden; sie ist die Geschichte selbst in ihrer unendlichen Mannigfaltigkeit und Vielfalt." (Q 1428) Ein Philosoph, der schematisiert, bricht eine Bewegung ab, die von vielen individualisierbaren Phänomenen erzeugt wurde, und läßt sie zu einer Form erstarren: vom Standpunkt eines provisorischen Denkens aus ist dies unzulässig. Nun wissen wir, daß es gerade die Philologie, d.h. hier: die hermeutische Interpretationstradition, ist, die provisorische Antworten gibt, deren Gültigkeit eine vorläufige ist und die sich auf Erfahrung, in diesem Fall auf Lektüre-Erfahrung, berufen.

Die Philologie, sagt Gramsci, stellt die Methode für das „korrekte Erfassen einzelner Fakten" (Q 1429) bereit. Der „wörtliche" Sinn dieser Definition ist im Umkreis positivistischer Methodologie zu suchen: in der Forderung nach wissenschaftlich sorgfältigem Arbeiten, nach umsichtigem und dokumentarischem Belegen von Behauptungen etc. Aber auch dieser Satz eröffnet in seinem Kontext eine reiche Bedeutungsvielfalt.

„Einzelne Fakten korrekt erfassen" kann bei Gramsci auch heißen: das Detail achten, es in seiner „unverwechselbaren Individualität" (ebd.) lieben, es nicht in einem System verschwinden lassen (bei Adorno heißt das emphatisch: „der Anspruch der Singularität auf Wahrheit", Adorno 1981, S. 28); „einzelne Fakten korrekt erfassen" kann die Verpflichtung bedeuten, die Erfahrung zu respektieren und dem deduktiven Denken zu mißtrauen; „einzelne Fakten richtig erfassen" kann darüber hinaus die Abschaffung mentaler Hierarchien bedeuten, die in der Wissenschafts- und Philosophiegeschichte als Denkverbote ganze Serien von „einzelnen Fakten" zu verstellen pflegen. Dies ist einer der Aspekte von Gramscis Methode, die sich mit den erkenntnistheoretischen Überlegungen Walter Benjamins in Beziehung setzen lassen. Im *Passagenwerk* heißt es beispielsweise: „Was für die anderen Abweichungen sind, das sind für mich die Daten, die meinen Kurs bestimmen." (Benjamin 1982, S. 570), oder, noch näher bei Gramsci: „Aber die Lumpen, den Abfall: die will ich nicht inventarisieren, sondern sie auf die einzig mögliche Weise zu ihrem Recht kommen lassen: sie verwenden." (ebd., S. 574). Die Lumpen, den Abfall, die einzelnen Fakten: Philosophie wird hier verstanden als Wissenschaft vom Konkreten, das noch nicht ideologisch vorsortiert wurde.

Die Philologie, sagt Gramsci, ist also der „methodologische Ausdruck dafür, daß es wichtig ist, die einzelnen Fakten in ihrer unverwechselbaren ‚Individualität' korrekt zu erfassen und zu bestimmen", während der Philosophie die Aufgabe zugewiesen wird, eine „allgemeine Methodologie der Geschichte" bereitzustellen (Q 1429). Die eine funktioniert nicht ohne die andere, beide sind gleichberechtigt und stehen nicht, wie bei Bucharin, in einem hierarchischen Verhältnis zueinander (bei Bucharin heißt es allerdings nicht Philologie und Philosophie, sondern Geschichte und Soziologie). In einem ganz anderen Zusammenhang und ohne auf Gramsci zu rekurrieren schreibt der italienische Historiker Carlo Ginzburg über ein Wissen, das von der einzelnen Erfahrung zur Theorie schreitet und das er in ein von ihm so benanntes „indizielles Paradigma" einreiht: „Was dieses Wissen kennzeichnet, ist die Fähigkeit, von vermeintlich irrelevanten Erfahrungsdaten zu einer komplexen Realität fortzuschreiten, die nicht direkt erfahrbar ist" (Ginzburg 1979, S. 67), und er ortet „lokale" Ausprägungen eines solchen Erfahrungswissens in den alten und traditionsreichen Wissensbeständen der Jäger, der Seefahrer und der Frauen, Wissensbestände, deren Kern „Spuren" und „Indizien" sind, also Auslegungen von Einzelphänomenen. Denn Ausgangspunkt all dieser Wissensformen ist jeweils die „Erfahrung, die Konkretheit der Erfahrung" (ebd., S. 81). Gramsci spricht natürlich nicht von „lokalem Wissen"; was er anstrebt, ist nichts Geringeres als eine Universalisierung der beschriebenen Denkform, die zugleich mit deren Bewußtmachung einherginge, und in seiner Terminologie heißt das dann: eine intellektuelle Reform des Alltagsverstands.

Gramscis Ziel ist bekanntlich eine „intellektuelle und moralische" Reform, also eine Reform, die handlungsrelevant wird. Der Schritt von der Philologie als einer kritischen Hermeneutik hin zu der *lebendigen Philologie* ist dann einer von der Epistemologie zur politischen Aktion: zum Versuch, das, was bislang als „Methode", d.h. als Denkform, beschrieben wurde, zum handlungsleitenden Prinzip zu machen. Hier nun werden die Elemente *Kritik* und *Erfahrung* durch das dritte, *Gefühl* bzw. „passione" ergänzt.

Sucht man die Synonyme, die der Text für lebendige Philologie gibt, so findet man: (Q 1430)
– „geteilte Leidenschaftlichkeit" (con-passionalità)
– „aktive und bewußte, gemeinsame Teilnahme"
– „Erfahrung der unmittelbar gegebenen Tatsachen".
Die Emphase liegt hier auf Leidenschaft und Erfahrung, wobei das Element Kritik ebenfalls kurz zuvor im Text auftaucht. Die Metapher der lebendigen Philologie übernimmt also von einer Wissenschaftsdisziplin ihren Bezug auf das konkret Gegebene und ihre Detailtreue für ein Feld der Erkenntnis, das dann weit über die Philologie hinausgeht, und für ein Feld des Handelns, das Ziel einer Philosophie der Praxis zu sein hat. „Lebendig" in diesem Kontext bedeutet das Gegenteil von „zwischen zwei Buchdeckeln begraben", nämlich lebendig im Bewußtsein vieler Frauen und Männer. Diese lebendige Philologie hat, wenn ich Ginzburg folge, ihre Wurzeln in einem sehr alten und immer handlungsleitenden kollektiven Erfahrungswissen. Sie bewußt zu machen, sie anzureichern mit der im wesentlichen modernen Kategorie der Kritik, mag „ein wenig mühsam und schwierig" sein, ist aber jedenfalls die Aufgabe, die Gramsci sich und uns stellt.

Abschließend möchte ich die Ebene der Textanalyse verlassen und noch einen kleinen Nachtrag im Tonfall zeitgemäßer Apokalyptik anschließen. Die *lebendige Philologie* ist laut Gramsci die Voraussetzung für das ideale Zusammenwirken von Regierung und Regierten, Partei und Volk. „So" – nämlich durch die filologia vivente – „bildet sich eine enge Bindung zwischen der großen Masse, der Partei und der Führungsgruppe, und das gut gegliederte Ganze kann sich wie ein ‚kollektiver Mensch' (uomo collettivo) bewegen." (Q 1430) Allein die Nennung der Begriffe Regierung und Regierte, Partei und Volk scheint die lebendige Philologie sofort zu einer toten zu machen. Tot nicht als Einzeltugend, aber als kollektive Denkform. Und nicht Erfahrung ist heute gefragt, die stört vielmehr und soll wegretuschiert werden wie die Gesichtsfalten durch ein Lifting, es interessieren und faszinieren vielmehr Begriffe wie Simulation und virtuelle Welten; es geht nicht um die Propagierung von Kritik, sondern um die Zerstreuung der zum Konsens Verhaltenen; „geteilte Leidenschaftlichkeit" zwischen Führern und Geführten bildet sich schlechtestenfalls auf der Basis von dumpfer Xenophobie. Allerdings ist dieser kulturkritische Befund seinerseits nichts anderes als eine Verallgemeinerung, eine Schematisierung, und als solche

Ausdruck eines Denkens, das von konkreter Erfahrung absieht bzw. Erfahrungen, die als irrelevant erscheinen, gleich auch verschwinden läßt. Und so meine ich, daß Erfahrungswissen, Kritikfähigkeit und solidarisches Gefühl, die in Gramscis Vision Ziele eines Bildungsprozesses mit universalistischen Ansprüchen sein sollen, auf lokaler und begrenzter Ebene, von Fall zu Fall sozusagen, durchaus vorhanden sind, vorhanden und ansprechbar, tradierbar oder auch immer wieder neu zu schaffen.

Literatur

Adorno, T., „Der Essay als Form", in: Noten zur Literatur, Frankfurt/M. 1981, S. 9–33.
Benjamin, W., Das Passagen-Werk, hg. von Rolf Tiedemann, 2 Bde., Frankfurt/M. 1982.
Bucharin, N., Theorie des historischen Materialismus. Gemeinverständliches Lehrbuch der marxistischen Soziologie. Mit einer Rezension von G. Lukacs (sic), Erlangen 1971.
Buttigieg, J., „Gramsci's Method", in: Boundary 2/1990, S. 60–81.
Eco, U., I limiti dell'interpretazione, Mailand 1990.
Ginzburg, C., „Spie. Radici di un paradigma indiziario", in: Crisi della ragione. Nuovi modelli nel rapporto tra sapere e attivita umane, hg. von Aldo Gargani, Turin 1979, S. 57–106.
Gramsci, A., Quaderni del carcere, hg. von Valentino Gerratana, 4. Bde.; Turin 1975 (Heft 11 in Bd. 2). Zitiert als Q.

Joseph A. Buttigieg

Philologie und Politik
Zurück zum Text der „Gefängnishefte" von Antonio Gramsci

Die Feiern zu Gramscis fünfzigstem Todestag im Jahr 1987 und zur hundertsten Wiederkehr seines Geburtstags vier Jahre danach boten vielfach Gelegenheit, weltweit ein Resümee über Einfluß und Relevanz von Gramscis Ideen sowie über die Entwicklung und den Stand der wissenschaftlichen Gramsci-Forschung zu ziehen. In zahlreichen Veranstaltungen und Publikationen wurde immer wieder fasziniert auf die Tatsache hingewiesen, daß Gramsci nach wie vor außerordentlich viel Beachtung findet. In der Gedenknummer der „Rinascita" erwähnt Eric Hobsbawm in seinem Artikel eine Untersuchung, nach der Gramsci zu den 250 Autoren gehört, die am häufigsten in der internationalen sozial- und kulturwissenschaftlichen Literatur zitiert werden.[1] Einen weiteren Beweis für Gramscis umfassenden und nachhaltigen Einfluß liefert John Cammetts Gramsci-Bibliographie samt Ergänzungsband, in der rund 8.000 Buchtitel, Dissertationen, Essays und Artikel in 28 Sprachen aufgelistet werden.[2] Selbst nach den politischen Veränderungen im Jahr 1989 und obwohl die marxistische Denktradition weithin als obsolet gilt und viele ihrer herausragendsten Exponenten sehr rasch in Mißkredit oder Vergessenheit geraten sind, ist das Interesse an Gramsci unvermindert groß.

Gramscis breite Präsenz in der akademischen und politischen Kultur unserer Zeit beruht vor allem auf der bleibenden Relevanz der Einsichten, zu denen er in den Jahren seiner Gefangenschaft gelangte und die er in den „Gefängnisheften" festhielt. Auch die in Cammetts Bibliographien angeführten Publikationen beziehen sich zum überwiegenden Teil auf den einen oder anderen Aspekt der „Gefängnishefte". Wenige Werke des 20. Jahrhunderts haben so großes Interesse hervorgerufen und eine so breite Wirkung auf die verschiedensten Wissenschaftsbereiche ausgeübt wie die „Gefängnishefte". Viele der in den Heften verwendeten oder ausgearbeiteten Ausdrücke oder Begriffe – wie etwa „Zivilgesellschaft", „Hegemonie", „passive Revolution", „organischer Intellektueller", „historischer Block", „subaltern" – sind mittlerweile zu Standardbegriffen im Vokabular von Politologen, Soziologen, Historikern, Kulturkritikern, Anthropologen und anderen Theoretikern geworden.

Bibliographischen Statistiken und der zahlenmäßigen Erfassung von Zitaten ist jedoch mit Vorsicht zu begegnen. Zurecht meint Hobsbawm: „Die Tatsache, daß ein Autor zitiert wird, heißt nicht notwendig, daß er auch wirklich bekannt ist und verstanden wird; trotzdem läßt sich daraus schließen, daß er in gewissem Umfang geistig präsent ist."[3] In Gramscis Fall läßt die Fülle an Publikationen (ganz abgesehen von Vorträgen und Kongressen, akademischen Lehrveranstaltungen, audio-visuellen Produktionen, politischen Kundgebungen etc.) und die häufige Nennung seines Namens zurecht darauf schließen, daß er in der zeitgenössischen Kultur einen wichtigen Platz einnimmt. Gleichzeitig kann man mit Grund daran zweifeln, daß Gramscis Schriften wirklich so bekannt sind, wie die Zahlen vermuten ließen. Denn ganz offenkundig gibt es in der Gramsci-Forschung eine große und einschneidende Lücke: Sie betrifft vor allem die Kenntnis und das Verständnis für den am häufigsten zitierten Text Gramscis, die „Gefängnishefte". Dieser Text wird erst jetzt allmählich in seiner Gesamtheit erforscht; zu weiten Teilen ist er selbst denen noch unbekannt, die bereits ausführlich über Gramscis Überlegungen geschrieben oder mit ihnen gearbeitet haben.

Eine genauere Untersuchung der Publikationen zu Gramsci zeigt, daß nur wenige philologisch exakt mit dem Text arbeiten. Die überwältigende Mehrheit der Theoretiker, Kommentatoren und Kritiker, darunter Verfasser von vielbeachteten und weithin anerkannten Untersuchungen, haben es absichtlich oder wohlweislich vermieden, auf den überaus komplexen Text in seiner ursprünglichen Form zurückzugreifen. Ein beträchtlicher Teil der Publikationen zu den „Gefängnisheften" basiert auf Fassungen, die mit Gramscis Heften nur entfernte Verwandtschaft haben. Obwohl die kritische Ausgabe der „Gefängnishefte" durch die getreue Wiedergabe des Gesamttextes völlig neue und entscheidende Einsichten in Gramscis intellektuelle Vorgangsweise ermöglicht hat, wurde bis heute mit wenigen Ausnahmen keine der bereits erschienenen bedeutenden Untersuchungen zu Gramsci entsprechend überarbeitet. Darüber hinaus stammen zahlreiche Artikel und Bücher zu Gramsci von Autoren, die der italienischen Sprache nicht mächtig sind und sich deshalb ausschließlich auf Auswahlbände und auf die Sekundärliteratur stützen. Während es einigermaßen undenkbar ist, daß ein seriöser Theoretiker etwa über die Marxsche Theorie des Mehrwerts schreibt, ohne das ganze „Kapital" gelesen zu haben, gibt es zu so grundlegenden Konzeptionen Gramscis wie Hegemonie, gesellschaftliche Funktion der Intellektuellen oder passive Revolution eine Reihe von Publikationen, deren Verfasser Gramsci nur aus Übersetzungen ausgewählter Schriften kennen. (Die Publikation der kritischen Gesamtausgabe der „Gefängnishefte" in Deutsch, Französisch, Spanisch und Englisch ist zwar weit vorangeschritten, aber noch nicht abgeschlossen.) So hat beispielsweise John Hoffmann in seinem Buch „The Gramscian Challenge: Coercion and Consent in Marxist Political Theory" („Die Herausforderung Gramscis: Zwang und Konsens in der politischen Theorie des Marxismus", Oxford 1984) die Lenin-Zitate der mehrbändigen Standardausgabe der „Collected Works" („Gesammelte Werke", Moskau 1960–1970) entnommen, und bei seinen

Ausführungen über Marxsche Theorien stützt er sich auf verschiedene philologisch zuverlässige Ausgaben, darunter die umfangreichen „Collected Works" von Marx und Engels (London 1975 ff.) und die „Werke" (Berlin 1961–1968); bei seinen Erörterungen zu Gramsci greift er hingegen auf die „Selections from the Prison Notebooks" (London 1975), auf eine „Auswahl der Briefe aus dem Gefängnis", sowie auf einige Anthologien der vor der Haft entstandenen Arbeiten Gramscis zurück.

Von einigen Theoretikern wurde sogar bezweifelt, daß die Auseinandersetzung mit dem Text der Hefte in einer Ausgabe, die sich an deren Chronologie hält und Gramscis Arbeitsweise sichtbar macht, überhaupt einen Sinn hat, zu schweigen von der Beschäftigung mit dem Manuskript selbst. Für eine solche Position steht Joseph Femia, Verfasser von „Gramsci's Political Thought: Hegemony, Consciousness, and the Revolutionary Process" („Gramscis politisches Denken: Hegemonie, Bewußtsein und revolutionärer Prozeß", Oxford 1981). Als Femia sich mit Gramsci zu beschäftigen begann, war die kritische Ausgabe der „Gefängnishefte" noch nicht erschienen. Zu dem Zeitpunkt, als er sein Werk abschloß und veröffentlichte, lag diese jedoch bereits seit sieben Jahren vor; Femia beschloß dennoch, von ihr abzusehen. Im Vorwort zu seinem Buch rechtfertigt er diesen Entschluß folgendermaßen:

„Die Vorarbeiten zu dieser Untersuchung waren bereits vor dem Erscheinen der kritischen Ausgabe der ‚Gefängnishefte' im Jahr 1975 abgeschlossen. Die Zitate im Text stammen daher aus der Einaudi-Originalausgabe, die – das sei hier angemerkt – durch die neue Ausgabe keineswegs als überholt zu gelten hat. Durch die Gruppierung nach Themen bringt die alte Ausgabe in das fragmentarische Durcheinander von Gramscis Aufzeichnungen eine inhaltliche Struktur. Sicher ist damit nicht nachvollziehbar, wie sich Gramscis Denken zwischen 1929 und 1935, dem Zeitraum, in dem er die ‚Gefängnishefte' niederschrieb, entwickelte. Aber wie bedeutend war diese Entwicklung? Bis jetzt konnte niemand nachweisen, daß sich Gramscis Denken in diesen Jahren wirklich entscheidend geändert hat. Gerratana bringt die Aufzeichnungen in der Reihenfolge, in der sie niedergeschrieben wurden, und nicht thematisch geordnet. Seine Ausgabe enthält sogar vorläufige Entwürfe, die Gramsci selbst wieder verworfen hat! Dieses peinlich genaue Festhalten an der Chronologie ermöglicht uns natürlich, den Rhythmus von Gramscis Denkprozeß nachzuvollziehen. Unser Verständnis für die Ideen selbst wird dadurch allerdings nicht größer. Nicht zuletzt wird so die Lektüre des gesamten Werkes äußerst mühsam und orientierungslos. Aus all diesen Gründen wird die ursprüngliche Ausgabe meines Erachtens auch weiterhin die Standardausgabe bleiben."[4]

Doch anders als von Femia vorhergesagt, hat Valentino Gerratanas kritische Ausgabe der „Quaderni del carcere" („Gefängnishefte", 1975)[5] die alte, thematisch geordnete Edition als Standardausgabe abgelöst. So gut wie jeder, der mit dem italienischen Text arbeitet, zitiert heute Gerratanas Ausgabe. Diese Tatsache allein widerlegt allerdings noch nicht Femias

Argumente zugunsten der thematischen Ausgabe, die auch insgesamt für seinen Verhältnis zu Gramscis Text und dessen Interpretation bezeichnend sind. Nach Femias Ansicht hinterließ Gramsci eine Reihe von wertvollen, aber gleichzeitig verworrenen und verwirrenden Heften, deren Studium ihm aus zwei unterschiedlichen Gründen nützlich erscheint: einmal, um chronologisch zu rekonstruieren, „wie sich (Gramscis) Denken zwischen 1929 und 1935 (...) entwickelte" und so in der Lage zu sein, den „Rhythmus von Gramscis Denkprozeß nachzuvollziehen"; und zum anderen, um die Hauptthemen und die „Ideen selbst", die über den fragmentarischen und ungeordneten Text verstreut sind (und vom restlichen Material verdeckt werden), zu ermitteln und herauszufiltern. Die Beschäftigung mit dem Text Gramscis auf die erste Art und Weise setzt ein genaues Studium der kritischen Ausgabe voraus. Femia hält diesen Zugang für uninteressant, weil er grundsätzlich davon überzeugt ist, daß das genaue Nachvollziehen von Gramscis Denkprozeß nicht zum Verständnis seiner wichtigsten Konzeptionen beiträgt. Femia geht in seiner Argumentation sogar noch weiter: Die unnötige Beschäftigung mit dem Gesamttext der „Gefängnishefte" ist nicht nur überflüssig, sondern könnte für das Verständnis und die richtige Einschätzung von Gramscis eigentlichen Beiträgen zur politischen Philosophie sogar ein Hindernis sein.

Liest man die Hefte in ihrer Gesamtheit und chronologischen Reihenfolge, wird Gramscis (häufig polemisches) Engagement für die politischen, sozialen, kulturellen, philosophischen, religiösen und ökonomischen Fragen seiner Zeit in vollem Ausmaß sichtbar; die Hefte zeigen deutlich die enge Verbindung zwischen Gramscis theoretischen Fragestellungen und seinen praktischen und strategischen Überlegungen als führendes Mitglied der Kommunistischen Partei Italiens; in Form einer Chronik zeigen sie auch den labyrinthischen intellektuellen Prozeß der Forschung und Reflexion sowie der Ausarbeitung, Überarbeitung und Umformulierung jener Ideen, die letzten Endes das unvollendete Studienprojekt ergeben, an dem Gramsci in der Zeit seiner Haft mit all seiner Kraft gearbeitet hat. Für Femia kommt diese Art der Auseinandersetzung mit den Heften einem übertrieben historisierenden „methodischen Puritanismus"[6] gleich, der Gramscis Bedeutung und bleibenden Wert mindert, indem er seine Einsichten an einen spezifischen historischen Kontext und die Intentionen des Autors bindet. Femia befürchtet, durch einen historisierenden Umgang mit den Heften werde Gramsci „in eine ehrwürdige Ahnengalerie verbannt"[7] und büße so seine Bedeutung für die Gegenwart ein. Dem setzt er entgegen, daß „Gramsci Themen behandelt und Hypothesen aufgestellt hat, die universeller Natur sind und über nationale Grenzen und tagespolitische Aktualität hinausreichen"[8]. Um den universellen und zeitlosen Charakter von Gramscis Denken deutlich zu machen, spricht er sich dafür aus, bei den Heften „die Spreu vom Weizen zu trennen, um so aus der Masse der unausgearbeiteten Details und unnützen Abschweifungen die tiefgründigeren Einsichten und wichtigen Ideen herauszufiltern"[9]. Obwohl sich Femia über die philologischen Mängel eines solchen Umgangs mit dem Text im klaren ist, zieht er diese Methode vor: „(...) Wenn man Gramscis Ideen auf diese Weise aussiebt, muß man den unzusammenhängenden Aufzeichnungen notgedrungen eine künstliche Struktur geben; allerdings wird der Text dadurch auch bei weitem kohärenter, als er jemals zuvor war."[10]

Femia nimmt sich bei Gramscis Text dieselben philologischen Freiheiten heraus wie die Herausgeber von Anthologien und thematisch geordneten Ausgaben der „Gefängnishefte". Aber nicht nur das: Auch die Resultate gleichen einander. Wie die Herausgeber von Anthologien möchte Femia von Gramscis Überlegungen nur die Perlen aus dem umfangreichen Textmaterial auswählen, und wie die Herausgeber einer nach Themen geordneten Ausgabe will er die Hauptstränge in Gramscis Denken freilegen, sie von dem verwirrenden Textnetz befreien und eine klare, systematische Darstellung seiner Ideen daraus weben. Indem Femia den Anspruch auf philologische Exaktheit außer acht läßt, setzt er sich derselben Kritik aus, die verschiedentlich gegen jene gerichtet wird, die in Gramscis Gefängnisschriften anhand von Anthologien und thematischen Ausgaben ein gewisses Maß an Ordnung und Kohärenz bringen möchten, wie man sie in herkömmlichen Texten üblicherweise findet. Es wird immer wieder behauptet, daß ein Herausgeber oder Interpret, der den „Gefängnisheften" die wirklich wertvollen Elemente entnimmt und diese dann – getrennt vom restlichen Material – mit einer Organisationsstruktur versieht, die sie bei Gramsci nie hatten, in Wirklichkeit nicht ein Mehr an Klarheit schafft, sondern vielmehr einen Akt der persönlichen Besitznahme und Instrumentalisierung setzt. Dieses Argument wurde wiederholt gegen Palmiro Togliattis angebliche Manipulation des von ihm so genannten „literarischen Erbes" von Gramsci verwendet. Die Kritiker werfen Togliatti vor, er habe die ersten Herausgeber der „Gefängnishefte" zynisch dazu angehalten, alle philologischen Skrupel beiseite zu lassen und den Text in der Form zu veröffentlichen, die den Strategien und Zielen der Kommunistischen Partei Italiens (PCI) am besten diente. *Mutatis mutandis* trifft diese Argumentation auch auf andere Gramsci-Herausgeber und -Interpreten zu, einschließlich jener, deren politische Positionen sich deutlich von Togliattis unterscheiden.

In Anbetracht des komplexen Textes der „Gefängnishefte" könnte man relativ leicht aufzeigen, daß nahezu jede Interpretation von Gramscis Theorien entweder auf einer selektiven (partiellen) Rezeption seines Werks basiert oder gewisse Aspekte privilegiert und andere völlig außer acht läßt; es ist daher einfach – allzu einfach –, jede außer der eigenen Weise der Auseinandersetzung mit Gramsci mit der Begründung zu verwerfen, daß sie sich nicht exakt am ursprünglichen Text orientiert und deshalb philologisch suspekt ist. Man könnte sogar noch weiter gehen und jeglicher Abweichung von strengen philologischen Kriterien einen politisch und ideologisch tendenziösen Charakter unterstellen. Würde man diese Argumentation auf die Spitze treiben, müßte sich nahezu jeder Gramsci-Theoretiker den Vorwurf gefallen lassen, daß er oder sie den „wahren" Charakter von Gramscis Text verschleiert habe, um ihn auf diese Weise zur Untermauerung eines vorgefaßten Standpunktes, einer ideologischen Position oder eines politischen Zweckes zu mißbrauchen. Von diesem Standpunkt aus wäre die reiche und vielfältige Geschichte der Rezeption Gramscis viel eher eine Chronik der langen, intensiven Bemühungen von Individuen und Gruppen mit unterschiedlichen, oft unvereinbaren politischen Positionen und Motiven, Gramsci für sich in Besitz zu nehmen.

Die Rezeption der „Gefängnishefte" hat eines deutlich gemacht: Ein strikter philologischer Indikatortest, der ausschließlich den Wert und die Zweckmäßigkeit verschiedener Ausgaben und Interpretationen in Rechnung stellt, trägt nicht notwendig zu einer besseren Kenntnis von Gramscis Werk und zu einem besseren Verständnis seiner Ideen bei. Man braucht sich nur die heftigen, jahrelangen Kontroversen nach dem Erscheinen der thematisch geordneten, sechsbändigen Ausgabe der „Gefängnishefte" zwischen 1948 und 1951[11] in Erinnerung rufen: Sie zeigen deutlich, wie schwachbrüstig die Rufe nach philologischer Korrektheit sein können und es in den meisten Fällen auch waren. Die Behauptung, daß der PCI Gramscis Text manipuliert, zensuriert und auf seine eigenen Bedürfnisse hin verfremdet hat, wirkt vor allem deshalb überzeugend, weil wir es hier mit nicht-philologischen oder über die Philologie hinausreichenden Faktoren politisch-kultureller Natur zu tun haben. Weltweit waren die kommunistischen Regimes berüchtigt für die straffe Kontrolle über alle Formen kultureller Produktion; sie reagierten bekanntlich auch besonders empfindlich auf politisches Denken, das von der offiziellen Parteilinie abwich – ein günstiges Klima für Behauptungen wie die, daß die Führer des PCI, ganz im Stil ihrer stalinistischen Genossen, nur zu gern die Regeln philologischen Arbeitens übertraten, um sicherzustellen, daß Gramscis Text und dessen Interpretation im Rahmen der orthodoxen Ideologie blieben. Da niemand konkret nachweisen konnte, auf welche Weise Gramscis Text von den kommunistischen italienischen Herausgebern verstümmelt worden war, trugen auch die schärfsten Kritiker der thematischen Ausgabe der „Gefängnishefte" (sowohl aus dem rechten wie dem linken Lager) so gut wie gar nichts zur seriösen Gramsci-Forschung bei, wenngleich sie durch ihre Andeutungen dazu beitrugen, Mißtrauen zu erwecken. Ihr lauter Ruf nach textlicher Präzision verbarg kaum die dahinterstehende Logik des Kalten Krieges oder des linken Fraktionismus; insgesamt betrachtet, sind diese Kontroversen rund um die thematische Ausgabe (sowie um manche Auswahl) der „Gefängnishefte" deshalb auch eher für Historiker von Belang, die die kulturelle Verbreitung der Mentalität des Kalten Krieges oder den ständigen Fraktionismus linker Gruppierungen studieren, als für Leser, die sich mit dem schwierigen Text Gramscis auseinandersetzen.

Mit diesen Überlegungen möchte ich freilich keinesfalls den Schluß nahelegen, daß eine vollständige, dem Manuskript treu folgende Ausgabe der „Gefängnishefte" für eine seriöse und umfassende Beschäftigung mit Gramsci nicht eine absolute Notwendigkeit darstellt. Thematische und anthologische Ausgaben sind von vorneherein keine geeignete Grundlage für die Forschung. Interpretationen und Analysen, die ausschließlich auf derartigen Ausgaben basieren, sind in ihrer Gültigkeit zwangsläufig eingeschränkt, und sei es nur deshalb, weil die Kenntnis des Gesamttextes fehlt. Gleichzeitig müssen jedoch sorgfältig und klar die Gründe spezifiziert werden, die für die Erarbeitung und Verwendung von philologisch exakten Ausgaben der „Gefängnishefte" sprechen. Es sollte jedoch in jedem Fall vermieden werden, allzu hohe Anforderungen und unrealistische Erwartungen an die Ergebnisse, zu denen solche Ausgaben führen können (oder sollten), zu stellen.

Zuerst einmal sollte man sich vor der falschen Vorstellung hüten, daß die getreue und unanfechtbar exakte Wiedergabe des Manuskripts der Hefte den Autor so zeigt, „wie er wirklich war", und man dem Leser Zugang zum authentischen Gramsci verschafft, indem man ihn von den Beschränkungen durch vermeintlich falsche, vereinnahmende und instrumentalisierende Interpretationen befreit. Selbst mit den ausgefeiltesten philologischen Techniken – und seien sie noch so sehr auf wissenschaftliche Objektivität bedacht – könnte man niemals einen „echten" Gramsci hervorbringen, der die verschiedenen Versionen, die es gibt und noch geben wird, ein für allemal ersetzen würde. Die Philologie allein kann die verwickelten Prozesse, durch die eine bestimmte Gramsci-Version in Mißkredit gerät, eine andere ersetzt oder wieder aus der Versenkung geholt wird, weder bestimmen noch beenden. Um beispielsweise zu verstehen, warum in den 70er Jahren die eurokommunistische Version von Gramsci diejenige von Togliatti verdrängte, muß man mehr in Betracht ziehen als nur das philologische Niveau der Gramsci-Analysen. Genauso verallgemeinernd wäre es, wenn man den vorherrschenden Enthusiasmus für post-marxistische, anti-stalinistische, post-liberale, postmoderne und reformistische Gramsci-Versionen irgendeiner verblüffend neuen und bis dahin unbekannten philologischen Einsicht über die „Gefängnishefte" zuschreiben würde. Natürlich steht oder fällt jede Untersuchung über Gramsci mit der mehr oder weniger intensiven Auseinandersetzung mit dem Text. Das enge Festhalten am Text stellt die Basis jeder vertretbaren Interpretation dar, aber es darf nicht das einzige Kriterium sein, nach dem die Zweckmäßigkeit und Relevanz eines hermeneutischen Vorgehens beurteilt wird – sonst würde die perfekte Interpretation eines Textes nur in der makellosen und präzisen Wiedergabe/Darstellung/Kopie des Textes selbst bestehen.

Exakte philologische Analysen der „Gefängnishefte" wären dringend notwendig, und zwar nicht so sehr, um eine Lücke in der Forschung zu füllen, sondern vielmehr als Grundlage für ergebnisreichere, verläßlichere Interpretationen von Gramscis Vermächtnis. Man sollte sich allerdings nicht dazu verleiten lassen, mithilfe der Philologie den Konflikt über die Interpretationen und zahlreichen Anwendungsmethoden, der die Hefte in der Vergangenheit begleitet hat und möglicherweise auch weiterhin begleitet, beenden zu wollen. Eine Gramsci-Philologie, die nicht erkennt oder nicht erkennen will, daß Kontroversen etwas durchaus Positives sind, würde dazu beitragen, daß Gramsci von der Bühne der zeitgenössischen politisch-kulturellen Debatten verschwindet. Das günstigste Ergebnis, das von einem rigiden und philologisch dogmatischen Umgang mit den „Gefängnisheften" erwartet werden kann, ist die Einordnung von Gramscis Werk in den Kanon der geachteten, aber praktisch irrelevanten klassischen Texte. Femias Warnung, daß eine historisierende Lesart der Hefte Gramsci „in eine ehrwürdige Ahnengalerie" verbannen würde, hat durchaus Sinn. Allerdings sollte es nicht so weit kommen, daß solche Überlegungen alle Bemühungen um eine gewissenhafte philologische Analyse von Gramscis Text verhindern. Deshalb muß sichergestellt werden, daß der Versuch, den Mängeln der Gramsci-Philologie abzuhelfen, nicht in eine Rechtfertigung für komprimierte Interpretationen abgleitet; statt dessen sollte darauf hingearbeitet werden, Impulse für einen kompetenteren, differenzierten Umgang mit den „Gefängnisheften" zu liefern, indem jenen Aspekten und Dimensionen des Textes, die bislang übersehen, als unwichtig abgetan oder nur oberflächlich untersucht worden sind, mehr Beachtung geschenkt wird.

Zweitens darf man nicht annehmen, daß durch das Vorhandensein einer philologisch glaubwürdigen Ausgabe der „Gefängnishefte" automatisch neue Formen der Rezeption entstünden. Die einzigartigen textlichen Eigenheiten der Hefte verlangen ohne Zweifel die Entwicklung und Anwendung von speziellen hermeneutischen Techniken. Doch obwohl die 1975 veröffentlichte kritische Ausgabe von Valentino Gerratana die Leser über die außergewöhnliche Komplexität von Gramscis Text aufklärte, waren nur wenige Gramsci-Interpreten bereit, sich konkret auf die Probleme (und Möglichkeiten) der Interpretation einzulassen, die der Text bietet. Trotz der Tatsache, daß seit der Veröffentlichung der Gerratana-Ausgabe beinahe zwei Jahrzehnte vergangen sind, gibt es (im Gegensatz zu thematischen und konzeptionellen Untersuchungen) noch immer sehr wenige detaillierte Textanalysen der „Gefängnishefte", und ihr Einfluß auf die Gramsci-Forschung bleibt ingesamt relativ begrenzt. Praktisch alle substantiellen Auseinandersetzungen mit Gramsci enthalten einige Bemerkungen zu den Schwierigkeiten der Interpretation, die sich aus der ungewöhnlichen Eigenart der Hefte, wie Gramsci sie konzipierte, ergeben; diese Bemerkungen sind allerdings in der Regel nichtssagend. Manchmal handelt es sich um reine Platitüden, mit denen erklärt werden soll, warum sich Gramscis Text für viele divergierende Interpretationen eignet. In anderen Fällen werden sie paradoxerweise ständig wiederholt, um die Konzentration auf einen speziellen Begriff oder eine Kategorie zu rechtfertigen, die aus dem vielfältigen Material, in das sie im Manuskript eingebettet sind, herausgelöst, isoliert und anschließend mit den gleichen hermeneutisch-analytisch-kritischen Verfahren behandelt werden, als wären sie Teile eines konventionellen, abgeschlossenen Werkes. So wurden beispielsweise Gramscis Ansichten über Hegemonie und Zivilgesellschaft so umfassend behandelt, als handelte es sich dabei um völlig ausgereifte Theorien; die klaren Definitionen der Bedeutung, die Gramsci diesen Begriffen angeblich zuordnete, wurden von verschiedenen Kommentatoren beigesteuert, die betonten, durch das aufmerksame Studium der kritischen Gesamtausgabe der „Gefängnishefte" zu ihren Schlüssen gekommen zu sein. Relativ wenig wurde bisher jedoch über die Überarbeitung, Umbildung und Ausarbeitung, der die Bedeutung dieser Begriffe im Laufe des Entstehens der Hefte unterlagen, geschrieben; es wurden nur wenige Versuche unternommen, die komplexen Denk- und Arbeitsprozesse nachzuvollziehen, die dazu geführt haben, daß diese (und andere) Begriffe eine so große Bedeutung in Gramscis Studien einnahmen. Noch weniger wurde darüber geschrieben, wie Gramsci arbeitete; wie er seine Informationen sammelte; warum er Transkriptionen und Zusammenfassungen von scheinbar unwichtigen, ephemeren Publikationen so viel Platz einräumte; über die Bedeutung seiner fast obsessiven Liebe zum Detail; über die wiederholte Modifizierung seiner Forschungspläne und -projekte; über seine Methoden, das Material in den Heften zu organisieren, auszuarbeiten, wiederzugeben und neu anzuordnen. Große Teile der Aufzeichnungen – wie die über den Lorianismus, den Brescianismus, über Journalismus und Ökonomie – wurden wenig beachtet, und ihr Zusammenhang mit den bekannteren Aufzeichnungen über vertraute Themen ist noch weitgehend unbekannt.

Obwohl Gerratanas philologisch zuverlässige kritische Ausgabe die Möglichkeit eröffnet hat, tief in das Textlabyrinth der „Gefängnishefte" vorzustoßen, haben sie nur wenige zu diesem Zweck genutzt. Anstatt das Textlabyrinth zu erkunden und den Versuch zu unternehmen, Gramscis faszinierende und höchst ungewöhnliche Methoden der Forschung besser verstehen zu lernen, entschließt sich die große Mehrheit der Gramsci-Interpreten dazu, den Text nur zu überfliegen und dann jene Elemente herauszugreifen, die sich am besten für eine unkomplizierte systematische Ausführung eignen. Das hatte zur Folge, daß viele Gedanken der „Gefängnishefte" von den Prozessen des Forschens und kritischen Denkens, denen sie sich verdanken und mit denen sie untrennbar verbunden sind, vollkommen losgelöst wurden. Abgesehen von einigen wichtigen Ausnahmen tendieren auch Gramsci-Interpreten, die Zugang zur kritischen Gesamtausgabe haben, dazu, die interpretatorischen und analytischen Methoden von Untersuchungen, die sich auf thematische und anthologische Ausgaben stützen, zu übernehmen. Wie ein altes Sprichwort sagt, kann man ein Pferd zwar zur Tränke führen, aber nicht zum Trinken zwingen. Die bloße Lobeshymne auf die Verdienste einer philologisch exakten Ausgabe der „Gefängnishefte" wird so lange nicht die erhofften Resultate bringen, als es daneben nicht eine Reihe von Arbeiten gibt, die nicht nur erklären, warum die Bearbeitung von Gramscis Text mit seinen spezifischen Eigenheiten spezielle (unkonventionelle) hermeneutische Techniken voraussetzt, sondern auch erläutert, welche Techniken das sein und woher sie stammen könnten.

Drittens muß man der Versuchung widerstehen, kategorisch philologisch „korrekte" Gramsci-Analysen von allen anderen Weisen, sich seinem Werk zu nähern, scheiden zu wollen. Durch ein kritischeres Bewußtsein für den Bedarf an einer gründlichen Gramsci-Philologie sollte natürlich eine neue Phase im Studium der „Gefängnishefte" beginnen, in der unter anderem die Unzulänglichkeiten früherer Arbeiten aufgezeigt werden. Die schwerwiegendsten Mängel beruhen auf dem immer wiederkehrenden Irrtum, die scheinbar ungeordnete Struktur des fragmentarischen Materials als ein „Problem" zu betrachten, das zur Gänze den äußeren Umständen (also den Beschränkungen des Gefängnislebens) zuzuschreiben ist, die Gramsci der Möglichkeit beraubten, seine Studien systematisch zu betreiben und zu Ende zu führen. Mit diesem Irrtum ist ein weiterer verbunden, nämlich der Glaube, das „Problem" der fragmentarischen und ungeordneten Beschaffenheit des Textes lasse sich mit Hilfe von exegetischen Verfahren lösen oder überwinden, die dem Text die zusammenhängende Form geben, die Gramsci ihm, wäre er durch die widrigen Umstände nicht daran gehindert worden, aller Wahrscheinlichkeit nach selbst gegeben hätte. Durch diese Irrtümer blind gemacht, sind die meisten Gramsci-Interpreten außerstande, die Möglichkeit in Betracht zu ziehen, daß die besonderen Eigentümlichkeiten der Hefte (zumindest zum Teil) auf die dem Autor eigene Arbeitsmethode zurückzuführen sind, daß ihre Unvollständigkeit die unabgeschlossene, nicht-teleologische Natur seines Projekts widerspiegelt und daß aus diesem Grund auch ein enger Zusammenhang besteht zwischen der Neuheit seiner Einsichten und der Einzigartigkeit seines Denkens einerseits, der atypischen Weise, in der er seine intellektuellen Projekte entwarf und durchführte, andererseits.

Würde sich die Aufmerksamkeit mehr auf den Originaltext richten, bräuchte sich die Gramsci-Philologie nicht weiter um die Annahme kümmern, daß die Komplexität der „Gefängnishefte" ein „Problem" sei, das gelöst werden müsse, und könnte statt dessen den Boden aufbereiten für eine genaue Untersuchung von Gramscis Forschungs- und Arbeitsmethoden. Durch das neue Gewicht, das der Philologie dann zugesprochen würde, würde dennoch nicht jede Auseinandersetzung mit Gramsci, die sich, ob freiwillig oder notgedrungen, auf entstellte oder unvollständige Ausgaben der „Gefängnishefte" stützt, für ungültig erklärt. Denn die scharfsinnigsten Interpreten der „Gefängnishefte" haben, selbst wenn sie scheiterten oder die Bedeutung von Gramscis Text nicht richtig erkannten, wertvolle Beiträge geliefert, indem sie Aspekte seiner Überlegungen hervorhoben und erläuterten, die kein seriöser Kommentator der modernen Politik und Kultur und sicher kein Gramsci-Interpret übergehen kann. (Aus diesem Grund bleibt beispielsweise Femias Studie über Gramscis politisches Denken trotz seiner auf philologischer Nachlässigkeit beruhenden ernsthaften Mängel eines der empfehlenswertesten Bücher zum Thema.) Während die gesteigerte Aufmerksamkeit für philologische Analysen deutlicher als je zuvor zeigen wird, daß die exakte Wiedergabe der „Gefängnishefte" ein unentbehrliches Instrument für die Gramsci-Forschung ist, wird der Bedarf an thematischen und anthologischen Ausgaben dadurch sicher nicht zurückgehen – Ausgaben dieser Art werden nach wie vor gefragt sein und den verschiedensten Forschungszwecken, denen die kritische Gesamtausgabe nicht gerecht wird, dienlich sein.

Einige Beispiele sollen die Vorzüge sorgfältig edierter Auswahlausgaben der „Gefängnishefte" veranschaulichen und beweisen, daß es den Herausgebern keineswegs an der nötigen Sensibilität für die philologischen Verzweigungen ihrer Arbeit fehlt. Die bei weitem bekannteste Ausgabe von Gramscis Werk sind die „Selections from the Prison Notebooks" („Auswahl aus den Gefängnisheften", London 1971), die von Quintin Hoare und Geoffrey Nowell Smith übersetzt und herausgegeben wurden. Dieses Werk wurde vor 20 Jahren veröffentlicht, das heißt, noch bevor Gerratanas kritische Ausgabe erschienen war. Hoare und Smith mußten sich bei ihrer Auswahl hauptsächlich auf die von Felice Platone und seinen Mitarbeitern verfaßte thematische italienische Ausgabe stützen. So wie in der viel größeren Platone-Ausgabe haben auch Hoare und Smith das Material in ihrer Anthologie thematisch geordnet. Die von ihnen ausgewählten Bereiche werden in drei Gruppen gegliedert: „Fragen der Geschichte und Kultur", „Notizen zur Politik" und „Die Philosophie der Praxis". Jede dieser Gruppen ist noch einmal in kleinere Abschnitte unterteilt; so setzen sich beispielsweise die „Fragen der Geschichte und Kultur" aus den drei Teilen „Die Intellektuellen", „Fragen der Bildung" und „Notizen zur italienischen Geschichte" zusammen.

Hoare und Smith arbeiteten auch mit dem Orginalmanuskript und konnten so in ihre Ausgabe einige Notizen mit einbeziehen, die in der ersten italienischen Ausgabe weggelassen worden waren; darüber hinaus konnten sie ihren Lesern auf diese Weise einen allgemeinen Eindruck vom fragmentarischen Charakter des Originaltextes vermitteln. In ihrem Vorwort warnen sie den Leser davor, „Texte, deren Form oft provisorisch ist und deren Absichten unklar und verschleiert sind, nicht mehr zu hinterfragen und als definitives Resultat zu betrachten". Sie weisen auch darauf hin, daß

„(Gramsci) in einem mit ‚Fragen der Methode' überschriebenen Heft eine Warnung ausspricht – die sich angeblich auf Marx bezieht, viel eher aber auf ihn selbst –, nach der man ein unfertiges oder unveröffentlichtes Werk nicht mit Arbeiten verwechseln sollte, die noch zu Lebzeiten des Autors und mit seiner Zustimmung veröffentlicht werden (...) angesichts der Umstände, in denen die Texte zustande kamen, sind alle eindeutigen Behauptungen über das Ziel und den Status von Gramscis theoretischem Projekt, wie es in den Heften entworfen und niedergeschrieben wurde, rein spekulativ und müssen auch als solches behandelt werden"[12].

Die „Selections from the Prison Notebooks" hatten seit ihrer Veröffentlichung vor 20 Jahren eine überaus große Wirkung. Sie trugen mehr als irgendeine andere Publikation zur Verbreitung von Gramscis Denken in der anglophonen Welt bei. Ohne das von Hoares und Smiths Anthologie hervorgerufene große und anhaltende Interesse hätte es wenig Grund oder Motivation gegeben, eine kritische Gesamtausgabe der „Gefängnishefte" auf englisch vorzubereiten. Es wäre engstirnig und doktrinär, diese Anthologie aus philologischer Sicht zu kritisieren und gleichzeitig außer acht zu lassen, daß die Leser viele wertvolle Einsichten daraus schöpften und viele anglophone Theoretiker aus verschiedenen Wissensgebieten nun Gramsci in ihre Arbeit miteinbezogen.

Ein Bereich, auf den Gramsci in der anglophonen Welt eine starke Wirkung ausübte, sind die Kulturstudien. Für all jene, die in diesem und in verwandten Bereichen tätig sind, haben David Forgacs und Geoffrey Nowell Smith eine besonders nützliche Sammlung von Gramscis Schriften zusammengestellt. Diese Anthologie mit dem Titel „Selections from Cultural Writings" („Auswahl aus den Studien zur Kultur", London 1975 veröffentlicht) ähnelt in mancher Hinsicht dem Band „Letteratura e vita nazionale" („Literatur und nationales Leben", Turin 1950) der thematischen italienischen Originalausgabe. Der Inhalt ist nach Themen geordnet. Aber auch Forgacs und Smith haben auf wohlüberlegte Weise Gerratanas kritische Ausgabe in ihre Arbeit miteinbezogen und vermitteln dem Leser daher eine klare Vorstellung vom fragmentarischen Charakter der Hefte und von der Art und Weise, wie das Material in Gramscis Manuskript angeordnet ist. Dieses Werk hat nicht dasselbe Interesse hervorgerufen wie die vorherige Anthologie, großteils deshalb, weil es Themen wie der italienischen Literatur und Sprache breiten Raum widmet und diese Fragen den anglophonen Lesern nur wenig bekannt oder von geringem Interesse für sie sind. Dennoch ermöglicht diese Anthologie den Lesern, die sich speziell für Gramscis Kulturanalysen interessieren, ein besseres Verständnis dafür, auf welche sozio-politische Weise er seine kritischen Studien über Literatur und Volkskultur anstellte.

Die häufige Erwähnung von Gramscis Namen und das anhaltende Interesse an seinem Denken in der anglophonen Welt motivierte David Forgacs zur Herausgabe einer weiteren Anthologie, „An Antònio Gramsci Reader"

(„Ein Antonio Gramsci Lesebuch", London 1988). Dieses Werk, das sich an Studenten und Laien wendet, enthält eine Auswahl von Gramscis Schriften aus der Zeit vor der Haft sowie von seinen „Gefängnisheften". Die aus den Heften ausgewählten Passagen konzentrieren sich auf jene Bereiche und Themen, für die Gramsci am meisten bekannt ist und mit denen er am häufigsten in Zusammenhang gebracht wird: „Hegemonie, Kräfteverhältnisse, Historischer Block", „Theorie und Praxis der Politik", „Passive Revolution, Cäsarismus, Faschismus", „Amerikanismus und Fordismus", „Intellektuelle und Bildung", „Philosophie, Alltagsverstand, Sprache und Folklore", „Populärkultur", „Journalismus", „Kultur und der Kampf um eine neue Zivilisation". Diese Anordnung ermöglicht keinen Rückschluß auf die Struktur des Materials in Gramscis Manuskript und gibt nicht die chronologische Abfolge der verschiedenen Aufzeichnungen wieder. Forgacs ist sich dessen durchaus bewußt und möchte sichergehen, daß sich auch die Leser darüber im klaren sind.

„Die ‚Gefängnishefte' weisen aufgrund der Beschaffenheit ihres Textes besondere Probleme bei der Auswahl und Anordnung auf: Wir haben es mit einem unfertigen, offenen Text zu tun, in dem viele Fragmente zu verschiedenen Themen miteinander verbunden oder Voraussetzung füreinander sind. Gramsci selbst hat seine Notizen nicht in abgegrenzte Themenbereiche unterteilt. Der Herausgeber greift bei der Auswahl und Anordnung der Aufzeichnungen natürlich unvermeidlich in diese Struktur ein und riskiert, durch das Sichtbarmachen einiger Themen und Zusammenhänge andere zu verschleiern."[13]

Niemand, der mit diesem Werk arbeitet, wird es als Ersatz für die Gesamtausgabe von Gramscis Text halten. Sein Wert liegt im Gegenteil gerade darin, Studenten und Laien eine nützliche und intelligente Einführung in Gramsci zu bieten und sie zu ermuntern, sich intensiver mit seinen Schriften zu befassen. Lediglich ein hartnäckiger philologischer Purist würde sich gegen eine derartige Anthologie aussprechen. Tatsächlich ist schwer zu verstehen, warum es keine ähnliche Anthologie auf italienisch gibt.

Das Problem, wie eine Anthologie der „Gefängnishefte" zusammenzustellen sei, die sowohl die grundlegenden Charakteristika und die chronologische Abfolge des fragmentarischen Originaltextes enthält, als auch das umfangreiche Material in eine überschaubare Dimension bringt, wurde von Gert Sørensen, dem dänischen Herausgeber von „Føngselsoptegnelser" (Kopenhagen 1991) in innovativer Weise gelöst. Sørensens Auswahl erscheint in einer chronologischen Reihenfolge, die der in Gerratanas kritischen Ausgabe entspricht. Das heißt, daß die aus den früheren „gemischten" Heften entnommenen Passagen oft ohne irgendeinen ersichtlichen Zusammenhang aneinandergereiht wurden, ähnlich wie auch in Gramscis Manuskript. So kommt beispielsweise in den zwei Sammlungen aus dem Heft 5 auf die Notiz über „La Romagna e la sua funzione nella storia Italiana" („Die

Romagna und ihre Rolle in der italienischen Geschichte", § 55) gleich eine Notiz über den „Americanismo", („Amerikanismus", § 105). Die den späteren Heften entnommenen Notizen stehen allerdings in thematischem Zusammenhang – dieser Zusammenhang wurde nicht vom Herausgeber hergestellt, sondern zeigt vielmehr, wie Gramsci in den als „thematische Hefte" bekannten Teilen seine Aufzeichnungen in große Blöcke ordnete. Sørensens Anthologie besteht aus zwei Bänden, wobei der zweite ganz dem kritischen Apparat gewidmet ist; dadurch erhält der Leser neben der Erklärung von Andeutungen auf historische Ereignisse, Individuen und Publikationen auch umfassende Informationen über Gramscis Methoden der Forschung, über seine Quellen und über wichtige Abschnitte der Hefte, die in der Anthologie nicht aufscheinen. Sørensen hat mit seinen klugen herausgeberischen Entscheidungen gezeigt, auf welche Weise man Anthologien der „Gefängnishefte" erarbeiten kann, die den Gesamttext zwar nicht ersetzen, dem Leser aber einen guten Überblick über einige der hervorstechendsten Charakteristika des Originals geben.

Diese und ähnliche Anthologien in verschiedenen Sprachen haben die wichtige Funktion, Gramsci einer breiten Leserschicht zugänglich zu machen. Der Durchschnittsleser kann und wird für Gramsci kein Interesse entwickeln, wenn er sich mit diesem nur über die Lektüre der kritischen Gesamtausgabe vertraut machen kann. Daher ist es auch notwendig, die Gramsci-Philologie einer flexibleren Betrachtungsweise zu unterziehen; einer Betrachtungsweise, die das Studium von Gramscis Text in seiner ursprünglichen Form für wichtig erachtet, sich aber vom strengen, ausschließenden Dogmatismus löst. Dieser Punkt kann nicht oft genug wiederholt werden. Denn während manche von Gramscis bedeutendsten Beiträgen zum modernen Denken und einige der wertvollsten Aspekte seiner Arbeit ohne das intensive Studium der „Gefängnishefte" in einer kritischen Gesamtausgabe nicht verstanden oder gewürdigt werden können, besteht andererseits die große Gefahr, daß ein doktrinäres Festhalten an philologischer Exaktheit durchaus ohne Absicht bedauerliche Konsequenzen nach sich zieht. Dieses Risiko besteht insbesondere darin, daß die Arbeit von rein philologisch orientierten Theoretikern durch die intensive Beschäftigung mit dem Text zwar vom professionellen Standpunkt aus befriedigend sein könnte, in kultureller Hinsicht aber steril bliebe und die Theoretiker schließlich jenen Dante-Forschern glichen, die Gramsci in einem seiner Briefe kritisiert: „(...) wer liest sorgfältig und aufmerksam Dante? Vertrottelte Professoren, die sich dem Kult irgendeines Dichters oder Schriftstellers verschrieben haben und ihm mit seltsamen philologischen Riten huldigen."[14] Mit anderen Worten: Man sollte darauf achten, daß Gramsci nicht zu einem Monument (oder einer Religion) wird, daß die detaillierte Analyse des Gramsci-Textes nicht zu einem götzenhaften Ritual des antiquarischen Sinns (in Nietzsches abwertendem Sinn des Wortes) degeneriert, daß Gramsci nicht zum alleinigen

Eigentum eines elitären Theoretiker-Zirkels wird. Sowie Gramscis Werk einen kanonischen Status erreicht, könnte es irrelevant werden. Warum ist es dann so wichtig, zum Text von Gramscis Heften zurückzukehren und ihn in seiner gesamten ursprünglichen Form neuerlich zu untersuchen? Warum dieses Insistieren auf der Notwendigkeit, Gramscis Gefängnisschriften in einer philologisch exakten kritischen Gesamtausgabe nachzulesen und zu studieren, wenn andere, lesbarere Versionen solch positive Effekte hatten und die philologische Strenge das Risiko in sich birgt, Gramscis Werk unzugänglich zu machen? Worin genau liegen die Unzulänglichkeiten von anthologischen und thematischen Ausgaben der „Gefängnishefte", welche Probleme haben sie bei der Verbreitung und Interpretation von Gramscis Denken verursacht und wie kann man an diese Probleme mithilfe einer erstarkten Gramsci-Philologie neu herangehen? Sämtliche anthologischen und thematischen Ausgaben werden durch das Eingreifen des Herausgebers in den Text unvermeidbar gefälscht. Beim Zusammenstellen einer Auswahl muß der Herausgeber entscheiden, was er aufnimmt und was er wegläßt, und diese Entscheidungen unterliegen immer, auch wenn sie nicht willkürlich getroffen werden, einem gewissen Maß an Subjektivität. Umsichtigere Herausgeber ergreifen natürlich Maßnahmen, um die subjektiven Elemente zu minimieren; sie legen ihren Entscheidungen eine detaillierte Untersuchung des Gesamttextes zugrunde und berücksichtigen den ganzen bereits existierenden und verläßlichen Korpus von Studien und Analysen – das heißt, sämtliche Interpretationen, die auf die wichtigsten Thesen des Autors hinweisen, die charakteristischen Grundzüge seines Denkens, diejenigen Textstellen, in denen seine wichtigsten Ideen am glücklichsten formuliert sind, und die Relevanz seiner Einsichten für aktuelle Debatten. So haben zum Beispiel im Fall der Anthologie von Hoare und Smith die Herausgeber nicht willkürlich die Entscheidung getroffen, dem ersten Abschnitt des Bandes den Titel „Fragen der Geschichte und Kultur" zu geben und diesen Abschnitt mit dem Unterkapitel „Die Intellektuellen" zu beginnen; tatsächlich spiegelt ihre Entscheidung die von nahezu allen Gramsci-Interpreten geteilte Ansicht wider, daß die Untersuchung über die Intellektuellen in den Heften von entscheidender Bedeutung ist und auch weiterhin auf große Resonanz in den aktuellen kulturpolitischen Auseinandersetzungen stößt. (Die anderen herausgeberischen Entscheidungen, die die Anthologie von Hoare und Smith, aber auch viele andere Anthologien kennzeichnen, können auf ähnliche Weise begründet werden.) Trotzdem ändert das nichts an der Tatsache, daß der einzelne Herausgeber bestimmt, welches Material in eine Anthologie aufgenommen, und welche Struktur diesem Material gegeben wird; und um das Ganze noch komplizierter zu machen: Je eher die Auswahl und Anordnung durch den Herausgeber auf breite Zustimmung der Theoretiker-Gemeinde stößt (das heißt, wenn der Herausgeber offenbar größtmögliche Objektivität erlangt hat), desto größer ist die Wahrscheinlichkeit, daß die darauf folgende Anthologie bereits etablierte Meinungen und feststehende Interpretationen noch weiter propagiert oder sie zumindest bestätigt und untermauert. Sofern Herausgeber von Anthologien der „Gefängnishefte" nicht idiosynkratische Entscheidungen treffen (durch die ihr Sammelwerk für den Durchschnittsleser nutzlos würde), kommen sie kaum umhin, den privilegierten Status mancher Themen (die besten Beispiele dafür sind Hegemonie, Zivilgesellschaft und die Frage der Intellektuellen) weiter voranzutreiben, noch können sie viel zur intensiveren Beschäftigung mit anderen Kategorien und Begriffen beitragen (denen entweder weniger Platz eingeräumt werden muß oder die ganz weggelassen werden müssen, um die für „wichtig" erachteten Themen entsprechend ausführen zu können); ohne Zweifel können sie allerdings nur dann zuverlässige Analysen der strukturellen und materiellen Charakteristika des Originaltexts produzieren, wenn sie ihre Leser dazu anhalten, auch mit der kritischen Gesamtausgabe zu arbeiten. Diese unvermeidlichen Unzulänglichkeiten von anthologischen Ausgaben der „Gefängnishefte" sind bedauerlich, aber nicht verhängnisvoll; schließlich wissen die umsichtigeren Leser von Anthologien, daß sie hier nur mit einer teilweisen Wiedergabe des Originals, die anhand von nie ganz objektiven herausgeberischen Kriterien zustande kam, zu tun haben.

Viel ernstere und schwerwiegendere Probleme verursachen jene Herausgeber, die ihre Leser und sich selbst mit der Überzeugung täuschen, daß man den Inhalt der „Gefängnishefte" „ordnen" kann (beispielsweise, indem man die bereits verworfenen fünf Entwürfe für verschiedene Notizen einfach wegläßt), und daß man diesen Inhalt für die Publikation umstellen kann, ohne die Eigenheiten des Originaltextes zu verzerren oder zu entstellen. Felice Platone und seine Mitarbeiter, die gemeinsam mit ihm die erste thematische Ausgabe der „Gefängnishefte" erstellten, waren der Überzeugung, daß der Gramsci-Text durch ihre Art der Bearbeitung praktisch intakt geblieben ist, und sie versicherten ihren Lesern, sie hätten „den Text in keinem Fall verändert". Das Vorwort zum ersten Band schließt mit einer kurzen Darstellung der Abweichungen vom Original, die sich die Herausgeber erlaubt haben – eine Darstellung, die die Illusion verstärkt, daß sich der in den sechs thematisch geordneten Bänden reproduzierte Text nur in kleinen, unbedeutenden Details von Gramscis Manuskript unterscheide, und daß ihr Text sogar noch all jene Elemente enthalte, die die schwierigen Umstände, unter denen das Original zustande kam, widerspiegeln.

„Damit dem Leser die Bedingungen, unter denen diese Seiten geschrieben wurden, ständig präsent bleiben ..., haben die Herausgeber auch auf Retuschen verzichtet, die in anderen Fällen als ratsam und nützlich gelten würden, und sich auf folgende, unerläßliche Abweichungen beschränkt:
1) Die Aufzeichnungen nach Themen zu gruppieren, anstatt sie in der Reihenfolge abzudrucken, in der sie verfaßt wurden ...

2) Die Anmerkungen und die Abschnitte, in die der Band gegliedert ist, mit Titeln zu versehen ...
3) Die zahlreichen Abkürzungen auszuschreiben und einige offenkundige *lapsus* zu korrigieren ...
4) Einige Wiederholungen zu streichen, die einzig und allein auf den Umstand zurückgehen, daß der Autor nach einer zeitlichen Unterbrechung ein Thema wieder aufgreift und sich die entsprechende Aufzeichnung in Erinnerung rufen will.
5) Die Anmerkungen, die im Manuskript (gewöhnlich in eckigen Klammern) in den Text selbst integriert sind, als Fußnoten zu setzen."[15]

Lesern, die Gramscis Manuskript noch nie gesehen haben, muß diese Vorgangsweise der Herausgeber zweifellos vernünftig und unanfechtbar vorkommen. Nichts in der thematischen Ausgabe regt zum genaueren Studium des Originaltextes an, nichts weist darauf hin, daß eine eingehendere Analyse des Manuskripts wertvolle neue Erkenntnisse bringen könnte. Im Gegenteil: Die erste Ausgabe der „Gefängnishefte" fixierte den Blickwinkel des Lesers auf die großen, den gesamten Text umspannenden Themen und verhinderte – meiner Ansicht nach unabsichtlich – die Entwicklung einer philologischen Beschäftigung mit den „Gefängnisheften", die erstens mit der allzu simplen Annahme aufgeräumt hätte, daß die spezifischen Besonderheiten des Textes nur auf die schwierigen äußeren Bedingungen zurückzuführen seien, und zweitens die Aufmerksamkeit auf die Bedeutung von Gramscis singulären Methoden kritischer Forschung sowie den engen Zusammenhang zwischen Gramscis Methode und seinen profundesten Einsichten gelenkt hätte. Die thematische Ausgabe trug nicht unwesentlich zur Entstehung der unter Gramsci-Interpreten verbreiteten Gewohnheit bei, erstens den Inhalt der „Gefängnishefte" in thematische Abschnitte zu gliedern (daher auch die Mißachtung der Chronologie); zweitens diejenigen Elemente in den Heften als irrelevant oder uninteressant abzutun, die den großen Themen nicht einfach unterzuordnen sind oder nicht mit ihnen in Zusammenhang stehen (und auf diese Weise darüber zu entscheiden, welche von Gramscis Gedanken tot und welche lebendig geblieben sind); und drittens die ungewöhnliche Beschaffenheit des Originaltextes mehr als Hindernis zum besseren Verständnis zu sehen denn als ein rares und glückliches Phänomen, das Einblick in die unübliche Arbeitsweise eines erstaunlich fruchtbaren und originellen Intellekts verschafft. Genau diese tief eingefahrenen Gewohnheiten sollte die Gramsci-Philologie zu durchbrechen versuchen.

Der erste große Schritt in der Gramsci-Philologie wurde von Valentino Gerratana mit der kritischen Ausgabe der „Gefängnishefte" gesetzt. Gerratanas Ausgabe wird nach wie vor – und zurecht – wegen ihrer philologischen Exaktheit und der kenntnisreichen Gründlichkeit ihres kritischen Apparats sehr geschätzt; darüber hinaus besitzt sie jedoch den noch größeren und bleibenden Wert einer anregenden neuen Entdeckung. Gerratana hat mit dieser Ausgabe weit mehr geleistet, als nur die Unzulänglichkeiten der früheren thematischen Ausgaben auszumerzen; vielmehr förderte er einen völlig neuen Text zutage und eröffnete so bis dahin unbekannte und entscheidende Dimensionen von Gramscis Werk und Denken. So wie jeder philologisch gewissenhafte Herausgeber sah Gerratana seine Aufgabe darin, andere Theoretiker mit seinem Werk bei ihrer Arbeit zu unterstützen. Seine Absicht lag primär darin, bestimmten Fraktionen innerhalb der zerstrittenen und politisch aufgeladenen Gramsci-Forschung weder zu widersprechen noch sie zu unterstützen, sondern vielmehr die nötige Ausgangsbasis – d.h. eine vollständige und zuverlässige Druckfassung der „Gefängnishefte" – für die seriöse Analyse von Gramscis Werk zu schaffen. Bei dem 1967 in Cagliari abgehaltenen internationalen Gramsci-Kongreß, also Jahre noch, bevor Gerratanas Projekt zur Veröffentlichung fertig war, erklärte er in knappen Worten und in Anlehnung an Gramsci sein Ziel:

„Man kann sagen, daß eine kritische Ausgabe ihren Zweck nicht dann erfüllt, wenn sie eine Interpretation liefert, sondern wenn sie die philologischen Hilfsmittel bereitstellt, die für eine korrekte und zuverlässige Interpretation unerläßlich sind. Im übrigen hat bekanntlich Gramsci selbst betont, wie notwendig eine solche Arbeit für eine mehr als nur oberflächliche Beschäftigung mit einigermaßen relevanten Texten ist."[16]

Gerratana war sich bereits in einem frühen Stadium seines Projekts über die Auswirkungen im klaren, die eine philologisch exakte kritische Ausgabe des Textes auf die Art der Lektüre und Interpretation der „Gefängnishefte" haben würde. Bei seiner Rede in Cagliari warnte er vor allzu großen Hoffnungen, daß die kritische Ausgabe die aus der Komplexität der „Gefängnishefte" resultierenden Schwierigkeiten lösen würde, äußerte sich aber zuversichtlich darüber, daß sie die Qualität der Gramsci-Forschung heben würde:

„... wahrscheinlich werden neue und keineswegs einfache Interpretationsprobleme in dem Moment auftauchen, wo die alten Probleme durch die neue Ausgabe scheinbar geklärt und gelöst sind. Alles in allem aber wird die Diskussion um Gramscis Werk mit mehr kritischem Bewußtsein geführt werden können."[17]

Obwohl Gerratanas kritische Ausgabe die Gramsci-Forschung tatsächlich positiv beeinflußte, hat sie ihr Potential bis heute noch nicht voll entfaltet. (Diese Tatsache könnte sich in nächster Zukunft ändern, da andere kritische Gesamtausgaben der „Gefängnishefte" auf französisch, spanisch, deutsch und englisch nach Gerratanas Vorbild in Arbeit sind.) Man sollte sich deshalb in Erinnerung rufen, was sich nach Ansicht von Gerratana in der Analyse und Interpretation Gramscis durch eine neuerliche Konzentration auf den Originaltext der „Gefängnishefte" am nachhaltigsten ändern würde. Am Schluß seiner Rede in Cagliari äußerte sich Gerratana zusammenfassend folgendermaßen:

„Dennoch bleibt es fraglich, ob Gramscis Denken dort, wo es sich weniger fragmentarisch darstellt, auch einheitlicher ist, ob es also *trotz* seines fragmentarischen Charakters einheitlich ist. Wer die Entwicklung von Gramscis Denken innerhalb des Korpus der „Gefängnishefte" untersucht, kommt, wie wir meinen, zu einem anderen Schluß, zu der Erkenntnis nämlich, daß dieses Denken lebendig und einheitlich gerade *durch* seine Fragmentarität ist. Bei Gramsci ‚das Lebendiggebliebene und das Tote' aufspüren zu wollen, könnte sich dann als falsche Problemstellung erweisen. Worauf es bei Gramscis Analysen ankommt, sind nicht die speziellen Ergebnisse, zu denen er jeweils – und jeweils bewußt vorläufig – gelangt, sondern der revolutionäre Gesichtspunkt, den er sich mühsam erobert, indem er ihn für sich selbst klärt: Das ist das wirklich Bleibende in Gramscis Analyse, darin ist er *für ewig*. Diesen Gesichtspunkt zu verstehen, auch wenn man einzelne seiner Auffassungen nicht teilt, ist sehr viel wichtiger, als diese zu akzeptieren oder abzulehnen und in ‚noch gültige' und ‚bereits überholte' einzuteilen – denn dies hieße, am zentralen Problem vorbeizugehen, das nicht nur Gramscis ‚innere Achse' bildete, sondern auch das unabgeschlossene Drama einer Zeit ausmacht, die selbst noch nicht an ihr Ende gekommen ist.[18]

Gerratanas Äußerungen über die Unangemessenheit, einen Gramsci-Text daraufhin zu untersuchen, was im Denken des Autors „das Lebendiggebliebene und das Tote" ist, lassen, im Sinne eines schlechten Beispiels, an den Umgang Benedetto Croces mit Marx und Engels denken. In einer Reihe von Essays, die Croce in einem dem großen marxistischen Theoretiker Antonio Labriola gewidmeten Buch mit dem Titel „Materialismo storico ed economia marxistica" („Historischer Materialismus und marxistische Ökonomie", 1899) zusammenfaßte, wollte er aus der großen Masse von irrigen Gedanken, Scheinargumenten und falschen Behauptungen, die die Schriften von Marx, Engels und ihren zahlreichen selbsternannten Schülern bildet, dasjenige extrapolieren und retten, was er für den kleinen Kern von echten philosophischen Erkenntnissen hielt, zu denen Marx gelangt war. Es überrascht nicht, daß Croce lediglich Marxens „realistische" Geschichtsauffassung, und aus ihr folgend, die philosophische Zurückweisung aller theologischen und metaphysischen Elemente, die sich in das historische Bewußtsein einschleichen könnten, für erhaltenswert hält. Croces heftige und umständliche Argumentation kann den eigentlichen Zweck seiner Kritik an Marx und am Marxismus nicht verbergen, nämlich die philosophische Gültigkeit jeglicher Form des Materialismus abzustreiten und zu beweisen, daß auch die etwaigen Keime philosophischer Wahrheit, auf die man bei Marx stoßen kann, nicht notwendig mit seinen politischen und ökonomischen Ansichten oder mit der marxistischen Politik im allgemeinen verknüpft sind. Dieser geschickte Schachzug Croces rührt nicht – wie man zunächst annehmen könnte – von dem Zwang her, eine Unterscheidung zwischen Philosophie und Politik vorzunehmen, ihre jeweilige Autonomie beispielhaft zu illustrieren oder die Trennung von reinem Denken und Praxis erneut festzustellen. (Schließlich bemüht sich Croce in seinem umfangreichen Werk sehr um die

Klarstellung, daß sich seine politische Position als Liberaler nicht nur völlig konsequent und organisch aus seiner „rein" philosophischen und historiographischen sowie, weniger direkt, aus seiner ästhetischen Forschung ergibt, sondern dadurch auch legitimiert und gestützt wird.) Croces Kritik an Marx besteht vielmehr in einer glänzenden, aber irreführenden Strategie, die darauf abzielt, den Philosophen Marx vom Inspirator eines revolutionären, gesellschaftlich-politischen Handelns zu trennen. Eine derartige Strategie erlaubt einem Nicht-Marxisten oder einem Anti-Marxisten das Zugeständnis, daß Marx gewisse Ideen formulierte, die philosophisch akzeptabel und von universeller Gültigkeit sind; diese Ideen sind im Werk von Marx die wenigen Weizenkörner, die sich in einer großen Menge Spreu finden lassen; sie sind das, was in dem heillosen Durcheinander, in dem das Marxsche Denken nach Croces Meinung besteht, lebendig geblieben ist. Croce baut eine Position auf, die ihm ermöglichen soll, diese Ideen zu billigen und sogar seinem eigenen philosophischen Entwurf einzuverleiben, während er gleichzeitig bestreitet, sie könnten in irgendeiner Weise die übrigen Ansichten von Marx rechtfertigen oder stützen. Unter dem Deckmantel einer scheinbar apolitischen und „rein" philosophischen Kritik an Marx versucht Croce dem Sozialismus einen zweifachen Schlag zu versetzen, indem er argumentiert, daß erstens dem Sozialismus eine solide philosophische Grundlage fehlt, weil sich sein gesamtes Theoriegebäude auf „das Tote" in Marxens Denken stützt – woraus offensichtlich folgt, daß der Sozialismus selbst tot ist; und zweitens alles „Lebendiggebliebene" im Denken von Marx – nämlich die Konzeptionen, die Croce vom philosophischen Standpunkt aus für universell gültig hält oder die er zumindest nicht widerlegen will – nicht dem Sozialismus zuzuordnen sind, sondern vielmehr einer Tradition politischer Philosophie (im Gegensatz zur politischen Praxis), die von Machiavelli über Vico bis zu Hegel und Croce selbst reicht.

Croces Konfrontation mit Marx (so wie auch seine Untersuchungen zur Ästhetik und der Ansporn Giovanni Gentiles) motivierte ihn zu einer systematischen Auseinandersetzung mit Hegel, mit dem er, wie er es ausdrückte, abrechnen wollte. Obwohl sich Croces intellektuelle Beziehung und seine Haltung zur Philosophie Hegels von seiner Einstellung zu Marx grundlegend unterscheidet, gibt es in seiner Kritik an den beiden deutschen Denkern unverkennbar einige Affinitäten bezüglich des Ansatzes und der Methode. Man muß gar nicht weiter gehen als bis zu „Ciò che è vivo e ciò che è morto nella filosofia di Hegel" („Das Lebendiggebliebene und das Tote in der Philosophie Hegels", 1906), um zu sehen, wie Croce Hegels Werk – wie zuvor das von Marx – durch ein Sieb laufen läßt und all das, was er für die Quintessenz von Hegels Logik und Dialektik hält, von der seiner Ansicht nach wertlosen Spreu des Hegelschen „Panlogismus" trennt. Dabei geht Croce, wie er selbst auf den ersten Seiten von „Filosofia, poesia, storia" („Philosophie, Dichtung, Geschichte", 1951) festhält, von der grundsätzlichen Annahme aus, daß es möglich, ja wünschenswert sei, zu unterscheiden zwischen dem Philosophen, der die Wahrheit bestimmt und einzig dem Denken selbst in seiner immerwährenden und universellen Natur verpflichtet ist (hier Hegel als genialer Denker und Begründer der Dialektik), und dem Philosophen als historischem Lebewesen, das dem Einfluß der ephemeren politischen, akademischen, kulturellen Strömungen seiner Zeit und seiner Umgebung unterliegt (hier der Hegel, der sklavisch dem preußischen Staat, der traditionellen Metaphysik und so weiter verpflichtet ist). Die beiden Hegel haben natürlich etwas miteinander zu tun, und Hegel selbst betonte ausdrücklich, daß seine Philosophie ein in sich geschlossenes und einheitliches System darstelle. Doch da man laut Croce Hegels Denken (wegen der zahlreichen Irrtümer) weder in seiner Gesamtheit akzeptieren, noch (wegen der „großen Wahrheiten", die es enthält) ganz verwerfen kann, besteht er auf dem seiner Meinung nach einzig vernünftigen Weg, die wertvollen Teile herauszufiltern und den Rest in den Mülleimer der Geschichte zu werfen. So vertritt Croce die für einen Historiker einigermaßen paradoxe Ansicht, daß einem Denker, der wie Hegel große und allgemeingültige Wahrheiten formuliert, nur dann ein Platz in der Geschichte der Philosophie zukomme, wenn und insofern sein Beitrag zum spekulativen Denken losgelöst (und loslösbar) ist von irdischen Belangen, vom Welttheater menschlicher Leidenschaften, in die der Denker und seine Arbeit unausweichlich verwickelt sind. So gesehen ist eine Idee nur dann ewig, wenn sie Produkt eines reinen, uneigennützigen Intellekts ist oder wenn sie aus dem unreinen (weil eigennützigen) Text, in dem sie Ausdruck findet, herausgelöst wird und nun für sich selbst steht, parthenogenetisch und isoliert von den Strukturen des Denkens und Empfindens, aus denen sie entstanden ist.

Den besten, knapp formulierten Einwand gegen Croces Methode, Ideen von der Geschichte ihres Entstehens loszulösen, liefert Gramsci selbst:

„Wenn es im ständigen Fluß der Ereignisse notwendig ist, Begriffe festzulegen, ohne die es ein Verstehen der Wirklichkeit nicht gäbe, so ist es nicht minder nötig, ja unerläßlich, festzuhalten und daran zu erinnern, daß die Wirklichkeit in ihrer Bewegung und der Begriff der Wirklichkeit zwar logisch voneinander unterschieden werden können, historisch jedoch als untrennbare Einheit zu begreifen sind. Denn sonst passiert, was Croce passiert, für den die Geschichte zu einer formalen Geschichte wird, zu einer Geschichte von Begriffen, letzten Endes zu einer Geschichte der Intellektuellen, ja, einer autobiographischen Geschichte des Denkens von Croce selbst, einer Geschichte von Besserwissern. Croce fällt in eine neue und seltsame Form eines ‚idealistischen' Soziologismus zurück, der nicht weniger komisch und unnütz ist als der positivistische Soziologismus."[19]

Die Suche nach dem „Lebendiggebliebenen und dem Toten" bei einem Denker oder in seinem Werk ist ein keineswegs nur für Croce charakteristisches Verfahren, und die fortdauernde Tendenz vieler Leser der „Gefängnishefte", sich auf eine solche Suche zu machen, kann in den meisten Fällen nicht allein oder nicht einmal teilweise Croces Einfluß zugeschrieben werden. Wenn es einen gemeinsamen Nenner für die Versuche gibt, die in den Heften enthaltenen allgemeingültigen, zeitlosen Wahrheiten aufzufinden, so liegt er in der vereinfachenden Interpretation (und fast zwangsläufigen Erwähnung) von Gramscis bekanntem Brief an Tatiana Schucht vom 19. März 1927, in dem er schreibt: „Mich quält (und das ist wohl eine typische Erscheinung bei Häftlingen) folgender Gedanke: Daß man etwas *für ewig'* machen müßte, im Sinne einer komplexen Idee Goethes, die, wie ich mich erinnere, unserem Pascoli sehr zu schaffen machte."[20] Gramscis erklärter Wunsch, etwas *für ewig* zu produzieren, wurde und wird fälschlicherweise oft so ausgelegt, daß er damit seine Absicht andeuten wollte, sich von den unmittelbaren und drängenden Problemen seines historischen und geographischen Ortes freizumachen oder sich darüber hinwegzusetzen, um so für die Nachwelt einige neue Einsichten in universelle Wahrheiten hinterlassen zu können. Diese Fehlinterpretation von Gramscis Absicht sowie die weitverbreitete, jedoch irrige Annahme, Gramscis bleibende Bedeutung und Geltung sei nur dann garantiert, wenn man die Gültigkeit und Anwendbarkeit seiner wichtigsten Theoreme aufzeigt, hat viele Interpreten und Kommentatoren seiner Texte dazu verleitet, die Tatsache herunterzuspielen (oder zu übergehen), daß sich der Großteil seiner Hefte mit ganz spezifischen Themen und Problemen der gesellschaftlichen, kulturellen und politischen Situation Italiens im ersten Drittel dieses Jahrhunderts befaßt. (Selbst bei Themen wie dem Risorgimento, Problemen der Sprache, Machiavelli, der Französischen Revolution oder dem Amerikanismus und Fordismus wendet sich Gramsci an ein zeitgenössisches Publikum, und seine primäre Motivation ist der Wunsch, das Italien seiner Zeit besser zu verstehen.) Die gleichen Interpreten neigen gleichzeitig dazu, eine andere wichtige Facette von Gramscis Gefängnisschriften zu übersehen: In den Heften teilt sich die leidenschaftliche Intensität eines Denkers mit, der an einem revolutionären Projekt arbeitet, der von der (von Marx übernommenen) Überzeugung geleitet wird, daß der Kampf für eine radikale Veränderung der Gesellschaft auf der erfolgreichen Verbindung von Theorie und Praxis basieren muß. Nichts in den „Gefängnisheften" weist darauf hin, daß Gramsci sich selbst als unparteiischen Beobachter sah. Ganz im Gegenteil: Gramsci setzt sich in seinen Heften konstant mit seinen politischen Gegnern auseinander, beschäftigt sich umfassend mit strategischen und organisatorischen Fragen, die für die Kommunistische Partei Italiens unmittelbar von Belang waren, und macht häufig und meisterhaft von den Waffen der polemischen Rhetorik Gebrauch – schwerlich Zeichen für einen Gleichmut, wie er jemanden auszeichnen würde, der im herkömmlichen Sinne des Wortes *für ewig* schreibt.

Die verbreitete Annahme, daß „unsterbliche" Ideen lediglich in kontingenter Verbindung zu ihren weltlichen Ursprüngen stehen, und die eilfertigen Schlüsse, die aus Gramscis Verwendung des Ausdrucks „*für ewig*" gezogen werden, sind zwei Faktoren, die die Tendenz unterstützen, gewisse Themen und Begriffe Gramscis vom Gesamtprojekt und dem spezifischen Interesse, das dem Programm der „Gefängnishefte" zugrundeliegt, abzuspalten. Das erklärt allerdings immer noch nicht, warum sogar diejenigen, die Gramscis Denken und seinen wichtigsten Ideen bleibenden Wert beimessen, sich so oft weigern, ganze Passagen der „Gefängnishefte" zur Kenntnis zu nehmen, und einige der provozierendsten Aspekte einfach übersehen. Dieses absurde Phänomen wird nur dann verständlich, wenn man den ganz besonderen Ort – oder vielmehr die verschiedenen und wechselnden Orte – in Betracht zieht, die Gramsci in der politischen und kulturellen Topographie der Nachkriegszeit eingenommen hat.

Gramscis kompromißloser Kampf gegen die faschistische Diktatur, der hohe Preis, den er für die Wahrung seiner Integrität zu zahlen hatte, und die Entschlossenheit, mit der er den Qualen des Gefängnislebens begegnete, wurden nach Kriegsende rasch bekannt, und schon bald wurde er als Märtyrer gesehen. Seine posthumer Ruhm wurde durch die Veröffentlichung der Gefängnisschriften noch größer; die „Briefe aus dem Gefängnis" wurden, kaum erschienen, bereits als Klassiker gefeiert, und kurze Zeit später wurden die „Gefängnishefte" als eines der wichtigsten Werke politischer, gesellschaftlicher und kultureller Analysen begrüßt. Gramsci war also zwei Jahrzehnte nach seinem Tod bereits eine Legende, ein Exempel für Rechtschaffenheit und intellektuelle Integrität. Gleichzeitig ist Gramscis Name untrennbar mit der Kommunistischen Partei Italiens verbunden, und zwar nicht nur, weil er eines ihrer Gründungsmitglieder und in der Folge ihr Führer war, sondern auch und vor allem deshalb, weil die Partei selbst, zumindest rhetorisch, sein Erbe immer als einen ihrer größten Schätze betrachtete. Seine Schriften sind voll von Ideen, die Menschen nahezu aller politischen Strömungen ansprechen; seine Theorie über den Staat, seine Darstellungen der Mechanismen des Konsenses und seine Reflexionen über die Bedeutung der Zivilgesellschaft zählen zu den Themen der Hefte, deren Einfluß nicht durch starre ideologische Barrieren aufgehalten wurde. Nun sind aber die Hefte von der Marxschen Philosophie der Praxis durchdrungen; sie bekunden auch deutlich, daß Gramsci seine intellektuelle Arbeit im Gefängnis als Fortsetzung seines Kampfes gegen die vorherrschenden hegemonialen Kräfte begriff sowie als Vorbereitung auf die Arbeit, die die Kommunistische Partei bei der Unterstützung der „subalternen" Klassen in der Zukunft zu leisten hatte. Noch komplizierter wird die Sachlage durch den Umstand, daß Gramsci aufgrund seiner Ablehnung aller Formen des Dogmatismus und aller *idées reçues* eine politische Philosophie entwirft, die zwar unbestreitbar marxistische Züge trägt, sich aber in ihrer Gesamtperspektive und ihrer Artikulationsform ganz wesentlich von den wichtigsten und offensichtlichsten Charakteristika sonstiger sozialistischer und kommunistischer Theorie und Praxis unterscheidet. Im weiteren Verlauf hat die durch die Ereignisse des Jahres 1989 ausgelöste euphorische Verherrlichung der Demokratie und die für erwiesen gehaltene Abdankung des Marxismus die Ambivalenz von Gramscis geschichtlichem Ort verstärkt: Einerseits bietet Gramsci all jenen, die die politischen, ökonomischen und sozialen Modelle des Liberalismus für unzulänglich und unbefriedigend halten, einen Entwurf (oder zumindest einen günstigen Ausgangspunkt) für eine dringend notwendige, alternative demokratische Theorie der Politik; andererseits wird er durch seine Treue zum Marxismus und seine klare Ablehnung des Kapitalismus und der bürgerlichen Hegemonie bestenfalls zur irrelevanten Person und im schlimmeren Fall zu einer ominösen subversiven Gefahr für jene, die überzeugt sind, daß die marxistische Tradition ein endgültig abgeschlossenes Kapitel ist und bleiben soll.

Was heute über Gramsci geschrieben wird, ist nicht unabhängig davon, wie mit den mannigfaltigen Komplexitäten und Widersprüchen, mit denen er als historische Person seit seinem Tod behaftet ist, umgegangen oder lieber nicht umgegangen wird. Die posthume Konstruktion der Person Gramsci, die Art, in der seine Ideen überliefert wurden, und die bei der Interpretation seiner Texte angewandten Strategien spiegeln in der Regel den Versuch verschiedener Personen oder Gruppen wider, entsprechend ihrer politischen und kulturellen Positionen und der ihrer Meinung nach aktuellen Bedürfnisse zu entscheiden, welche Theorien Gramscis weiterhin lebendig und von Nutzen und welche nur Relikte einer überwundenen historischen Epoche sind. Croce selbst machte als einer der ersten namhaften Kritiker den Versuch, all das, was er für die „gute" Seite von Gramsci hielt – d.h. den antifaschistischen Märtyrer, dessen Denken einige Affinität zu Croces eigenem philosophischem Idealismus aufwies – in Beschlag zu nehmen und den Gramsci, den er für ungenießbar hielt – d.h. den marxistischen politischen Theoretiker und kommunistischen Kämpfer – aus seinen Überlegungen auszuschließen. Gleich in der ersten Zeile seiner ersten Arbeit über Gramsci – einer 1947 verfaßten Besprechung der „Briefe aus dem Gefängnis" – ließ Croce in höflicher Umschreibung keinen Zweifel daran, daß er an Gramscis Politik nicht interessiert sei: „Über Gramscis Beteiligung an der Formierung einer Kommunistischen Partei Italiens mögen andere sprechen, die über Kenntnisse und Erfahrungen verfügen, die mir hierin abgehen."[21]

Im Schlußsatz dieser Rezension wird Croce deutlicher. Er warnt die Kommunisten davor, Gramsci in die politische Debatte einzubeziehen und damit sein Andenken herabzusetzen. Schon zuvor hatte er erklärt, warum Gramsci, ohne Rücksicht auf politische Positionen, allen gehöre: Für seine Ideale erduldete er tapfer Verfolgung und Tod, und

„als Denkender war er einer der Unsrigen, war er unter denen, die sich im Italien der ersten Jahrzehnte dieses Jahrhunderts der Herausbildung eines den Problemen der

Gegenwart angemessenen philosophischen und historischen Bewußtseins widmeten, und zu denen auch ich als Älterer unter den noch Jüngeren gehörte."[22] Croce überhäuft Gramsci mit Lob und beschreibt ihn als unideologischen, apolitischen und unparteiischen Intellektuellen, der die Autonomie ideeller Kategorien respektiert, Kunst und Poesie nur aufgrund ihrer ästhetischen Werte geschätzt und seine Seele von allen weltlichen Belangen freigemacht habe, auf daß sie gen Himmel steige. Er versteigt sich sogar zu der Hypothese, Gramsci und er hätten ihre Differenzen in bezug auf Marx in aller Freundschaft beigelegt, hätten sie nur Gelegenheit zu einem gemeinsamen Gespräch gehabt. Vom kämpferischen kommunistischen Theoretiker und Parteiführer Gramsci ist in Croces Rezension der „Briefe aus dem Gefängnis" nicht die Rede. Aber auch Croce konnte von Gramscis politischer Einstellung letztlich nicht absehen. Und tatsächlich schrieb er, nachdem er die ersten vier Bände der thematischen Ausgabe der „Gefängnishefte" gelesen hatte, einen weiteren kurzen Essay über Gramsci, und diesmal war der Tenor anders:

„Gramsci konnte nicht zum Schöpfer eines neuen Denkens werden, er konnte die geniale (intellektuelle) Revolution, die ihm zugeschrieben wird, nicht vollbringen, weil (...) sein einziges Ziel darin lag, in Italien eine politische Partei zu gründen – eine Aufgabe, die mit der unvoreingenommenen Suche nach der Wahrheit nichts zu tun hat."[23]

Croce merkte bald, daß die positive Aufnahme der „Gefängnishefte" nicht nur den Einfluß seiner eigenen Philosophie auf die italienische Kultur gefährdete, sondern auch das Dogma, das er und andere Konservative insbesondere nach der Niederlage des Faschismus unablässig propagierten: daß der Marxismus unbrauchbar und bar jeder soliden philosophischen und theoretischen Basis sei. Er wußte auch, daß er über Gramsci nicht kurzerhand hinweggehen konnte; die Argumente, die er in solchen Fällen sonst einsetzte, hätten hier nicht überzeugt: Der Marxismus ist eine (möglicherweise schädliche) Irrlehre, die nicht der Suche nach der Wahrheit dient (und sie möglicherweise sogar verhindert); Gramsci ist ein Marxist; deshalb konnte Gramsci gar keine neuen Erkenntnisse von bleibendem Wert gewinnen. Croce ließ sich dennoch nicht von dem Versuch abhalten, durch eine entschlossene Polemik (die sich hinter der philosophischen Rhetorik einer objektiven Suche nach der Wahrheit verbarg) Gramscis Erbe seinen kommunistischen Feinden zu entreißen und setzte dazu die altbekannte Methode ein, zwischen dem „Lebendiggebliebenen" und dem „Toten" zu unterscheiden, wie er es bereits bei Marx und Hegel gemacht hatte. Im Fall Gramscis fällt diese Unterscheidung allerdings noch grobschlächtiger, undifferenzierter und absoluter aus. Der „lebendiggebliebene" Gramsci ist der Gramsci der „Briefe": der humane Antifaschist mit seiner ausgeprägten ästhetischen Sensibilität, die Teil der italienischen idealistischen Tradition ist, die ihrerseits in Croce ihren Höhepunkt hat. Der „tote" Gramsci ist der Gramsci der „Gefängnishefte": der marxistische Kämpfer, der Philosophie mit Politik verwechselt und Theorie mit Praxis. Croce spricht Gramsci sogar von allen Fehlern frei und weist darauf hin, daß der Inhalt der Hefte nie für die Veröffentlichung bestimmt war und deshalb nicht gegen Gramsci verwendet werden sollte.[24] Dafür beschuldigt er die Kommunistische Partei Italiens, daß sie dem Autor mit der Veröffentlichung seiner Hefte und den in Gramscis Namen erhobenen philosophischen Ansprüchen Schaden zufüge.

Neben Croce verspürte noch eine Reihe von anderen Theoretikern – nicht unbedingt aus denselben Motiven – das Bedürfnis, was immer sie an Gramscis Denken für verdienstvoll hielten von seinem Eintreten für den Marxismus und/oder von der Inanspruchnahme durch die Kommunistische Partei Italiens zu trennen. Anstatt wie Croce die Hefte *tout court* abzutun, grenzten sie die „lebendigen" Elemente von Gramscis Denken von den „toten" *in* den Heften selbst ab. Ein Beispiel für diese Vorgangsweise findet sich in Paul Piccones Darstellung der marxistischen Tradition in Italien; während Gramsci mit Wohlwollen behandelt wird, werden der Marxismus im allgemeinen und die Kommunistische Partei Italiens im besonderen vernichtend kritisiert. Piccone unterscheidet in den „Gefängnisheften" zwei Komponenten: Einerseits enthalten sie „Gramscis historisch begrenzte Ideen, die die Anforderungen der Zeit wohl nicht überleben werden."[25] Dieses Material ist nach Piccones Ansicht nur insofern von aktueller Relevanz, als es von der Kommunistischen Partei Italiens mit der Absicht, aus Gramsci einen orthodoxen Marxisten-Leninisten zu machen, manipuliert wurde. Andererseits stößt man im Kern der Hefte auf das Wesentliche von Gramscis Philosophie – einer Philosophie, die nach Piccones Sicht der Dinge einen wichtigen Platz in der neuhegelianischen italienischen Tradition – von den Brüdern Spaventa über Labriola bis hin zu Croce – einnimmt. Piccones Lesart der „Gefängnishefte" trennt Gramscis politische Strategien und Ziele von seinen philosophischen Reflexionen und theoretischen Formulierungen, um so erstere als unbrauchbar beiseite zu schieben und zweitere in die Geschichte des Denkens aufzunehmen.

Es ist schwer vorstellbar, daß jemand Gramscis philosophische Überlegungen isolieren, sie aus ihren weltlichen (und angeblich vergänglichen) Zusammenhängen lösen und in die immaterielle (und angeblich unsterbliche) Geschichte des Denkens transponieren könnte, ohne dabei die Hefte philologisch zu verzerren oder zumindest die Eigenheiten des Textes, seine spezifischen formalen Qualitäten, die Chronologie und Methode seines Aufbaus zu übergehen. Ein sehr einflußreicher und wiederholt publizierter Essay, in dem versucht wird, einen Gramsci-Begriff präzise innerhalb der Geschichte des Denkens zu situieren – hier die ineinander verflochtenen Begriffe von Staat und Zivilgesellschaft – ist „Gramsci e la concezione della società civile" („Gramscis Begriff der Zivilgesellschaft") von Norberto Bobbio.

Mit bewundernswerter Klarheit und Präzision stellt Bobbio hier die Entwicklung der Staatstheorien von Hobbes bis Hegel dar, zeigt, wie sich im 19. Jahrhundert ein neues Verständnis für die Beziehung zwischen Staat und bürgerlicher Gesellschaft herausgebildet hat und worin sich bei Hegel und Marx der Begriff der bürgerlichen Gesellschaft unterscheidet. Diese synthetische Darstellung bildet den Rahmen für Bobbios Ausführungen über Gramscis Theorie; er braucht ihn, um zu zeigen, daß Gramscis Ideen über Zivilgesellschaft und Staat der von Hegel eingeschlagenen Richtung folgen, daß sie sich wesentlich von der Marxschen Konzeption unterscheiden und diese sogar in ihr Gegenteil verkehren und daß sie Gramscis originellster Beitrag zur Geschichte der modernen politischen Philosophie sind. Bobbios Essay wurde – insbesondere von Jacques Texier – als der Versuch kritisiert, aus Gramsci einen Nicht-Marxisten zu machen. Bobbio weist in seinem Essay selbst jegliche ideologische Absicht von sich; der einzige Zweck seiner Arbeit liege darin, Gramscis Werk einer „philosophischen Kritik" zu unterziehen, die zum „Verständnis eines bestimmten Moments innerhalb der Geschichte des Denkens" beitragen solle. Während Bobbio die Theoretiker zurechtweist, die bei ihren vereinfachenden Versuchen, Gramscis Denken als „marxistisch", „leninistisch" oder „marxistisch-leninistisch" und so weiter einzustufen, aus politischem Parteigängertum die „spezifischen Eigenheiten" von Gramscis Denken außer acht lassen, bietet er folgendes Rezept für einen objektiven Umgang mit Gramsci an:

„Die erste Aufgabe bei einer Untersuchung von Gramscis Denken besteht darin, diese spezifischen Eigenheiten zu erkennen und zu analysieren und sich auf die Rekonstruktion der Grundzüge einer Theorie zu beschränken, die so, wie sie uns vorliegt, fragmentarisch, zersplittert und unsystematisch ist und in der Terminologie bisweilen schwankt, obwohl sie, vor allem in den Gefängnisschriften, in den Grundsätzen einem einheitlichen gedanklichen Impetus folgt."[26]

Da Bobbio gegen jede ideologische Voreingenommenheit polemisiert, die eine richtige Interpretation von Gramsci verhindere, und da er die Unparteilichkeit seiner eigenen Vorgangsweise unterstreicht, stellt sich die Frage: Wie objektiv ist seine Version von Gramsci tatsächlich? So formuliert könnte diese Frage jedoch irrtümlich als der Versuch mißverstanden werden, die bereits vor über 20 Jahren aufgeflammte Debatte um Bobbios Essay neuerlich in Gang zu setzen, und das wäre ein fruchtloses Unterfangen. Die Frage müßte daher lauten: Ist Bobbios Vorgangsweise ein gültiges Modell für die Auseinandersetzung mit Gramscis Denken, und ist seine Interpretationsweise ein nützliches Vorbild bei der Beschäftigung mit den ungewöhnlichen philologischen Eigenheiten und Schwierigkeiten des Textes der „Gefängnishefte"? Die Antwort hängt nicht davon ab, ob man mit Bobbios Schlüssen und Urteilen übereinstimmt, sondern ob man bereit ist, die Voraussetzungen, die seinen Umgang mit Gramscis Text bestimmen, zu akzeptieren. Bobbio setzt voraus, daß Form und Inhalt von Gramscis Text praktisch voneinander unabhängig sind und voneinander getrennt werden können. Der fragmentarische Charakter der „Gefängnishefte", die verschiedenen Richtungen, in die sich die Hunderten Notizen mit ihren verschiedenen Themen und Motiven entwickeln, die semantische Veränderlichkeit der verwendeten Terminologie – nichts davon deutet für Bobbio auf das Wesen und die Beschaffenheit von Gramscis Denken hin. Bobbio erwähnt diese Charakteristika des Textes nur, um sie beiseite zu legen und nicht mehr in Betracht zu ziehen. Er findet sie belanglos, bis auf die Tatsache, daß sie die erforderliche Einheit und den Zusammenhang von Gramscis politischer Philosophie verschleiern und so den Theoretiker zwingen, Gramscis Überlegungen zum besseren Verständnis zu „rekonstruieren".

Es ist bemerkenswert, daß Bobbio für seine Deutung Gramscis die Bezeichnung „Rekonstruktion" anstatt „Interpretation" verwendet. Diese bewußte Wortwahl ist mehr als eine rhetorische Abstützung seines Bekenntnisses zur Objektivität; sie soll Fragen über den hermeneutischen Wert seiner Methode zuvorkommen, aus den verschiedensten Teilen des Textes Sätze ohne Rücksicht auf ihren ursprünglichen Kontext herauszulösen und als Bausteine für ein Gebilde namens „Gramscis Begriff der Zivilgesellschaft" zusammenzusetzen. Bobbios Akt der Rekonstruktion basiert auf drei unüberprüften Annahmen: erstens, daß Gramsci zu dem Zeitpunkt, als er mit der Niederschrift seiner „Gefängnishefte" begann, zumindest in Gedanken bereits den Begriff der Zivilgesellschaft entworfen hatte; zweitens, daß sich die Bestandteile dieses Begriffs irgendwie voneinander lösten und auf mehrere tausend Seiten seines Textes verteilten; und drittens, daß der Theoretiker die einzelnen Teile identifizieren, aussortieren und in ihre ursprüngliche Konfiguration zurückbringen kann. (Gramscis Begriff der Zivilgesellschaft auf diese Art darzustellen, ist fast so, als würde man die Geschichte von dem Ei, das als Spiegelei endet, mit einem glücklichen Ausgang neu erzählen.) Bobbio beschränkt sich bei der Rekonstruktion nicht auf Gramscis Begriff der Zivilgesellschaft; er glaubt auch, daß der Begriff der Zivilgesellschaft und in der Folge die Theorie über den Staat die Meilensteine in Gramscis politischer Philosophie sind: „Der Schlüsselbegriff für eine Rekonstruktion von Gramscis politischem Denken, der Begriff, von dem auszugehen ist, ist der Begriff der Zivilgesellschaft."[27] Diese Annahme ermöglicht es Bobbio, andere wichtige Elemente der Hefte in seine Rekonstruktion miteinzubeziehen – die Idee des „historischen Blocks", die Erörterungen über die politische Partei, die Kritik am Ökonomismus, das Studium der italienischen Geschichte und die Theorie der Hegemonie erhalten aufgrund ihres Zusammenhangs mit dem Begriff der Zivilgesellschaft im Rahmen von Gramscis (mutmaßlichem) Gesamtentwurf ihre richtige Zuordnung und Bedeutung.

Gäbe es nicht bedeutende Unterschiede, könnte man die von Bobbio vorgeschlagene Art der Rekonstruktion als das philologische Pendant zum Puzzlespiel bezeichnen. Beim Puzzlespiel weiß man von Anfang an, welches Bild die kleinen Puzzleteile einmal ergeben werden, wenn sie alle richtig zusammengesetzt worden sind. Man weiß bereits vorher, daß das Puzzle nicht nach irgendeiner Richtung hin offen ist, sondern nur auf eine einzige gültige Art zusammengesetzt werden kann; wenn es fertig ist, nimmt es einen genau begrenzten Raum ein, in dem jedes Puzzlesteinchen seinen Platz hat. Bei einem Puzzle ist nichts überflüssig, und alles dient einem vorhersehbaren Ende – das Zusammensetzen ist eine teleologische Übung, die ihren Zweck ausschließlich in sich selbst hat. Auf die „Rekonstruktion" von Gramscis Text trifft all das nicht zu. Selbst wenn man von vornherein einräumen würde, daß die in den „Gefängnisheften" enthaltene Unmenge an Fragmenten in eine geordnetere, systematischere Form gebracht werden sollte oder könnte: Wie wüßte man, wo beginnen? Wie wüßte man, was man hier wirklich rekonstruiert? Wie wüßte man, wann und ob die eigene Rekonstruktion fertig ist? Auf den Text selbst kann man sich sicher nicht stützen, da er nicht nur einen, sondern gleich mehrere – und dazu noch provisorische – Ausgangspunkte liefert. Selbst Gramsci konnte oder wollte, nachdem er bereits fast die Hälfte seiner Aufzeichnungen niedergeschrieben hatte (darunter einige, die den Kern von Bobbios Rekonstruktion des Begriffs der Zivilgesellschaft bilden), keine strukturellen Prioritäten setzen: „Zwischen dem Hauptstrang der Darstellung und den weniger wichtigen Teilen, zwischen dem, was zum ‚Text' und dem, was zu den ‚Anmerkungen' gehören könnte, kann noch kein Unterschied gemacht werden." Gramsci glaubte zwar, daß seine Aufzeichnungen in eine Reihe von „einzelnen Essays" münden könnten, erwog aber nie, eine „zusammenhängende Arbeit über die Gesamtproblematik" zu schreiben.[28]

Der Text der „Gefängnishefte" hat keinen bestimmten, sondern eine Vielzahl von Ausgangspunkten; er entwickelt sich nicht entlang einer alles umspannenden These, sondern öffnet der Untersuchung verschiedene Wege; er kommt oder führt anscheinend nicht zu einer endgültigen Synthese, sondern bleibt unabgeschlossen und offen. Aus diesem Grund will (und kann) Bobbio bei seiner „Rekonstruktion" von keinem Punkt im Text selbst ausgehen; er sucht sich einen Ausgangspunkt außerhalb des Textes, und zwar in der Geschichte der Ideen, genauer in Hegels und Marxens Beiträgen zur Theorie der bürgerlichen Gesellschaft und des Staates. „Es ist richtiger, nicht vom Begriff des Staates auszugehen, sondern von dem der Zivilgesellschaft, denn dieser Begriff weicht bei Gramsci stärker sowohl von Hegel als auch von Marx und Engels ab als der Begriff des Staates."[29] Mit dieser Feststellung schafft sich Bobbio die Basis, auf der er seine Darlegung/Rekonstruktion von Gramscis Begriff der Zivilgesellschaft als Dreieck anlegt, mit dessen Hilfe er die Auffassungen von Hegel, Marx und Gramsci miteinander vergleicht und gegeneinander abgrenzt. (Im vorletzten Abschnitt des Essays basiert die „Rekonstruktion" von Gramscis Theorie der Hegemonie ebenfalls auf einem Vergleich: mit Lenins Verwendung des Begriffs „rukovodstvo", d.h. „direzione" oder „Führung".) In der Folge erleben Gramscis verstreute und fragmentarische Bemerkungen zur Zivilgesellschaft eine Art Apotheose; sie werden zu einem bestimmten „Moment" der formalen Geschichte der Ideen. Bei genauerer Untersuchung des Textes der „Gefängnishefte" stellt sich diese Apotheose jedoch als Schimäre heraus, weil Gramsci in den Notizen über die Zivilgesellschaft – so umfangreich und wichtig sie zweifellos sind – weder dieselben Fragen und Themen behandelt wie Hegel und Marx noch deren Blickwinkel teilt. Die verschiedenen Elemente von Gramscis Ideen in den „Gefängnisheften" gipfeln nicht in einem „Moment" der Geschichte des Denkens, sondern sind vielmehr Teil einer materiellen, irdischen Geschichte, einer Geschichte der heterogenen Ereignisse und Erfahrungen, der unzähligen Bedürfnisse und Sorgen, des verworrenen Suchens und ruhelosen Denkens.

Indem sich Bobbio die Aufgabe stellt, Gramscis Begriff der Zivilgesellschaft zu „rekonstruieren", und ihn im Rahmen eines Vergleichs mit den (unterschiedlich formulierten) Auffassungen anderer Denker interpretiert, beschränkt er seinen eigenen Beitrag darauf, die herausragendsten „originellen Eigenheiten" von Gramsci hervorzuheben. Bei den „originellen Eigenheiten", die Bobbio seiner rekonstruierten Version von Gramsci zugrundelegt, handelt es sich im wesentlichen um die beiden folgenden: Obwohl Gramsci überzeugter Marxist war, lehnt er die fundamentale Marxsche Theorie des Verhältnisses von Basis und Überbau ab; und obwohl sich Gramsci selbst als Kommunist bezeichnete, weichen seine Ansichten in so grundlegenden Fragen wie der Rolle der politischen Partei und des revolutionären Prozesses entschieden von der Auffassung Lenins ab. Die Präsentation Gramscis als ketzerischen Marxisten und kommunistischen Renegaten und viel mehr noch die Vorstellung, daß sein Ketzer- und Renegatentum das hervorstechendste, „originellste" Charakteristikum seines Denkens sei, sind einigermaßen sensationell und schockierend; es ist daher gar nicht überraschend, daß Bobbios Essay Verdruß bei jenen hervorrief, die Gramsci als führenden Exponenten des Marxismus und als inspirierende Kraft hinter der erfolgreichsten Kommunistischen Partei außerhalb des Sowjetblocks ansahen. Sieht man sich diese Gramsci-Rekonstruktion allerdings etwas genauer an, merkt man – selbst wenn man sie um der Argumentation willen für haltbar erklären würde –, wie wenig sie sich mit wichtigen Teilen von Gramscis Werk befaßt, wie wenig sie dem außergewöhnlichen Umfang seines Denkens gerecht wird und wie wenig ihr eine Auseinandersetzung mit den Aspekten gelingt, die die „Gefängnishefte" zu einem außergewöhnlichen Text machen. Natürlich war Gramsci ein unkonventioneller Denker, aber das allein macht noch nicht seine Originalität aus. Die einzigartigen

Qualitäten, die Gramscis Werk bleibende Relevanz verleihen, liegen nicht darin, daß ein Gedanke, der in einem der Fragmente der Hefte skizziert wird, offenbar dem Theoriegebäude eines früheren Denkers entstammt. Gramscis Originalität zeigt sich am deutlichsten in seiner Untersuchungsmethode, in seinen antidogmatischen, kritischen Verfahrensweisen, in der Flexibilität seiner theoretischen Reflexionen, in seiner wachen Aufmerksamkeit für die historische Bestimmtheit und die materielle Besonderheit eines jeden von ihm analysierten Phänomens und vor allem in der Weise, wie die Suche nach Erkenntnis und der politische Kampf für gesellschaftliche Veränderungen in seinem Werk zu einer einzigen Tätigkeit verschmelzen. Diese Eigenheiten Gramscis können nur durch eine sorgfältige und geduldige Analyse des gesamten Textes der „Gefängnishefte" herausgearbeitet und in ihrer Tragweite begriffen werden.

Die Unzulänglichkeiten der Analyse von Bobbio gründen in der vor allem unter Philosophen und Historikern verbreiteten Tendenz, Begriffe oder theoretische Entwürfe von den rhetorischen und literarischen Formen ihrer Artikulation und von der materiellen Geschichte ihres Entstehens zu isolieren – dieselbe Tendenz, die auch unzählige andere Gramsci-Leser dazu verleitet hat, die textuellen Eigenheiten der „Gefängnishefte" außer acht zu lassen. Viele hervorragende Theoretiker, einschließlich so mancher, die eine größere Affinität zu Gramscis politischen Überzeugungen aufweisen als Bobbio und die, anders als Bobbio, von Gerratanas kritischer Ausgabe der „Gefängnishefte" hätten profitieren können, konnten der Versuchung nicht widerstehen, sich einer Auseinandersetzung mit Gramscis Untersuchungsmethoden und den kritischen Verfahrensweisen, die in der unsystematischen Struktur des Textes zum Ausdruck kommen, zu entziehen und statt dessen aus den Fragmenten der Hefte umstandslos ein systematisches, einheitliches Thema zu rekonstruieren. Ein Beispiel dafür liefert Perry Anderson mit seiner Monographie „The Antinomies of Antonio Gramsci" („Die Antinomien von Antonio Gramsci"), die – trotz gewisser Einschränkungen – zurecht ebenso bekannt und einflußreich wie Bobbios Essay ist. Anderson zieht niemals die Möglichkeit in Betracht, daß es einen wesentlichen Zusammenhang zwischen den „Lücken, Auslassungen, Widersprüchen, Unregelmäßigkeiten, Andeutungen, Wiederholungen" in den „Gefängnisheften" und den von Gramsci bevorzugten Methoden der Analyse und den absichtlich ungewöhnlichen Perspektiven geben könnte. Für Anderson sind Gramscis Aufzeichnungen „Hieroglyphen", denen eine „versteckte Ordnung" zugrunde liegt, und deshalb kommt er zu dem Schluß, daß man eine „Rekonstruktion" unternehmen müsse, „eine systematische Rückgewinnung des eigentlichen, zerstörten Textes in Gramscis Kopf".[30] Wie Bobbio unterzieht Anderson seine rekonstruierte Version von Gramscis Denken einem Vergleich mit verschiedenen klassischen marxistisch-leninistischen Auffassungen und deckt dabei auf, daß Gramsci von wichtigen

Dogmen des revolutionären Sozialismus abweicht. Auch hier geht es nicht so sehr darum, ob Andersons Urteile richtig oder falsch sind, sondern vielmehr um die Frage, warum und in welcher Weise Andersons neu erstellte Version des „zerstörten Textes in Gramscis Kopf" dermaßen unvereinbar ist mit dem wahrnehmbaren, materiellen, vorhandenen Text, den Gramsci geschrieben hat. Darauf soll jedoch hier nicht weiter eingegangen werden, da sich bereits Gianni Francioni in seinem langen Essay „Egemonia, società civile, stato. Note per una lettura della teoria politica di Gramsci"[31] („Hegemonie, Zivilgesellschaft, Staat. Anmerkungen zu einer Lektüre der Politischen Theorie Gramscis"), der leider nicht die verdiente Beachtung gefunden hat, sehr detailliert damit beschäftigt hat.

Francionis Essay ist für Gramsci-Interpreten aus vielen Gründen interessant: Sein Essay stellt erstens ein bedeutendes Korrektiv zu Andersons einflußreicher Studie dar; zweitens und in allgemeinerer Hinsicht zeigt er auf, in welche Fallen Untersuchungen der „Gefängnishefte" (einschließlich der von Bobbio) gehen, die der spezifischen Struktur des Textes zu wenig oder gar keine Aufmerksamkeit schenken; drittens weist er nach, daß der fragmentarische und, nach konventionellen Gesichtspunkten, unsystematische Charakter der „Gefängnishefte" nicht als Hindernis zum besseren Verständnis von Gramscis Denken betrachtet werden darf, sondern vielmehr als Ausgangspunkt für die Untersuchung von Gramscis analytischen und kritischen Methoden dienen sollte; viertens bietet er eine aufschlußreiche Darstellung, wie Gramsci seine Begriffe der Zivilgesellschaft, des Staates und der Hegemonie erarbeitet hat, sowie eine Erläuterung der komplizierten Weise, in der diese Begriffe miteinander verknüpft sind; und fünftens ist er vor allem ein Exempel dafür, wie philologisch exakte Analysen des Textes der „Gefängnishefte" durchgeführt werden sollten – Analysen, die nicht trennen zwischen Gramscis Begriffen und den Methoden ihrer Ausarbeitung, sondern von der Prämisse ausgehen, daß das Verständnis für Gramscis Denken und die Wertschätzung seiner Originalität am besten durch eine aufmerksame Untersuchung seines intellektuellen Laboratoriums oder, wie Francioni es so treffend nennt, der „officina gramsciana", der „Werkstatt Gramscis", also dem Text der „Gefängnishefte" in seiner gesamten, ursprünglichen Form, zu erreichen ist. Francionis sorgfältige Untersuchung von Gramscis Text enthält eine Lehre, die entscheidend für die Wiederbelebung der Gramsci-Philologie ist, nämlich daß man, anstatt einzelne Begriffe aus Gramscis Text herauszulösen und mit den Auffassungen anderer Denker zu vergleichen oder in einen anderen allgemeinen Zusammenhang einzuordnen, wie zum Beispiel in die Geschichte der Ideen, zunächst versuchen sollte, die verwickelten Prozesse des Entstehens, der Artikulation, der Modifikation und Neuanordnung, die Gramscis Gedanken bei der Niederschrift der Hefte durchlaufen haben, besser zu verstehen.

Würde man Gramscis Denken mit einem Gewebe vergleichen, so könnte man sagen, daß sich seine Leser oft zu sehr auf die einzelnen Fäden konzentrieren und unglaubliche Anstrengungen unternehmen, den Stoff aufzutrennen, um ihn anschließend nach einem konventionelleren Muster neu zu weben. Ein gewichtiges Argument gegen diese Tendenz nennt Gramsci selbst in einem Absatz, der ursprünglich zur ersten Serie von Aufzeichnungen über Philosophie in Heft 4 gehörte (d.h. die Aufzeichnungen, die mit den berühmten Überlegungen über die Vorsicht beginnen, die man beim Studium eines „nicht-systematischen Autors" walten lassen sollte) und den er später mit geringen Änderungen in das Heft 23 übertrug. Gramsci schreibt:

„Der Wert einer Arbeit kann darin bestehen, daß sie 1. eine neue Erkenntnis formuliert, die für einen bestimmten Wissenschaftszweig einen Fortschritt bedeutet. Aber nicht nur absolute ‚Originalität' ist ein Wert. Es kann nämlich auch vorkommen, daß 2. bereits bekannte Tatsachen und Argumente entsprechend einer Ordnung, eines Zusammenhangs, eines Kriteriums gewählt und dargestellt werden, die adäquater und überzeugender sind als die früherer Arbeiten. Die Struktur (die Ökonomie, die Ordnung) einer wissenschaftlichen Arbeit kann selbst ‚originell' sein. 3. Bereits bekannte Tatsachen und Argumente können zu ‚neuen', zwar untergeordneten, aber doch wichtigen Überlegungen geführt haben."[32]

Ob nun Gramsci bei dieser Passage an seine eigenen Schriften dachte oder nicht, sicher ist jedenfalls, daß die „Gefängnishefte" zum zweiten und dritten von ihm beschriebenen Typus zählen. Wenn also die Philologen das Gewebe von Gramscis Text auftrennen und neu zusammenweben, „zerstören" sie das Originalmuster; sie normalisieren es, machen es konventionell und rauben ihm damit seine Originalität und seinen besonderen Wert.

Der Drang, Gramscis Text zu normalisieren, rührt von dem Wunsch her, ihn durch die Reduktion auf eine vertraute Form nicht nur zugänglicher zu machen, sondern auch traditionellen Methoden und Instrumenten der Interpretation zu öffnen. So werden Gramscis Methoden der Forschung zwanghaft den Vorgangsweisen und Bedürfnissen konventioneller hermeneutischer Techniken untergeordnet, während es eigentlich gerade umgekehrt sein sollte. Das bedeutet jedoch nicht, daß die ungewöhnlichen Charakteristika der „Gefängnishefte" ab ovo die Erfindung einer neuen Hermeneutik erforderlich machen. Die im Laufe der vergangenen 20 Jahre entwickelten poststrukturalistischen kritischen Theorien haben erheblich zum besseren Verständnis für Textstrukturen beigetragen und bieten viele interpretatorische Perspektiven und Methoden, die auch auf die „Gefängnishefte" anwendbar sind. Christine Buci-Glucksmann hat in ihrem hervorragenden Buch „Gramsci et L'Etat" („Gramsci und der Staat", Paris 1975) als erste Gramsci-Interpretin in ihre Untersuchung der „Gefängnishefte" die Einsichten von Jacques Derrida, Michel Serres, Roland Barthes, Louis Althusser und anderen poststrukturalistischen Kritikern und Theoretikern miteinbezogen, die dazu beigetragen haben, den Panzer der traditionellen Methoden philosophischer und linguistischer Analyse zu sprengen. Die Resultate von Buci-Glucksmanns wirklich innovativem Herangehen an den Text der „Gefängnishefte" sind so bedeutend und vielfältig, daß sie hier nicht adäquat resümiert werden können. Es sei jedoch daran erinnert, daß sie als eines der hervorstechendsten Merkmale von Gramsci erkannt hat, daß er aktiv am Abbau jener Grenzen arbeitete, die traditionellerweise das Wissen in gesonderte Bereiche und Disziplinen aufteilen und streng zwischen theoretischem Denken und politischem Engagement trennen. Diese Erkenntnis ermöglicht es ihr, die Wechselbeziehung zwischen Gramscis Untersuchungsmethode und der Form seines Textes zu verstehen:

„In Gramscis Werk wird eine Art Dialektik zwischen den verschiedenen Wissensbereichen in Gang gesetzt, die endgültig die Trennung in isolierte Bereiche und Tätigkeiten aufhebt, die als „ökonomisch", „politisch", „literarisch", „kulturell" etc. bezeichnet werden. Jede Aufzeichnung fungiert als Eingriff ins Denken, indem sie die anderen Aufzeichnungen wiederholt, vereint, verdrängt oder richtigstellt. Genau darin liegt der außergewöhnliche Reichtum seines Denkens, aber genau daran scheitert auch jede thematische Untersuchung, die die ständige Umstrukturierung seiner Aussagen und die wirklichen Probleme, die sich dahinter verbergen, außer acht läßt. (...) Durch die Kreuzung verschiedener Sprachebenen (der philosophischen, journalistischen, politischen) und ihre Ein-Mischung in ein Werk ohne Ende, hat der Schriftsteller Gramsci bereits die traditionellen Grenzen, die Ideologien in sich geschlossener Wissensbereiche und eine gewisse Form der geistigen Arbeitsteilung, wie sie heute noch existiert, bereits überschritten. Diese Aufhebung der Trennung in verschiedene Wissensbereiche befreit die Philosophie aus ihrer Einwertigkeit. (...) In diesem Sinne ist der Schriftsteller Gramsci bereits der politische Gramsci."[33]

Der politische Gramsci ist natürlich nachhaltig von seiner Zeit geprägt; er befaßt sich mit Fragen und Situationen, die sowohl geographisch als auch historisch sehr spezifisch sind. Besteht damit aber nicht die Gefahr, daß Gramscis Konzeptionen, wenn sie untrennbar mit seiner politischen Haltung verknüpft sind, auf ihre Zeit und ihren Ort beschränkt und für uns daher irrelevant sind? Das hängt ganz davon ab, ob unter Gramscis politischer Haltung lediglich bestimmte Einschätzungen einzelner Probleme, Fragen, Ereignisse, Personen etc. verstanden werden oder ob seine politische Haltung in seinem Denken und Schreiben lokalisiert wird, das heißt, in den Perspektiven, kritischen Verfahrensweisen und Methoden der Analyse und Darstellung, die er bei der Behandlung bestimmter Probleme, Ideen, Ereignisse, Personen etc. einsetzt. Mit anderen Worten, viele seiner spezifischen Ansichten über bestimmte Phänomene können kaum als relevant für unsere Gegenwart betrachtet werden, während sein Insistieren auf dem Einzelnen und Besonderen, seine wache Aufmerksamkeit für die Eigenheiten eines jeden Untersuchungsgegenstandes eine Form des Denkens und eine Methode darstellen, die als Modell für die Entwicklung wirkungsvoller kritischer Verfahrensweisen dienen kann, die der Komplexität der modernen und postmodernen Welt gerecht wird. So sind zum Beispiel Gramscis detaillierte Besprechungen der verschiedenen Bücher und Essays von Achille Loria sowie der literarischen Erzeugnisse von Antonio Bresciani und seiner Epigonen nur von geringem Interesse für die heutigen Leser, die Loria und Bresciani meistens gar nicht kennen würden (und auch keinen Grund dazu hätten), wenn Gramsci ihnen nicht so viele Seiten gewidmet hätte. Wer über zeitgenössische Kultur und Politik arbeitet – und vor allem, wer sich dabei auf Gramscis Begriff der Hegemonie, auf seine Ansichten über die gesellschaftliche Funktion der Intellektuellen und auf seine Ausführungen über die Populärkultur stützt –, setzt sich mit Gewinn mit der Frage auseinander, warum Gramsci es für notwendig hielt, den Arbeiten von Loria, Bresciani und einer ganzen Reihe von anderen Autoren, die *sub specie aeternitatis* wenig bis gar keine Bedeutung haben, so viel Zeit und Energie zu widmen. Warum schreibt Gramsci denn so umfangreiche Notizen zu scheinbar trivialen Autoren und Werken, über offensichtlich marginale Themen; warum widmet er dem Detail so große Aufmerksamkeit? Diese Fragen beschäftigten auch Piero Sraffa, der sich dazu in einem Brief an Tatiana Schucht äußerte:

„Ich weiß nicht, worüber er arbeitet, nehme aber an, daß er, wie es in solchen Fällen üblich ist, nicht mehr als ein paar Dutzend grundlegende Werke wirklich sorgfältig lesen muß, um eine erste Fassung seiner Arbeit schreiben zu können; die übrigen wird er erst zur Vervollständigung des Belegmaterials und zur Erstellung des kritischen und bibliographischen Apparats brauchen – aber das kann man später machen, wenn die Umstände sich ergeben. (...) Dagegen war ich immer ein wenig erstaunt über die Tatsache, daß er in diesen Jahren ausschließlich Neuerscheinungen verlangt hat, Werke also, die er nur dazu brauchte, um sich auf dem laufenden zu halten."[34]

Von einem konventionellen Standpunkt aus gewinnt man in der Tat den Eindruck, daß Gramsci zuviel Zeit mit der Lektüre von unbedeutendem Material verbrachte, daß er mehr daran interessiert war, über die damaligen kulturellen und politischen Debatten auf dem laufenden zu bleiben, als sich auf die „grundlegenden" philosophischen und theoretischen Arbeiten zu konzentrieren. Das zeigt sich auch am Inhalt der „Gefängnishefte", wo Hunderte von Seiten mit Notizen gefüllt sind, die bei einer herkömmlichen wissenschaftlichen Arbeit normalerweise in die Fußnoten oder in den bibliographischen Apparat verbannt würden. Allerdings können diese Besonderheiten in Gramscis Denk- und Schreibweise nicht als reine Verirrungen abgetan werden. Vielmehr sollte ihnen bei einer sorgfältigen Lektüre der „Gefängnishefte" große Bedeutung zugemessen werden, sind sie doch der konkrete Ausdruck dafür, was Buci-Glucksmann als „Kreuzung verschiedener Sprachebenen" bezeichnet, als Überschreiten der „traditionellen Grenzen", der „Ideologien (und der Hierarchien, sollte man hinzufügen) in sich geschlossener Wissensbereiche". Dies sind einige der wesentlichen Merkmale dessen, was man „Gramscis Methode" nennen könnte, und Gramscis Methode ist Ausdruck seiner politischen Haltung.

Das Forschungs- und Denkprojekt, an dem Gramsci im Gefängnis zu arbeiten begann und das er in seinen Heften aufzeichnete, entstand aus einer vernichtenden politischen Niederlage heraus. Am 12. September 1927, als Gramsci noch im Mailänder Gefängnis auf seinen Prozeß wartete (aber bereits einige Monate, nachdem er Tatiana Schucht den ersten Entwurf seiner Arbeitspläne geschickt hatte), schrieb Gramsci an seinen Bruder Carlo: „Ich habe eingesehen, daß man sich auch dann, wenn alles verloren ist oder scheint, ruhig wieder an die Arbeit machen und von vorne anfangen muß."[35]

Gramscis Reaktion auf die Niederlage war also, mit seiner Arbeit wieder von vorne zu beginnen. Das bedeutet nicht, daß er sich selbst als eine Art Sisyphus sah; noch bedeutet es, daß er die Niederlage nicht wahrhaben wollte oder der Illusion nachhing, daß Beharrlichkeit letzten Endes durch das siegreiche Vorwärtsschreiten der Geschichte belohnt würde – sein ganzes Leben lang sprach sich Gramsci sowohl gegen den Fatalismus als auch gegen den allzu einfachen Optimismus eines historischen Determinismus aus. In Gramscis Haltung drückt sich unverkennbar eine Spur von Trotz aus, der sich darin äußert, daß er sich weigerte, sein politisches Anliegen aufzugeben, und selbst im Angesicht des Scheiterns nicht verzweifelt kapitulierte. Doch in einer anderen Hinsicht war er sehr wohl bereit, sich die Niederlage einzugestehen: der Ausdruck „von vorne anfangen" drückt klar die Erkenntnis aus, daß die alten Theorien und Strategien in eine Sackgasse geraten waren und nun ein neuer Anfang gesetzt werden mußte. Tatsächlich war es der Kommunistischen Partei Italiens und der kommunistischen Bewegung im allgemeinen nicht gelungen, die Niederlage vorauszusehen, noch konnte sie ihr wirksam begegnen oder sie zumindest abschwächen. Deshalb stellte sich Gramsci die Aufgabe, für seine Partei einen neuen politischen Kurs zu entwerfen.

Die Hauptschwierigkeit des „von vorne anfangen" liegt darin, daß die überlieferten Paradigmen, Schemata und Diskurse zu den Akten gelegt werden müssen. Wo soll man also anfangen? Wie vorgehen? Gramsci mußte einen neuen Ausgangspunkt finden. Er mußte auch eine Untersuchungsmethode finden, die sein Denken nicht von vorneherein in eine bestimmte Richtung lenken würde. Vom Dogma hatte er sich abzuwenden und mußte eine schöpferische, flexible Methode finden, die allen unvorhergesehenen Entdeckungen gegenüber offen sein sollte, zwar für Fehler anfällig, aber auch jederzeit revidierbar, in ihrer Richtung änderbar, offen für die verschiedensten Standpunkte und an Ressourcen reich genug, um neue Erkenntnisse zu ermöglichen. Es ist Aufgabe der Philologen, herauszufinden und darzustellen, wie Gramsci dabei vorging und zu welchen Ergebnissen er kam; Voraussetzung dafür ist eine geduldige, intensive Auseinandersetzung mit dem Text der „Gefängnishefte", die zuerst und vor allem die Chronologie der Aufzeichnungen respektiert und zweitens (was aber nicht weniger wichtig ist) sich von dem Zwang befreit, hinter der Oberfläche nach irgendeiner großartigen Theorie zu suchen; die sich vielmehr auf die Bedeutung der Details konzentriert und zu verstehen versucht, warum Gramsci den spezifischen historischen Besonderheiten seines Untersuchungsgegenstands soviel Aufmerksamkeit schenkte, warum er sich so intensiv für Themen interessierte, die normalerweise für marginal gehalten werden.

An einer Stelle der „Gefängnishefte" verwendet Gramsci im Zusammenhang mit seiner Auffassung marxistischer Theorie und Praxis den Begriff „Philologie": „Die ‚Erfahrung' des historischen Materialismus ist die Geschichte selbst, die Erforschung der einzelnen Tatsachen, die ‚Philologie' ... Die ‚Philologie' ist der methodologische Ausdruck der Wichtigkeit der einzelnen Tatsachen im Sinne eines genau bestimmten ‚Besonderen'."[36] Diese Bemerkung notiert Gramsci im Rahmen seiner scharfen Kritik an Bucharins „Soziologismus", einer Kritik, die nicht nur auf Bucharins deterministische Version des Marxismus abzielt, sondern auf jede Theorie, die die „Philosophie der Praxis" auf eine Wissenschaft, eine Sammlung von abstrakten, allgemeinen Gesetzen reduziert. Theorien dieser Art verstören Gramsci, denn in ihnen sieht er die dogmatische Erstarrung des Marxismus, und mit großer Voraussicht notiert er, daß in der Politik dieser Dogmatismus „zu Katastrophen führen kann, deren ‚momentane' Schäden nie wieder gutzumachen sind."[37] Er scheint auch die Degeneration der kommunistischen Bewegung zu einer verknöcherten, von einer einzigen Person dominierten Partei vorherzusehen – eine Degeneration, die in Stalin ihre Verkörperung fand. Für Gramsci wird der „kollektive Organismus", d.h. die politische Partei, durch einen Dogmatismus, der ja auf der Annahme basiert, daß Gesellschaft und Geschichte nach „wissenschaftlichen" Gesetzen funktionieren, politisch überflüssig, weil die „Wissenschaft" keine Verbindung zu den Massen braucht, um deren Meinungen zu kennen. Eine politische Partei im Bann des Dogmas verfügt über ein standardisiertes (d.h. abstraktes) Wissen über die Meinungen der Massen, und da sie dieses Wissen aus bestimmten „wissenschaftlichen Gesetzen" ableitet, gibt es für die Partei nicht den geringsten Grund, mit denen, für deren Sprachrohr sie sich hält, in Kontakt zu bleiben. Nichts spricht dagegen, daß eine solche Partei ihre Funktionen einem „individuellen Führer" überträgt, der glaubt, „die standardisierten Meinungen der großen Massen"[38] zu kennen und formulieren zu können. Dogmatismus ist damit zugleich Folge und Ursache eines Risses zwischen den politischen Intellektuellen und Führern und dem Volk. Gramsci hingegen sieht die politische Partei als ein Kollektiv, das die Meinungen der Massen nachempfinden und teilen kann. „Wenn der kollektive Organismus", schreibt er, „vital in den Massen verankert ist, dann bezieht er sein

Wissen aus der Erfahrung der unmittelbar gegebenen Besonderheiten, gleichsam nach dem Verfahren einer lebendigen ‚Philologie'."[39]

Auf „eine Sammlung von mechanischen Formeln" reduziert, „durch die der Eindruck erweckt wird, man habe die gesamte Geschichte in der Westentasche"[40], hat der Marxismus den Kontakt zur Geschichte verloren; zur umfassenden Theorie der Totalität deformiert, konnte er weder zuverlässige Analysen der gesellschaftlichen, politischen und kulturellen Phänomene noch wirksame Strategien des Widerstands bereitstellen. Der Marxismus hat sowohl in der Theorie als auch in der Praxis die Veränderung der Welt zum Ziel, aber wenn er zum Dogma verkommt, kann er nicht einmal mehr die Welt soweit beschreiben, daß die Kräfte der Veränderung und die Dynamik der Macht erfaßbar werden. Hat der Marxismus einmal seine Verankerung in der Geschichte verloren, dann ergeht es ihm wie Antäus, der, vom Erdboden hochgehoben, machtlos und leicht besiegbar wurde. Gramsci suchte die Niederlage zu überwinden, indem er die Philosophie der Praxis neuerlich in der Geschichte verankerte. Aufgrund ihrer „unendlichen Vielfalt und Verschiedenartigkeit" kann die Geschichte jedoch „nicht schematisiert werden"[41], und deshalb muß sie „philologisch" gelesen werden, das heißt mit großer Aufmerksamkeit für die Besonderheit jeder einzelnen Erscheinung. Die ungewöhnliche Form des Textes der „Gefängnishefte", ihr Reichtum und ihre Vielfalt verdanken sich Gramscis Entschlossenheit, das emphatische Verhältnis des historischen Materialismus zur Geschichte wiederherzustellen, sie verdanken sich seiner tiefen Abneigung gegen eine Theorie und Praxis, die das Besondere dem Allgemeinen unterordnet.

Deshalb bleibt Gramscis Erbe relevant nicht dadurch, daß seine Gedanken aus ihrer materiellen historischen Verankerung gelöst und anschließend in die Geschichte der Ideen eingefügt werden. Es ist Sache der peinlich genauen Philologen, Gramscis Bedeutung für unsere Gegenwart aufzuzeigen – ihre aufmerksame Lektüre des Textes der „Gefängnishefte" kann anderen verständlich machen, wie sich Gramsci in die Wirklichkeit seiner Zeit vertiefen konnte, ohne sich darin zu verlieren; wie es ihm durch eine große intellektuelle Anstrengung gelang, eine Niederlage zum Ausgangspunkt der Produktion von neuen Formen des Nachdenkens über die Gesellschaft, die Kultur und die Politik zu machen.

Aus dem Amerikanischen von Johanna Borek und Susanne Spreitzer

Anmerkungen

1 Eric Hobsbawm, Per capire le classi subalterne, in: Rinascita 44, 8 (28. Februar 1987), S. 23.
2 John Cammett, Bibliografia gramsciana: 1922–1988, Rom 1991, und ders., Bibliografia gramsciana: Supplement of March 1992 (Vorläufiger Entwurf für Mitglieder der Internationalen Gramsci-Gesellschaft, 1992).
3 Hobsbawm, S. 23.
4 Joseph Femia, Gramsci's Political Thought: Hegemony, Consciousness, and the Revolutionary Process, Oxford 1981.
5 Quaderni del carcere, Hg. Valentino Gerratana, 4 Bde., Turin 1975.
6 Femia, S. 17.
7 Ebd.
8 Ebd., S. 13.
9 Ebd., S. 14.
10 Ebd., S. 15.
11 Die sechs Bände der thematischen Ausgabe der Quaderni del carcere wurden von Einaudi (Turin) in folgender Reihenfolge veröffentlicht: Il materialismo storico e la filosofia di Benedetto Croce (1948); Gli intelletuali e l'organizzazione della cultura (1949); Il Risorgimento (1949); Note sul Machiavelli, sulla politica e sullo Stato moderno (1949); Letteratura e vita nazionale (1950); Passato e Presente (1951).
12 Quintin Hoare, Geoffrey Nowell Smith, Selections from the Prison Notebooks, London 1971, S. XI.
13 David Forgacs, Geoffrey Nowell Smith, Selections from Cultural Writings, London 1975, S. 12.
14 Lettere dal carcere, Hg. S. Caprioglio und E. Fubini, Turin 1965, S. 440.
15 Il materialismo storico e la filosofia di Benedetto Croce, S. XX–XXII.
16 Valentino Gerratana, Sulla preparazione di un'edizione critica dei Quaderni del carcere, in: Gramsci e la cultura contemporanea: Atti del Convegno internazionale di studi gramsciani tenuti a Cagliari il 23–27 aprile 1967, Hg. P. Rossi, Rom 1969, Bd. II, S. 456.
17 Ebd.
18 Ebd., S. 476.
19 Quaderni del carcere, S. 1241.
20 Lettere dal carcere, S. 58.
21 Benedetto Croce, Quaderni della „Critica" III, 8 (1947), S. 86.
22 Ebd.
23 Benedetto Croce, Quaderni della „Critica" VI, 17–18, S. 231.
24 Vgl. Benedetto Croce, Nuove pagine sparse, Neapel 1948, S. 160–161.
25 Paul Piccone, Italian Marxism, Berkeley, Calif. 1983, S. 176.
26 Norberto Bobbio, Gramsci e la concezione della società civile, in: Gramsci e la cultura contemporanea I, S. 79. Siehe Jacques Texiers umfangreiche Antwort auf Bobbios Essay in Gramsci théoricien des superstructures, in: La Pensée 139 (1968), S. 35–60.
27 Bobbio, S. 79.
28 Quaderni del carcere, S. 935.
29 Bobbio, S. 79.

30 Perry Anderson, The Antinomies of Antonio Gramsci, in: New Left Review 100 (1976–1977), S. 6.
31 In Gianni Francioni, L'officina gramsciana, Neapel 1984, S. 147–228.
32 Quaderni del carcere, S. 2191.
33 Christine Buci-Glucksmann, Gramsci and the State, London 1980, S. 8–9.
34 Piero Sraffa, Lettere a Tania per Gramsci, Hg. V. Gerratana, Rom 1991, S. 23.
35 Lettere dal carcere, S. 126.
36 Quaderni del carcere, S. 856.
37 Ebd., S. 856.
38 Ebd., S. 857.
39 Ebd., S. 857.
40 Ebd., S. 1428.
41 Ebd., S. 1428.

AutorInnen

Ambros, Gerda, geb. 1960 in Klagenfurt, Studium der Philosophie, Psychologie, Pädagogik und Germanistik in Klagenfurt und Wien. Publikationen zu Ästhetik, Architektur- und Medientheorie sowie politischer Philosophie. Zusammen mit Helga Glantschnig Herausgeberin der „Lektion der Dinge" (Wien 1991)

Borek, Johanna, geb. 1951, Übersetzerin und Literaturwissenschaftlerin, Universität Wien. Publikationen: „Sensualismus und Sensation. Zum Verhältnis von Natur, Moral und Ästhetik" (Wien 1983), „Gramsci, Pasolini. Ein imaginärer Dialog" (1987, gem. mit S. Puntscher Riekmann und B. Wagner), „Ingeborg Bachmann: La ricerca, oggi" (Fasano 1991, hrsg. gem. mit Sabine Grimkowski), Gestaltung des Themenschwerpunkts „Antonio Gramsci" in: Wespennest 83/1991. Aufsätze zur französischen, italienischen und österreichischen Literatur und Philosophie.

Buttigieg, Joseph A., geb. 1947, Professor für englische Literatur und Fellow des Kellogg-Institute for International Studies an der Universität Notre Dame/USA. Herausgeber der amerikanischen kritischen Gesamtausgabe der „Gefängnishefte" (New York 1992 ff.). Weitere Publikationen: „A Portrait of the Artist in Different Perspective" (1987), „The Legacy of Antonio Gramsci" (Hg., 1988), „Criticism without Boundaries" (Hg., 1987).

Fabris, Hans Heinz, geb. 1942, Univ.-Prof. am Institut für Publizistik- und Kommunikationswissenschaft der Universität Salzburg. Buchpublikationen: „Das Selbstbild von Redakteuren bei Tageszeitungen" (1971), „Der Journalist. Eine berufskundliche Sache" (1975), „Journalismus und bürgernahe Medienarbeit. Formen und Bedingungen der Teilhabe an gesellschaftlicher Kommunikation" (1979), „Medienkultur in Österreich" (1988), „Die vierte Macht" (hrsg. gem. mit Fritz Hausjell, 1991) u.a.

Jirak, Peter, geb. 1939 in Marburg, Studium der Malerei und Philosophie in Wien. 1970 Unterricht der Kunstwissenschaft an der FU Berlin und der Architektur an der TU Berlin. 1974 Berufsverbot wegen politischer Tätigkeiten. Seit Beginn der 80er Jahre am Aufbau der Slow-Food-Bewegung beteiligt. Lebt in Ligurien, München und Wien.

Kebir, Sabine, geb. 1949 in Leipzig. Lebte ab 1955 in Ostberlin. Slawistik- und Romanistikstudium. 1972–1988 am Institut für politische Wissenschaften und Journalismus in Algier. Seit 1988 freie Autorin/Jornalistin/Literaturkritikerin in Westberlin. Seit 1989 Privatdozentur in Frankfurt/M. Publikationen: „Die Kulturkonzeption Antonio Gramscis" (1980), „Marxismus und Kultur. Herausgabe und Übersetzung von Texten zur Kultur von Antonio Gramsci" (1983–1991), „Ein akzeptabler Mann? Bertolt Brecht und die Frauen" (1987–1990), „Antonio Gramscis Zivilgesellschaft" (1991); „Traum und Alptraum. Algerische Erfahrungen 1977-1992" (1993).

Krieger, Verena, geb. 1961, Mitbegründerin der „Grünen" in der BRD und für diese einige Jahre im Bundestag. Kunsthistorikerin und Publizistin. Buchpublikationen: „Entscheiden. Was Frauen (und Männer) über den § 218 wissen sollten" (Hamburg) und „Was bleibt von den Grünen?" (Hamburg).

Krondorfer, Birge, geb. 1956, Studium der Theologie, Philosophie, Gruppendynamik, Politikwissenschaft; Lektorin an der Universität Wien. Organisatorisch arbeitend in der Frauenbewegung. Vorträge und Publikationen zur Philosophie der Geschlechterdifferenz im In- und Ausland. Tätig im journalistischen Bereich und in der Erwachsenenbildung.

Maase, Kaspar, geb. 1946, Kulturwissenschaftler; Mitarbeiter am Hamburger Institut für Sozialforschung und Privatdozent an der Universität Bremen; arbeitet gegenwärtig v.a. über Popularkultur seit 1870.

Mende, Julius, geb. 1944, Lehrbeauftragter an der Akademie der Bildenden Künste und Lektor an der Universität Wien; dzt. Bundessprecher der Kommunistischen Partei Österreichs. Arbeitsschwerpunkte: Pädagogik, Schul- und Kulturpolitik. Dazu mehrere Buchpublikationen.

Metscher, Thomas, geb. 1943 in Berlin, studierte Anglistik, Germanistik und Philosophie. Seit 1971 Professor am Fachbereich Sprach- und Kulturwissenschaften der Universität Bremen. Aufgabengebiet: allgemeine und vergleichende Literaturwissenschaft (mit dem Schwerpunkt englischsprachige Literatur), Ästhetik. Zahlreiche Publikationen zur Literaturgeschichte zwischen Renaissance und Moderne, zur Ästhetik und Kulturtheorie.

Pechriggl, Alice, geb. 1964, Studium der Philosophie und Politologie in Wien, Florenz und Paris. Dissertation 1990: „Utopiefähigkeit und Veränderung", erscheint demnächst. Seit 1990 Postgraduate-Stipendiatin an der Ecole des Hautes Etudes en Sciences Sociales in Paris. Diverse Veröffentlichungen in Sammelbänden, Mitherausgeberin u.a. von „Die Institution des Imaginären" (1991).

Schwendter, Rolf, geb. 1933, Sozial- und Kulturwissenschaftler, Lehrkanzel für Devianzforschung in Kassel. Publikationen zur Jugend-, Subkulturund Nahrungsforschung, u.a. „Theorie der Subkultur".

Wagner, Birgit, geb. 1956, Literaturwissenschaftlerin. Forschungsschwerpunkte: Europäische Aufklärung, Französische Revolution, Literatur der Avantgarden, Technik und Literatur. Publikationen: „Gärten und Utopien" (1985), „Gramsci, Pasolini. Ein imaginärer Dialog" (1987, gem. mit J. Borek und S. Puntscher Riekmann), „Die schwierige Geburt der Freiheit" (1991, gem. mit E. Wangermann u.a.), „Konflikte der Diskurse" (1991, gem. mit H. Harthund und S. Kleinert).

Thomas Metscher
Pariser Meditationen
Zu einer Ästhetik der Befreiung
428 Seiten, 16 Abbildungen
öS 448,-/DM 64,-

Das vorliegende Buch hat den Charakter eines Experiments. Was hier zusammengefügt ist, sind unterschiedliche Formen wissenschaftlichen, essayistischen und meditativen Schreibens: Werkinterpretation, literaturhistorisch- und kunsthistorische Skizze, Kulturkritik, ästhetische Theorie, philosophische Reflexion, politische Theorie, auch Textformen, welche sich an der Grenze zum poetischen Sprechen bewegen. Überschritten werden auch die disziplinären Grenzen traditioneller Wissenschaft – zwischen den einzelnen Kunstwissenschaften, der Kulturwissenschaft, der Philosophie. Den Einsatzpunkt und Rahmen bildet eine Art Reisebericht: Erinnerungen an eine Begegnung mit Paris, an das, wofür Paris hier steht: Stadt der Revolution.
Der Begriff der Meditation weist auf ein Sich-Einlassen in Fremdes und Unvertrautes, ein Nachgehen von Wegen, die in die verschiedenen Richtungen laufen, in Raum-Richtungen und Zeit-Richtungen. Den Kernpunkt des Ganzen bildet die Idee der Befreiung als Erbschaft der Französischen Revolution, und zwar in einem umfassenden geschichtlichen, kulturellen und politischen Sinn. Das Buch will einen Beitrag leisten zu einer zeitgemäßen Theorie der Befreiung. Wenn dennoch im Untertitel von einer Ästhetik der Befreiung gesprochen wird, so nicht nur, weil der Verfasser beruflich mit den Künsten zu tun hat und ästhetische Probleme im Vordergrund seiner Arbeiten stehen. Das Buch argumentiert auch der Sache nach für die Auffassung, daß die Künste für ein zeitgemäßes Konzept von Befreiung ebenso unverzichtbar sind wie für die praktische Ausgestaltung kultureller Emanzipation in einer freien Gesellschaft.

Der Autor ist Professor am Fachbereich Sprach- und Kulturwissenschaften der Universität Bremen und hat zahlreiche Publikationen zur Literaturgeschichte, zu Ästhetik und Kulturtheorie veröffentlicht.

Verlag für Gesellschaftskritik
A-1070 Wien, Kaiserstraße 91, Tel: 0222/526 35 82